I LIMITI DELL'INTERPRETAZIONE

诠释的极限

〔意〕
翁贝托·埃科
著
刘华文
译

上海译文出版社

第六章　诠释戏剧 *125*

第七章　诠释动物 *138*

7.1　符号和词语 *140*

7.2　亚里士多德 *141*

7.3　波伊提乌的吠叫 *142*

7.4　阿奎那 *143*

7.5　斯多葛派的遗产：奥古斯丁 *145*

7.6　阿伯拉尔 *146*

7.7　培根 *148*

第八章　青年时期的老普林尼的肖像 *151*

8.1 .... *151*

8.2　作为年老记者的小普的肖像 *158*

8.3　作为年轻信息提供者的年老小普的肖像 *162*

第九章　乔伊斯、衍义和符号学 *167*

9.1　引言 *167*

9.2　乔伊斯作品中的符号学问题 *168*

9.3　双关语和无限衍义 *170*

9.4　乔伊斯和百科全书 *174*

9.5　早期的耶稣会符号学 *178*

9.6　解构主义的诱惑 *180*

9.7　关于乔伊斯的最后一点八卦 *182*

第十章　乌克巴尔的试推法 186

第十一章　皮兰德娄的笑 201

11.1　 201

11.2　幽默的定义 204

11.3　皮兰德娄的诗学 209

11.4　作为一出关于不可能的定义的荒诞戏剧的文章 210

第十二章　伪造品与赝品 214

12.1　初级定义 214

12.2　物体的可复制性 217

12.3　伪造和错误认同 221

12.4　错误认同的实用主义 223

12.5　作为仿造符号的仿造物 232

12.6　确认真实性的标准 236

12.7　结论 244

第十三章　语义学、语用学和文本符号学 249

13.1　对象和维度 250

13.2　迈向语用学的语义学 260

13.3　名称、物和行为：一个古老神话的新版本 269

第十四章　预设 273

14.1　绪论：预设的问题 273

14.2　p-项 292

I LIMITI DELL'INTERPRETAZIONE

诠释的极限

意
翁贝托·埃科
著
刘华文
译

上海译文出版社

目录

前言 *1*

第一章　两种诠释模式 *9*

1. 1　象征（symbol）与寓言（allegory） *9*

1. 2　泛符号学形而上学 *11*

1. 3　《圣经》诠释 *13*

1. 4　阿奎那 *17*

1. 5　但丁 *19*

1. 6　新的范式 *22*

1. 7　神话和文本 *25*

第二章　无限衍义和漂移：实效主义 vs. 实用主义 *27*

2. 1　世界和文本 *27*

2. 2　两极 *28*

2. 3　赫耳墨斯式漂移 *28*

2. 4　赫耳墨斯式漂移和无限衍义 *33*

2. 5　无限衍义和解构主义 *40*

2. 6　德里达论皮尔士 *41*

2. 7　皮尔士本人 *46*

2. 8　结语 *52*

第三章　读者意图：最新发展状况 *54*

3.1　考古学 *56*

3.2　多种批评理论构成的网络 *62*

3.3　为字面义辩 *65*

3.4　两个层次的诠释 *67*

3.5　诠释和使用 *71*

3.6　诠释和猜测 *73*

3.7　误读的可证误性 *75*

3.8　结语 *77*

第四章　小世界 *79*

4.1　虚构的世界 *79*

4.2　空空荡荡的世界 vs. 满满当当的世界 *80*

4.3　技术性方法 vs. 隐喻性方法 *83*

4.4　为什么可能世界对于虚构理论是有用的 *86*

4.5　小世界 *92*

4.6　建立小世界的条件 *93*

4.7　合作的意愿 *98*

第五章　诠释系列产品 *102*

5.1　引言 *102*

5.2　重复的时代 *103*

5.3　一种适度的或“现代”的美学解决方法 *112*

5.4　一种激进的或“后现代”的美学解决方法 *118*

5.5　披着结论外衣的问题 *122*

14.3 存在性预设........314

14.4 语境性预设........323

第十五章 论真实：一种虚构........325

参考文献........351

前　言

约翰·威尔金斯在他的《墨丘利，秘密敏捷的信使》（一六四一年）一书的开头讲述了下面这个故事：

> 书写艺术在发明伊始就显得那么地神奇，这一点我们可以在新近发现的美洲人身上看到。他们看到人同书本对话会惊讶不已，几乎不敢相信纸片能说话……
>
> 有个故事讲的是一名印第安奴仆；他被主人派去送一篮子无花果和一封信，却在路上把篮子里的东西吃了一大半，只把剩下的送到收信人手中；这个人读了信，发现无花果的数量与信中提及的数量不符，指责奴仆偷吃，告诉他信中说的同他送来的不一致。但这名奴仆（尽管证据确凿）矢口否认，咒骂那封信，把它说成满纸胡言、撒了谎的证人。
>
> 此后他又被派去送相同的东西，也有一封信写着送去的无花果的确切数目。他故伎重施，在路上吃掉了大半的无花果；但是，为了不招惹麻烦（以免受到上次的指责），他在吃果子之前拿出那封信，把它藏在一块大石头底下，告诉自己这回可放心了，既然信看不到他偷吃无花果，也就不会告诉任何人；但结果他受到了比上一次更严厉的指责，不得不承认错误，对信纸的神奇佩服得五体投地，从此他在每次执

行命令时都忠心耿耿，不敢有半点差池。

威尔金斯书中的这一页似乎同许多当代理论大相径庭，在这些理论中，书写被看作衍义活动的绝佳例子，每一种书写（或口头）文本都被看作一台生产无限延迟的机器。当代理论间接地同威尔金斯的观念相左，认为文本一旦脱离了发出者（以及发出者的意图），并且离开了发出的语境（及其所造成的结果，即丧失了意向所指物），就会漂浮（姑且这样描述）在具有无限多诠释可能性的真空中。于是，没有什么文本可以根据由确定的、本原的和最终的权威意义构成的乌托邦世界来得以诠释。语言所表达的总是超过它那无法企及的字面意义。这种字面意义在文本发出之时就已经丧失了。

威尔金斯主教——尽管坚定地认为月亮上有人居住——是一位具有渊博学识的人物，他讲的许多东西对于学习语言和一般衍义过程的学生来说依然非常重要。例如，姑且看一看在这里展示的一幅画，这幅画出现在他的《关于"真正的字"与哲学语言的论文》（一六六八年）中。威尔金斯坚信能够构建意义理论，于是他甚至试图（尽管不是首创，但肯定是开拓性地通过一种非凡的视觉直觉）提供表示虚词意义的方式。这幅画表明，在我们共同掌握有关英语语言的常规规则的前提下，当我们说 upon 一词时，意义理所当然地有别于 under 一词。此外，这幅画还表明意义的不同是基于我们的身体在地理-天文空间中的位置。一个人可以从根本上怀疑区别看待语言的一般概念的可能性，却不得不认真对待威尔金斯的这幅画。从中可以看出，在解释虚词时我们必须依循一定的"方向"。即使这个世界是一座迷宫，通过无视某些方向的限制，我们仍然可以穿过它。

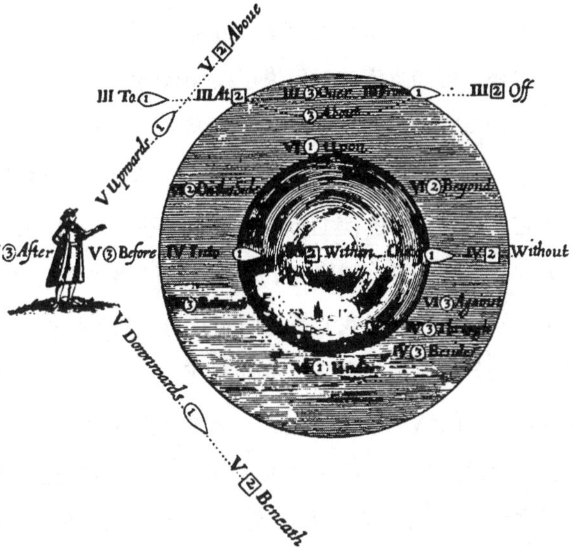

图1

威尔金斯会如何回击很多当代理论把阅读视作解构行为的反对立场呢？他或许会说，在他讲述的情况中（我们暂且假设那封信是这样措辞的：“亲爱的朋友，在由我的奴仆送去的篮子里有三十颗无花果作为礼物，期盼……”）收信人肯定会认为信中提到的篮子就是奴仆送来的那一只，过来送东西的奴仆就是他的朋友托付篮子的那一位，并且书写在信中的数字三十与篮子里无花果的数目有着关联。

自然，人们很容易反击威尔金斯的这则寓言式的论证。完全可以这样想象，有人确实派奴仆送篮子，但是在半路上原来的奴仆被人杀了，由另外一个属于不同主人的奴仆替代，甚至那些作为单独实体的三十颗无花果也变成了十二颗。除此之外，我们还可以想象这名新的奴仆把篮子带给了另一位收信人。我们再进一步假设新的收信人并不知道有谁会为了增进同他的友情送无花果过来。这样还有可能肯定这封信说了些什么吗?

我想我们有权再把新的收信人的反应设想成或多或少类似于这样的情景："有人，天知道这人是谁，送给我一定数量的无花果，比同它们一起送来的信上所说的数目要少。"(我还设想，新的收信人在设法解开这个谜之前，以主人的身份惩罚了奴仆：这也是一个符号学问题，但我们还是回到我们的主要问题。)

我想说的是，这则信息甚至在脱离了发出者、有争议的意向所指物以及发出的情景时也表达了"有些无花果在篮子中"这一内容。我还想说的是，收信人阅读了这封信，在对寄信人的存在表示怀疑之前，便先确信有人送无花果给他这件事本身就是存疑的。

让我们现在假设(叙事想象是没有止境的)，不仅原先的奴仆被杀了，而且杀他的人吃光了所有的无花果，砸烂了篮子，把信放入一只酒瓶中扔进了大海。在威尔金斯过世七十年(左右)后，这只瓶子被鲁滨逊·克鲁索发现了。没有篮子、没有奴仆、也没有无花果，只有一封信。尽管这样，我敢保证鲁滨逊首先会这样反应："无花果在哪里?"只有在做出这一本能反应之后他才会想象所有可能的无花果、所有可能的奴仆以及所有可能的寄信人，或者无花果、奴仆和寄信人可能并不存在，还有谎言的运作以及他作为完全脱离任何"超验意义"的收信人的不幸命运。

无花果在哪里?只要鲁滨逊懂英语，就会知道信上所说的是在某个地方有或曾经有过诸如三十颗无花果这样的东西，至少

（或在可能的信念世界中）存在于那位信息发出者的头脑中。即使鲁滨逊决定认为这张纸上的涂鸦是化学腐蚀作用的偶然结果，他也要面对两种可能：要么把这些话视作无关紧要的客观事件而不予理睬，要么把这些话当作英语文本中的语词进行诠释。鲁滨逊一旦选择第二个假设，肯定会得出信中谈及的是无花果而不是苹果或独角兽这样一个结论。

现在，我们假设瓶中的信息被一名语言学、诠释学或符号学的老练研究者发现。凭着他或她的聪明劲，这位新的不期而遇的收信人可以作出各种各样细致入微的假设，如下所述：

一、 信息是经过编码的："篮子"代表"军队"，"一颗无花果"代表"一千名士兵"，"礼物"代表"帮助"。这样一来，这封信的预期含义就是寄信人准备派一支有三万名士兵的军队帮助收信人。但即使在这种情况下，提到（但尚未到场）的士兵也应该是三万人，而不是，比如说，一百八十人——除非在寄信人的私人编码中一颗无花果代表六名士兵。

二、"无花果"（至少在如今）可以用来实现修辞性意指（如在 to be in good fig，to be in full fig，to be in poor fig① 这些短语中），于是信息就会支持另一种不同的诠释。但即使在这种情况下，收信人仍然应该依靠某一前定的对 fig（无花果）一词的约定性解释，比如不能将其理解为"苹果"或"猫"。

三、 如果说收信人是一位精通诠释中世纪文本的批评家，就会假定瓶中的信是一则由诗人撰写的寓言。收信人察觉到在信息中隐含着经过个人化的诗歌编码处理后形成的副义，这一副义只

① 这些短语中都是用"无花果"来喻指衣服。——译注

有在该文本中才能成立。“无花果”是对“水果”的提喻，而“水果”又可以隐喻“预示吉兆的星运”，“预示吉兆的星运”则可以喻指“神恩”，就这样不断地推衍下去。在这一情况下，收信人能够得出各种相互冲突的推论，但我还是强烈地相信存在着某种“简约”的标准，基于其上一些推论会比其他一些推论更有趣味。为了证实他或她的推论，收信人或许应该首先对可能的寄信人以及这个文本出现的历史时期进行推测。这与调查寄信人的意图无关，但与研究原信的文化框架有着关联。

或许我们这位老练的诠释者应该确定瓶中发现的文本在某个特定场合指涉的是一些存在的无花果，并且索引性地指向一名特定的寄信人和一名特定的奴仆，但随后丧失了所有的指涉能力。收信人会梦见那些失踪的参与者，他们暧昧不明地卷入交换物品或符号的活动中（或许在某个历史时期送无花果意味着进行神秘的影射），并且能够从这份佚名信中尝试解读出各种意义和指涉物……。但是诠释者无权说这封信意味着一切。

它（信）能够意味很多东西，但是其中一些是非常荒谬的。我想不会有人迫不及待地声称它指的是“拿破仑死于一八二一年五月”。不管怎样，对这种牵强的解读予以质疑，可以被当作一个合情合理的出发点，从而得出这样的结论：至少有些东西是这封信不能确定无疑地指涉的。这封信所说的是，曾经有一只盛着无花果的篮子。

我承认，为了做出上述声明必须首先认为句子都有字面意义，并且我也知道这种观点会引起争议。但是，我坚持认为，在某一给定的语言界域内，凡是词项都会有字面意义。这里所谓的字面意义也就是先由词典列出来的，在每个人被问及某个给定词的含义时首先予以定义的那层意思。因此，我假定每个人首先会说无花果是一种水果。没有一个以读者为中心的理论能够回避这个限制。只有在接受这个限制之后而不是之前，读者才有行动的自由。

我知道在讨论威尔金斯提及的这封信和讨论《芬尼根守灵夜》之间存在着差异。我也明白对《芬尼根守灵夜》的解读会促使我们怀疑威尔金斯例子中的所谓常识性。但我们不能忽视那位奴仆的立场，他见证了文本及其诠释的奇迹。

本书收入的论文，其中三篇除外（分析普林尼信件的那一篇、关于戏剧的那一篇和论述皮兰德娄的那一篇是一九七〇年代所写），都是在过去五年间发表的。这些文章从不同的角度谈及诠释以及诠释的限度或限制问题。本书在我写于一九五七年至一九六二年间的旧作《开放的作品》英译本出版之后结集成册，似乎是出于偶然，但两者之间不无关涉。在那部作品中，我赞同在阅读具有审美价值的文本时诠释者所起到的积极作用。那些文章写就之时，我的读者关注的是诠释行为“开放”的一面，却低估了这一事实，即我所支持的开放式阅读是由作品本身引发的（并且目的是对作品进行诠释）。换句话说，我所研究的是文本自身的权利与其诠释者的权利之间的辩证关系。我有这样一种感觉，那就是，在过去几十年中，诠释者的权利被夸大了。在现在的文章中我强调的是诠释行为的限度。

这些文章跟在我先前出版的著作（如《符号学理论》《读者的角色》《符号学与语言哲学》）之后结集出书，这既不是无意之举，更不是毫不相关的事情。先前那些著作细致地分析了皮尔士关于“无限衍义”的观念。我希望这本书中的论文（尤其是涉及皮尔士的那一篇）会说明“无限衍义”这一观念不会误导出“诠释没有标准”这个结论。认为（作为衍义基本特征的）诠释潜在性地不受限制并不意味着诠释没有客观对象，只为自己而“放任自流”。说一个文本潜在性地没有尽头并不意味着每一个诠释行为都能够得到令人满意的结果。

即使最激进的解构主义者也会接受这个看法：存在着绝然不能认可的诠释。这也就意味着被诠释文本对诠释者强行规定了一些限制。诠释的极限同文本拥有的权利（而文本的权利并不意味着文本作者的权利）一致。

甚至在自空文本中（参见《小世界》一章），我们仍然有着衍义对象，它们毫无疑问地言明自身的不可能性。让我们实事求是一些：没有比生成没有意义的文本更意味深长的东西了。

如果有什么需要被诠释，那么诠释者必须在某个地方、运用相关的方式找到它。

再回到威尔金斯，在由“超级读者”主宰的世界里，让我们先把自己与奴仆归为一类。只有这样，即使成为不了主人，至少可以成为衍义谦恭而自由的奴仆。

第一章　两种诠释模式*

1.1　象征（symbol）与寓言（allegory）

几年前我研究了象征一词的几项意义（Eco，1984）。其中最为有名的是歌德在象征与寓言之间所作的区别："象征主义把经验转化成观念，再把观念转化成意象。这样，通过意象表达的观念总是保持着活跃性和不可企及性，即使在所有的语言中得到了表达仍具有不可表达性。寓言把经验转化成概念，再把概念转化成意象，但这样可以使概念永远能够被意象明确定义和清楚表达。"（Goethe，1809）。歌德的定义似乎同观念论哲学所倡导的完全一致。对于观念论哲学来讲，象征是能指，表达的是不确定的意义云层或意义星云，这些意义云层或星云永远处于未被探究或根本就不能被探究的状态。

但是，我们知道单词 symbol 还有另一层意思。如果我们从逻辑学家或数学家的角度看，那么象征要么是一个由定律亦即明确的规约厘定的、相关于某个意义的能指，这样一来可以由其他能指进行诠释；抑或是能够通过各种方式组合的变量，一旦获得了给定的涵义，就不能在相同的语境中代表其他的涵义。如果从叶尔姆斯列夫（Hjelmslev，1943）的角度看，我们会发现十字架、锤子和镰刀、徽章以及纹章图案都可以作为象征。在这层意义上讲，象征是寓言。

这种歧义性的根源产生于希腊语词源。从本源上讲，象征就是一个个别符，是被打碎的桌子、硬币或奖章的眼前的那一半，它通过唤起可能与之重新结合的看不见的另一半行使着社会和符号功能。这种（重新结合的）可能性至关重要，因为既然打碎的两半能够重新结合，就没有必要非求得两者重新结合不可。今天也是这样，当我们拿着票根进剧院时，没有人会检查它的另一半在哪里；每个人都相信个别符的符号特性。在这种情况下这一特性运行的基础是先行建立并被公认的规约。

但是，破碎奖章现存的这一半仍然为其不在场的另一半和原本的整体性招魂，从而激发生成“象征”的其他意义。于是，希腊语动词 symballein 就意味着会合、尝试诠释、进行推测、解谜、从不精确的东西中推演，因为残缺不全，它只能暗示、引发或揭示其他某些东西，而不能按规约说出来。从这层意义上讲，象征是预兆性的即刻体验，宣布着经试探性预示得出的模糊结果。象征是一个符号，但是一个无形的符号。它是一道神旨，用语言表达出来时每个人都明白，但谁也说不清楚理解了什么。

因此，“象征”的所有含义都同样陈旧过时。要是“浪漫”意义的支持者想要追寻其深远的传统渊源，他们会找寻一系列可资荣耀的谱系，却忽视了这样一个事实：象征和寓言之间的区别一点都不陈旧过时。

---

* 本章原题为“在象征的现代概念的根本处”，载《社会研究》，1984 年第 2 期；及“作为文本的世界——作为世界的文本”，《诠释的争论》，康斯坦茨大学出版社，1987 年。

当在氤氲着斯多葛主义的氛围中，人们开始尝试寓言性地阅读古代诗人，从而在神话的外衣之下发现自然真理的证据；或者当斐洛着手寓言性地阅读《圣经》时，在象征和寓言之间不存在明确的界限。佩潘（Pépin, 1970）和奥尔巴赫（Auerbach, 1944）指出传统世界把象征和寓言看作同义表达，还认为象征是为了教育目的制造出来的编码意象。根据这一语言用法就形成了这样一个观念：象征也是修辞手段，具有精确的含义，轮廓虽模糊，但可以精确地找到。在教父传统和中世纪文化中也是如此。①

1.2 泛符号学形而上学

在教父传统和中世纪文化中，存在着把象征主义视为论及不可知事物的方式的观点：在新柏拉图主义的思想脉络中，就像伪丢尼修所代表的那样，所有存在物的神性之源，即“太一”，被定义成“明亮的混沌，秘示于人的寂静，刹那闪过的黑暗，既无实体也无形象或形状，没有数量，没有质量，没有重量，不在某个地方，既看不见，又无感知力，既不是心灵也不是头脑，没有想象力也不发表见解，既不是数目又不是顺序也不是庞大，不是物质，不是永恒，不是时间，不是模糊不辨，不是错误，不是光亮，不是真理……”。

① 奥尔巴赫提出，有时但丁并没有设计复杂的寓言，而是塑造了一些诸如贝雅特丽齐和圣伯纳德的人物。他们既充当真人，同时又是代表更高真理的“典型”。但是即使在这种情况下也能发现介于转喻和换称之间的修辞手段的存在。这里并不存在使人想起具有浪漫象征主义典型特征的观念——一种不能用语言分析的模糊直觉。但丁塑造的人物可以用与对待《圣经·旧约》中的人物一样的方式进行诠释。我们在之后可以看到的，《旧约》中的这些人物也在《新约》中出场。自从奥古斯丁时代以来，这种程式被称作史实托寓（allegoria in factis）而不是文字托寓（allegoria in verbis），后来被称作“象征论”。在后文中我们可以发现，但丁只是简单地把用于神圣历史的程式应用到他的世俗诗歌中去。

如果不用包含没有字面义和单一义、但向不同诠释“敞开”的符号的语言，将如何谈论这种非实体和非确指物？伪丢尼修在他的否定神学中运用了象征——不同于可译的寓言。从新柏拉图主义的角度讲，我们把宇宙生发之源说成是同时既正确又错误的东西——因为这一生发之源超出了理性知识所能理解的范围；而以我们之见，它看起来只不过是“虚无”。新柏拉图主义象征的矛盾性似乎与浪漫主义象征的模糊性相同。

不论如何，伪丢尼修的新柏拉图主义——进一步讲，连同他的评论者，如阿奎那的新柏拉图主义——并不是“强有力的”：中世纪的新柏拉图主义哲学家试图把宇宙生发的泛神论观念转译成“共同参与”的观念。确实，“元一”绝对是超验的，无限地远离我们，于是我们由一种不同的“纹理”织成，是因为我们只不过是“他”的创造能量消耗后剩下的废弃物，但“他”并不与自身相矛盾。矛盾性只属于我们论说“他”的话语，源于我们对“他”的一知半解。但是“他”对“他自己”的了解是确定无疑的。这一点非常重要，因为正如我们所见，文艺复兴时期的神秘论柏拉图主义坚持认为每一种神秘知识的核心都是对现实深重矛盾性的信仰。但相反的是，对于中世纪的神学来讲，矛盾性和模糊性只不过是符号性的，而并非是本体性的。

自然，既然我们必须谈及“不可言说者”，我们就姑且称之为善、真理、美、光明、嫉妒等等，但是据伪丢尼修所说，这些词汇只能“超实体性”地用在“他”身上。不仅如此，由于我们给出的神圣名称总是有失恰当，总免不了根据非相似性标准对它们予以选择。把上帝称为美或光明是危险的，因为这样会使人相信这些称呼表达了其中一些“他”的真正品质。我们不如称之为狮子、豹子、熊或怪兽。我们应该把最挑衅的形容词用在“他”身上，这样就会清楚地表明，我们所寻找的相似性从我们手中逃脱，或者只有通过牺牲比例均衡才能对它略见一斑（《天阶序论》）。

尽管如此，这种象征性的言说方式与顿悟无关，与认知迷狂无关，与现代象征主义所讲的倏忽闪过的景象无关。中世纪的形而上学象征既不是对隐藏在神秘外衣下真理的顿悟也不是对它的揭示。象征主义必须对我们理性和语言的捉襟见肘给予明智的补偿。面对这一挑战，伪丢尼修的评论者们试图把他的切入方式转译成明理见性的措辞：当爱留根纳（《论自然的区分》）讲“在我看来，在可见和有形的事物中，没有一种是脱离物质和意义而存在的”时，他不再谈及无法把握的相似性网络，而是谈及后来被称为“存在巨链”的不间断的因果序列。

阿奎那将确定无疑地把这种方式转化成存在类比信条，旨在使之成为成比例算法。于是，在中世纪泛符号学形而上学——有时被定义为普遍象征主义——的根本之处，存在着“对符码的追寻”，并且将富有诗意的近似性转化为哲学陈述。

1.3　《圣经》诠释

与新柏拉图主义的思想脉络平行发展的是《圣经》诠释者的诠释传统。他们的兴趣在于《圣经》用来向我们诉说的象征语言。

阅读《圣经》时的衍义过程相当复杂：《旧约》寓言性地论及《新约》，而后者又通过借喻其他事物言说。不仅如此，在无限衍义的美妙情形中，在发出者（即神圣的逻各斯）、能指信息

（即词汇）、内容（即神旨）和所指物（即基督）之间存在着令人迷惑的身份认定。它们织成了相似与差异组成的网络，而这种情形又被这一事实给复杂化了，即身为“逻各斯”的耶稣作为诸神原型的集大成者，从根本上讲就是多义的。

因此，不论是《旧约》还是《新约》都同时谈及各自的发出者、内容和所指物。它们所含的意义是所有可能原型的簇集。《圣经》意在说及一切事物，而一切事物在那些对真理感兴趣的诠释者看来却显得有些过剩（参见 Compagnon，1972；Eco，1984）。于是，《圣经》恣肆的象征性必须被驯服；为了实现这个目的，不得不把象征模式等同于寓言模式。

这一点应谨慎对待，因为如果不是迫切需要一套符码的话，《圣经》诠释就会跟包含解构主义、推进式的诠释游移、误解、原欲阅读和自由快感的现代诠释理论别无二致了。

《圣经》潜在性地拥有每一种可能的意义。但是对它的阅读必须受制于一套符码。这就是先辈们提出意义层次理论的原因。起初，这些意义有三种（字面的、教化的、神秘或圣灵的）；后来变成了四种（字面的、寓言的、教化的以及神秘的）。

这个四层意义理论在一定程度上保证了对《圣经》各部分的正确解码。教父学和经院思想永远摆脱不掉《圣经》给人的取之不竭、博大精深的感觉，时常把它比作无边无际的意义森林、神秘的神的海洋、迷宫、广阔的森林，或者把它比成大海，当我们泛舟其上时会有恐惧感袭上心头，接着便被漩涡打沉。

至此，我们再次觉察到某种东西，它使人联想起现代人对开放式文本解读的迷恋，甚至联想起这样的诠释学观念，即在历史过程中一个文本在由其引发的所谓一切解读之上产生磁力场

(Gadamer, 1960)。但是教父学和中世纪思想所面临的问题是如何调和诠释的无限性和信息单义性之间的关系。主要问题在于怎样在阅读《圣经》过程中发现用新的措辞重新表述的永恒真理,而非新的东西:不是新的而是新鲜的。

《圣经》诠释学为现代感知提供了“开放式”阅读的模式,但是用它自己的话来讲,它拒绝这一诱惑。这就是当时象征和寓言彼此难以分辨的缘故。为了把它们作为两个不同的过程加以考虑,西方文明只好详细阐明一个不同的真理概念。

但是,有一点是基督教传统为现代象征主义提供诠释模式的地方。这就是确定何时在文本中识别出蕴涵象征模式的实例。奥古斯丁(《论基督教教义》)首先提出了一套规则以确认一个被《圣经》叙说的事实是否以及何时应以比喻义而不是字面义来看待。奥古斯丁知道话语辞格——如隐喻——很容易识别,因为如果以字面义对待的话,文本看起来似乎是在撒谎。但是对那些在产生字面义的同时又能够以象征义予以诠释的叙事又该如何处理呢?奥古斯丁认为一个人有权在《圣经》每次所说出字面可以理解,但与信仰和道德原则相抵触的东西时嗅到比喻义的存在。耶稣接受妓女的崇拜和涂膏,但是我们的救世主不可能鼓励这种奢靡的仪式。因此这则故事代表另外的意思。同样,当《圣经》玩弄语义含混的华丽辞藻或使用诸如专名或一系列数字的字面表达时,我们应该嗅到另外一层意思。这种在面对琐屑小事或百无一用的细节时急于猜度象征模式存在的心情只会使人联想起现代诗歌手法,如乔伊斯的顿悟和艾略特的客观对应物。我们寻找象征模式,不是在修辞辞格这一层面上,而是在更加宏观的文本策略这一层面上,这时文本表现出某种不可思议的慷慨,或在描述时不惜笔墨、暧昧不明。

奥古斯丁不是在修辞策略中而是在叙事中寻找象征，这一点很清楚。他这样做的原因是，从一开始《圣经》就把史实托寓放在优先于文字托寓的位置。《旧约·诗篇》作者的语言当然可以被视作具有隐义的语言来加以阅读——因为《圣经》时常借助修辞手段；但是必须读出言外之义的是由《圣经》叙述的“历史”事件。上帝把神圣的历史预先认定为他亲手写就的书，《旧约》中的人物被拉过来做其所做，目的是为《新约》中的人物和事件作铺垫。

根据斯多葛派的教义，符号首先并不是词汇，即*onomata*，而是*semeia*，也就是可以被当作其他事情征候的自然事件。奥古斯丁从古典传统那里吸收了修辞规则，从而能够对文字托寓进行解码，但没有精确的规则应对史实托寓——另外，正如我早先所说，《圣经》讲述的重要事实并不是对任何诠释都开放的。

于是，为了理解《圣经》所叙说的事实的意义，奥古斯丁必须理解《圣经》所提及的事物的意义。鉴于这个原因，从古希腊的《博物学家》或普林尼的《自然史》延承下来的中世纪文明不厌其详地分析自己所拥有的包罗万象的百科书目、鸟兽花草、宝石罕物、世间形象，借此赋予“真实”世界的家什物件以象征意义。在这些百科全书式的分析中，相同的东西或生物可以承担相互抵触的意义。于是，狮子既是对耶稣的拟形同时又是对恶魔的拟形。中世纪评论家的著作旨在为对文本进行正确的消除歧义提供规则。象征符号在纵聚合中才会有歧义，而在横组合中却永远没有歧义。一头大象、一只独角兽、一朵花能够承担很多意义，但是当它们出现在一个给定的语境中，它们只能以唯一可能的正确方式得到解码。

因此，《圣经》诠释学的兴起促进了普世象征主义的发展，真实世界也像《圣经》一样“充斥着同样多的符号”。但在两种情形下，都应该更加严格地论及《圣经》寓言诠释和普世寓言诠释。中世纪是不可能理解（象征与寓言之间的）这一对立的。

尽管如此，普世寓言诠释实现了对世界的幻觉性体验。根据这一点，世俗生命和历史事实就不再是（除此之外别无他指的）“这些”生命和“这些”事实，而是代表着其他事物。这种观点不可能被十三世纪的亚里士多德自然主义所接受。

1.4 阿奎那

阿奎那对世俗诗歌和文字托寓态度苛刻。诗歌是低级的信条：“人类理性无法理解诗意，因为诗意中缺乏真理。”（《神学大全》）不过由于阿奎那本身就是一位诗人，并且是天才诗人，他也承认有时神秘的神性超出了我们的理解能力，必须借助修辞格才能揭示出来：“《圣经》以有形的方式传递神圣的、精神层面的东西，这是理所当然的。”（《神学大全》）尽管如此，就对待《圣经》文本而言，他建议首先要看其中的字面意义或历史意义。《圣经》谈到希伯来人逃出埃及时，说的的确就是字面上的真相。只有把握了字面意义才能去寻找隐含在其中或超越其外的神旨意义。这些神旨意义就是所谓的《圣经》传统赋予圣书的寓言意义、教化意义或神秘意义。至此，就与先前传统的关系而言，阿奎那并没有带来太新的见解。但他做出了两条重要的声明：

一、 神旨意义只有对于由《圣经》讲述的事实才会有效。只有在宗教神性历史过程中上帝才会影响世俗事件，使其别有所指。在世俗历史中没有神旨意义，在自然界的个体和事实中也不存在。在耶稣基督救赎之后发生的事件中没有神秘意义。人类历史是充斥着事实的历史，而不是符号的历史。普世寓言诠释就这样被清除了。世俗事件恢复了自然状态。即使它们具有意义，也是在哲学家的眼中。他们把其看成上帝存在的自然证据，而不是具有象征意义的信息。在阿奎那身上，可以看到后《圣经》历史和自然世界的世俗化。

二、如果在《圣经》中存在着神旨意义，其中的事实别有所指，那么在世俗诗歌中则不存在神旨意义。诗歌只展现字面意义。这一声明无疑显得过于武断和激进：阿奎那自己作为诗人深知诗人使用修辞格和寓言。但是诗歌的隐义是字面意义的亚种，阿奎那称之为“寓言性的”。这种意义——比喻义和寓言义——“不优于字面意义”。它只不过是字面意义的变种。当《圣经》用山羊的形象代表耶稣时，我们所面对的不是史实托寓而是文字托寓的情况。山羊不是象征未来事件的事实，而只不过是寓言性地（字面地）代表“耶稣”这个名称的单词。

寓言意义以什么方式区别于《圣经》的神旨意义呢？要想理解这一争议性极大的观点就必须明白阿奎那所谓的“字面意义”到底是什么含义。他的解释是“作者的意图”。字面意义不仅是一个句子的含义而且是发出者在表述时的含义。现代语用学懂得，像“这里很冷”这样的句子按照词典解释只不过是对某个特定地方的气温的陈述。但是如果这句话在某个特定的场合说出来就会表达发出者的实际意图，亦即预期含义，比如，“我们到别处去吧”。对于阿奎那来讲，句子含义和预期含义都属于字面意义，因为它们代表着句子发出者头脑中的所思所想，这一点必须清楚。照此观点，我们就会明白为什么比喻和寓言只要代表的是作者意欲表达的东西就可以被看成字面意义。为什么《圣经》的神旨意义就不能是同样的字面意义呢？原因在于，《圣经》的作者在叙述历史事件时，未曾意识到（在上帝的心中）事实所应该具有的意义是让未来的读者能够在《旧约》中读出对《新约》的预知。《圣经》的作者在神意的启悟下写作，对自己的真正所言浑然不觉（参见 Eco，1986a & 1956）。

不管怎样，阿奎那的看法似乎并不是太有影响力。第一个对其提出异议的是但丁在《书信集》第十三卷中关于《神曲》的寓言性解读理论。

1.5 但丁

但丁在向斯加拉大亲王介绍自己的诗歌时马上就说明它必作为多义的信息来阅读。在他就《旧约 · 诗篇》的第一百一十四篇中的部分诗节所作的分析中，但丁给出了解释他所谓多义含义最著名的例子之一：

> 以色列出了埃及，
> 雅各家离开说异言之民。
> 那时，犹大为主的圣所……

但丁依照中世纪的理论中肯地谈了他对前几句诗的看法：

> 如果我们从字面看这封信，它意味着在摩西时代以色列的子孙出走埃及的事情；如果我们看其中的寓言，那就意味

> 着我们借助耶稣所获得的救赎；如果我们看教化意义，那就意味着灵魂从负罪的苦难转入蒙恩的状态；如果看神秘意义，那就意味着圣灵脱离腐朽的役使而臻至永恒荣耀的自由。

很显然，这则分析与《圣经》传统的主线并无矛盾之处。但是很多诠释者感觉其中不无不可思议之处。在这里但丁的用意是以解读《圣经》的例子来分析如何阅读他的世俗诗歌！对这个问题最简单的解决方案，并且也为一些诠释者提出，是把这封信（《致斯加拉大亲王书》）当作一件伪作。这封信“理应”是赝品，因为但丁被认为是忠实的托马斯主义者，而这封信恰好和托马斯主义的立场，即世俗诗歌只有字面意义相抵触。但无论如何，即使这封信是赝品，它起初也是被当作真品对待的，这也就意味着在但丁的同代人听来它并不刺耳。况且，《飨宴》的确不是伪作，在这篇散文中但丁透露了寓言性地诠释自己诗歌的蛛丝马迹——尽管仍然坚持诗人的寓言和神学家的寓言之间的差别，这一点在信中并未提及。

在《飨宴》中，但丁解释了自己在创作诗歌时意欲表达的意思。在这层意义上讲，可以说他并没有违背托马斯主义的观点；他诗歌中的寓言意义仍然是寓言式的，因为它代表了但丁旨在表达的东西。相反的是，在《致斯加拉大亲王书》中，他举的例子会使人把它们看成地道的史实托寓。在信中的其他段落里，正如其他人所讲，他认为他的《神曲》由处理的方式激发灵感，而这种处理的方式是诗性的、虚构的、描写的、散论的、譬喻的（这些都是诗歌话语的传统特征）；但是他又补充道，也有定义、分析、证明、反驳和举列，这些则是神学和哲学话语的特征。不仅如此，我们还知道他经常阅读由神学和经典诗歌讲述的事实，把它们当作史实托寓。

但丁用这样的术语论说了《论俗语》中的诗人。在《神曲·炼狱篇》中斯塔提乌斯把维吉尔说成是“夜间行路的人，背后提着灯，对自己无用，却使身后的人看清道路”。这意味着——根据但丁的描述——维吉尔是一位先知：他的诗歌、他全部的异教徒诗歌表达了作者并未意识到的神旨意义。因此，就但丁来看，诗人延续着《圣经》的使命，而他自己的诗歌就是预言写作的新例子。他的诗歌同《圣经》一样被赋予神旨意义，诗人本身也受到神的启悟。如果诗人抒写的是爱的灵感激发起的东西，那么他的文本就跟《圣经》一样能够予以寓言性的解读，诗人也就可以正正当当地引领读者去猜测“在神秘诗歌的面纱之下”的东西。

于是，就在阿奎那贬低诗歌模式的时候，诗人们摆脱了他的观念影响，开拓出一条新的切入诗歌文本的神秘方式，开启了一条新的解读路径。这条路径将通过无数的代表人物一直延续到我们这个时代。

使得但丁仍然停留在中世纪的原因是他相信诗歌既没有无尽的意义也没有模糊不明的意义。但丁似乎坚持认为神旨意义分为四种，它们可以根据百科性的规约得到编码和解码。这也就意味着甚至连但丁自己也没有在象征与寓言之间划出一道分明的界限。

但是，如果《圣经》诠释者的悠久传统为正确诠释提供了标准，从而保证了他们能够“正确地”解读《圣经》，那么既然世俗世界失去了任何神秘意义，并且诗人是在谁（上帝、爱情，或者其他）的灵感激发下无意识言说的也不明确，将会发生什么情形呢？从某种程度上讲，由阿奎那完成的自然世界的神学世俗化把诗歌活动的神秘驱动力释放了出来。

1.6　新的范式

在文艺复兴时期的人文主义运动中，意大利相应地发生了认识论转变。鸟兽花草和宝石罕物的纹章世界并没有完全失去魅力。自然科学越来越趋近于量化和数理化；亚里士多德似乎没有更多的东西要说；新的哲学家着手开拓新的象征的森林。用波德莱尔的话说，那里有活的柱子，发出模糊但令人迷醉的语音。这些语音来自在希伯来神秘哲学和《赫耳墨斯文集》的影响下重新被审视的柏拉图主义。在这种新的哲学环境中，象征的概念经历了一次深远的变化。

为了构造一个不同的象征观念，把人带回神秘而又自我矛盾的现实，并且这一现实又不能被概念性地表达，就需要一种“强有力”的新柏拉图主义。中世纪的新柏拉图主义还算不上强有力，因为它被一种强烈的神圣超验观阉割了——抑或是变得更男性化了。让我们把它的起源称为“强有力的新柏拉图主义”——至少直到普罗克洛斯是如此——或是称之为诺斯替版本，在后者看来，人类大堕落之上存在着“元一”，他不仅是不可知的和模糊不明的，而且不依他者来决定，他把一切纳入其中，结果成为矛盾之地。

在强有力的新柏拉图主义的构架里面，应该考虑三个基本的前提假设，不管它们是明晰的还是模糊的：一、在世界的每一项元素和始源性的“元一”之间有着一种物质上的亲缘关系，也就是有一种发散的连续性；二、始源性的“元一”是自我矛盾的，在其中可以找到对立统一（实际上是一个神秘主义概念，但是在现代时期开始时为库萨的尼古拉和布鲁诺的哲学观进一步加强）；三、“元一”只能否定性和近似性地予以表述，所以对他的可能表述都必须而且只能借助于其他表述，同样地，这一表述也是模糊和矛盾的。

这样，我们满足了哲学和美学的发展要求，以及作为直觉性启示的、既不能用文字表达又不能予以概念化的神秘象征科学的发展要求。

从文艺复兴时期漫布开来、渗透到浪漫主义哲学和很多当代艺术诠释理论中的所谓的神秘主义传统，主要特点如下所述①：

一、拒绝使用公制计量；质量和数量之间的对立；相信没有什么东西是稳定的，宇宙中的一切元素通过互动行为作用于他者。

二、拒绝因果律，这样宇宙中各元素的互动关系不依循由因到果的线性次序，而是依循相互感应的元素之间螺旋上升式的关系。如果宇宙是一个由相似性和无穷无尽的感应织成的网络，那么就不会存在享有特权的因果链。这一神秘主义传统甚至把因果律延伸到了历史学和文献学，于是其逻辑理路似乎可以接受果在因前这一原则。这种态度的一个典型例证是，每一位神秘主义思想家都能够证明《赫耳墨斯文集》——像卡索邦证明的那样——不是古希腊文明的晚期产物，而是在柏拉图、毕达哥拉斯和埃及文明之前。其论据如下：“《赫耳墨斯文集》里面所包含的思想明

① 我这里根据的是杜兰德提出的建议（Durand，1979）。我并不同意他对现代思想的全部历史所作的新诠释学式的重新诠释，但是他对诠释传统的“认定（identikit）”却颇具说服力。

显在柏拉图时代就已流行开来，这就意味着它出现在柏拉图之前。”在接受过因果律认识论教育的西方人听来，这一论点有些刺耳——确实是在逻辑上让人感到不安——但是只要是阅读了这个传统的一些文本就足以让人意识到在适当的环境中，这个论点的得出是严谨的。

三、拒绝二元论，于是同一原理失效，同时排中律也失效，结果是问途存焉（即建立在该基本前提上的对立面偶合观念）。

四、拒绝不可知论。有人肯定会认为不可知论是非常现代的态度，从这个观点看，神秘主义传统跟经院传统并不对立。但是即使这些学究们会轻信别人，对两相对立的事物也有着明察秋毫的分辨能力。他们肯定不会用试验方法来确定事实是否如此，但他们对决定何为事实有着极大的兴趣。一个给定的观念要么反映了亚里士多德的观点，要么不反映，没有折中的观念，即使存在着可能的妥协，就像发生在阿奎那的典型论点上的那样，最终的妥协就是最终的真理。相反，作为非不可知论的神秘主义思想是诺斯替主义；它尊重整个传统智慧，因为即使在前提假设之间有矛盾，每一个前提也会承担着部分真理。真理是对立观念域的全部。

五、神秘主义传统是建立在类似性原则之上的：有多么高深，就有多么浅显。只要有人决定寻找，这种相似性就到处都能找到：在某种描述下，每一种事物都能被看作类似于其他事物。

于是，这种新的象征主义在神秘主义传统中发展起来，从米兰多拉和费奇诺到布鲁诺，从罗伊希林和弗卢德到法国象征主义、叶芝以及其他很多当代理论：只要是论及没有形状的东西，象征就不可能有确定的意义。

因此就出现了这种情形：就在阿奎那的神学破坏掉普泛象征主义和寓言主义的基础，以及新兴的科学开始用量化术语描述世界的时候，在诗人、柏拉图主义哲学家、宗教思想家、朝拜耶稣的东方三博士和犹太神秘哲学家中生出了新的感受。它对类比和普遍亲缘性提出了新的要求，接着又影响了新的诗歌和艺术理论及其实践，以及影响了新的神话理论，当然也为很多俗人提供了新的宗教。这些俗人在一个世俗世界里不再信仰神学的上帝，而是需要其他形式的信仰。或许我们应该重写传统的手册，讲述现代人是如何、何时以及为什么逃离蒙昧时期转而进入理性时期的。

有趣的是，现代象征主义与基督教象征主义迥异，但遵循的依然是相同的象征规律。在某一种情况下，有人会认为象征符有最终的意义，但是由于它是同样持久的信息，对于独一无二的所指有着不可穷尽的、多种多样的能指。在其他情况下，现实的内在矛盾性使得象征符有着任何可能的意义；但是既然每一个象征符都在诉说这种基本的矛盾性——不可计量的能指总是代表着它们独特的所指——亦即任何文本意义的不可穷尽性。在两种情形中都可以看到“原教旨主义”的形式。在前一种情形中，每一种文本都是涉及上帝的理性和单义的话语；而在后一种情形中，每一种文本所涉及的都是赫耳墨斯的非理性和歧义的话语。

1.7 神话和文本

很多现代理论过于呆板地把象征等同于神话。如果一则神话是一个故事，那么也就是一个文本，而这个文本——照巴霍芬的话说——是对象征符的注解。我们就把神话当作一个文本，并且隐喻性地视作每种可能文本的最典型的代表。文本实际上是为象征符不可减损的多义性提供减损的场所，因为在文本中象征符被锚定在它们的语境中。中世纪的诠释者们是正确的：应该寻找能够在上下文中消除象征符的意义繁殖力被夸大后带来的歧义的规则。现代感知力相反把神话当作宏观符号来对待——在承认象征符的多义性的同时——不再认可神话强加在它们所涉及的象征符上的条条框框。因此，很多现代理论不能承认这一点，即象征符在纵聚合上向无限的意义敞开，而在横组合上，也就是说在文本中只是向语境所允许的诠释的不确定性敞开，而不是向诠释的无限性敞开。

承认这一原则并不意味着支持这一“压制性”观念，即文本在一些诠释权威的保证下有着一个独一的意义。相反则意味着，任何诠释行为都是一个在开放性和形式（的封闭性）之间，以及在诠释者的主动性与语境压力之间的辩证互动。

中世纪的诠释者们在把世界看作单义文本这一点上是错误的；现代诠释者在把每个文本看作无以赋形的世界这一点上是错误的。文本是人类假道于上的路径，通向的是可把握的格式，并且对主体间性的诠释话语持开放态度。这也就意味着，当象征符嵌入一个文本时，或许无法确定哪种诠释是“好”的，但仍有可能在语境的基础上确定哪一种诠释的得出不是因为理解“那个”文本所做出的努力，而是由于接受者的幻觉反应。

第二章　无限衍义和漂移：实效主义 vs. 实用主义*

2.1　世界和文本

把世界比作文本和把文本比作世界这个双重隐喻有着一段光荣的历史。诠释意味着通过生成其他文本对一个文本的世界或世界的文本做出反应。说出牛顿的定律解释太阳系的运行方式，或者说出一系列的句子表达某一个给定文本的意思如何如何，至少在皮尔士看来，都是诠释的形式。问题不在于对世界是可以被诠释的文本这一古老的观念予以质疑，而在于确定世界有没有固定的或是许多可能的意义，抑或就根本没有意义。

让我们先引述两段文字：

> "鱼使你联想起了什么？"
> "其他鱼。"
> "其他鱼又使你联想起了什么？"
> "其他鱼。"
> （约瑟夫 · 海勒，《第二十二条军规》）

> 哈姆雷特：你有没有看见那边的云彩很像骆驼的形状？

波洛尼厄：从形状上看，确实像骆驼。

哈姆雷特：我又看它像黄鼠狼。

波洛尼厄：是又像黄鼠狼。

哈姆雷特：或是像一头鲸鱼。

波洛尼厄：很像一头鲸鱼。

（莎士比亚，《哈姆雷特》）

2.2 两极

这两段引文之间的对立使我们想起我们在历史上遭遇过的两种诠释观念：一边认为诠释一个文本意味着找出原作者的意向意义，或者——在任何情形下——找出客观的本性或本质，这种本质是独立于我们的诠释之外的。而另一边则认为文本可以有无限的诠释方式。

以此分析，这两种思路是认识论狂热的表现。前一种有各种宗教激进主义和各种形式的形而上学实在论（比方说，由阿奎那提倡的或由列宁在《唯物主义和经验批判主义》中所倡导的那种）提供例证。知识是认知与现实的符合。另一种思路的最为典型的例子毫无疑问就是上一章（参见1.6）作过描述的赫耳墨斯神秘衍义范式。

2.3 赫耳墨斯式漂移

我将把赫耳墨斯式漂移称为主导文艺复兴神秘主义的一种诠

---

* 本章于1938年7月19日在印第安纳大学高等研究学院首次发表，题为“漂移和无限衍义”。另一个版本于1989年9月在哈佛大学召开的“皮尔士诞辰150周年”纪念大会发表。

释习惯。它建立在普泛性的类比和交感基础之上。根据这一原则，世界上的每一件物什都借助相似性或类似性与月下尘世以及渺远宇宙的每一个（或很多）元素有着关联。就是通过类似性，事物之间的神秘血脉关系才得以彰显，同时每一个月下尘世中的物体才拥有作为标记烙刻其上的血脉痕迹。

基本的原则不仅仅是通过相似性了解相似性，还包括通过从相似性到相似性使得每一个事物都与任何其他事物联系在一起，这样每一个事物反过来都可以成为任何其他事物的表达或内容。由于“任何两种事物彼此相像，其相似程度跟任何其他两种事物的相似程度一样强烈，前提是这种神秘深奥的相似性得到承认”(Peirce，1934)，如果文艺复兴时期的占星术士想在世界的各种物什之间找到神秘的血脉关系，他就必须接受灵活变通的相似观念。

为了举例说明相似性的灵活标准，还是不要引用最为激进、深奥、并属于神秘主义的理论，而是引用关于非常合理的符号技巧的一些例子。这一技巧由记忆术的作者们推荐。这些作者既不是犹太教神秘主义信徒也不是呼神唤鬼的巫师。他们只是想通过一系列的名称、物体或物体意象来建构用于记忆另外一系列观念、物体或名称的体系。其他一些作者（Rossi，1960；Yates，1966）研究和描述了场景和空间的复杂结构。这些结构指的是真正意义上的建筑、雕塑和绘画构造，是那些理论家们为了提供在其中可以进行记忆、意指和回想内容的系统表达平面而建立的。但是，显而易见的是，这些记忆的技巧性工具不仅仅是记忆观念的应用性工具；场景和空间系统频繁地以世界剧场的面目出现或模仿天体模型，既不是偶然也不是纯粹为了装饰。它们的目的是为了表征为一个有机的世界意象，源自神圣文本策略的世界意象。于是，为了达到符号意义上的有效性，它们就生产出纠缠在一起的假定性标记，作为丰富意义整体的宇宙假身其上。正如拉莫斯（Ramus，1581）所言，记忆是结构的影子，结构则是宇宙的句法。

但是，尽管记忆术仅仅被当作应用工具，它无论如何都得在给定意象和由此兴发的事物之间找到可辨认的联系。为了建立这一关系，明智的做法是遵照与诠释宇宙类比相同的标准。从这层意义上讲，这些技艺就可以向我们揭示一些有关于在社会和文化中建立起来的符号规则的情况。

翻一翻记忆学论文作者中最具大胆创意的一位，德尔米尼奥（Camillo Delminio，1567）所写的《剧场的理念》（*Idea del Theatro*），看一看在相似性标题下各式各样的修辞用法是如何自由地集结在一起，这样就足够了。即使只是迅速地浏览其中几章就会发现以下所列：

形态特征的相似：用半人半马指代赛马，用球体指代占星术；

行动上的相似：用两条打架的蛇指代军事战术；

利用历史或神话的邻近性的转喻：用伏尔甘[①]转指淬火工艺；

喻体为原因的转喻：用桑蚕指代衣服；

喻体为结果的转喻：用被剥了皮的马尔西人[②]指代大屠

---

① Vulcan，罗马神话中的火与工匠之神。——译注
② Marsi，古意大利民族，居住在今拉奎拉省境富奇努斯湖东岸地区。——译注

杀场面；

统治者和被统治者之间的转喻：用尼普顿指代航海术；

施动者与动作之间的转喻：用帕里斯①指代仲裁法庭；

施动者与目的之间的转喻：用拿着一瓶香水的少女指代调香师；

换称：用盗火者普罗米修斯指代工匠；

矢量符号：赫拉克勒斯画了一支三镞箭指向上天，用于指代关于上天的学问；

直接推断：用墨丘利与公鸡指代贸易。

这些著作中最为系统的大概是罗塞利的《记忆术词库》(*Thesaurus Artificiosae Memoriae*)。罗塞利列出了以下关联方式：

利用样品：用一定量的铁联想起铁；

利用相似性，这种情况又分为两种：质料的相似性（人作为宏观世界的微观意象）和数量的相似性（如用十根手指代表《十诫》)；

利用转喻和换称：用地图册指代天文学家或天文学，用熊指代发火的人，用狮子指代傲慢，用西塞罗指代讲演术；

利用同音异义：用作为动物的狗指代犬星②；

利用反讽和反差：用傻瓜指代聪明人；

利用残痕：用狼迹指代狼，用提图斯照过的镜子指代提图斯本人；

① 希腊神话中因其诱走海伦而引发了特洛伊战争。——译注

② 即天狼星。——译注

利用多音词：用 sanguine 指代 sane；

利用名称的相似性：用阿里斯塔指代亚里士多德；

利用种属关系：用豹子指代动物；

利用异教符号：用鹰指代朱庇特；

利用民族：用安息人指代箭，用腓尼基人指代字母表；

利用黄道十二宫：用十二宫符号指代星座；

利用器官与功能之间的关系；

利用共同特征：用牛指代埃塞俄比亚；

利用象形文字：用蚂蚁指代节俭；

最后是一些诸如用任何一种怪物指代任何事物以便于记忆的完全个人化的关联。

赫耳墨斯式漂移的主要特征似乎是一种从意义到意义、从相似性到相似性和从关联到另一个关联的无法控制的势能。这使人想起不超过六步就可以从一个词语（比如，peg）变换到另一个词语（比如，Plato）的游戏。如果这个游戏允许任何可能的联系（不论是隐喻的、转喻的还是语音的等等诸如此类的联系），一个人总会玩得很顺手。让我们玩一下：Peg—pig—bristle—brush—Mannerism—Idea—Plato。

与当代漂移理论（参见 2.5）相反的是，赫耳墨斯式的衍义并不断言任何单义和普遍性的超验意义的缺席。它设定每一个事物都能联想起任何其他事物——只要我们能够辨识出其中正确的修辞关联——因为存在着强大的超验主体，即新柏拉图主义的"元一"。他（或它）是宇宙矛盾关系的轴心，是发生对立统一的场所，独立于任何可能的确定性之外，同时集"一切""虚无"

和“万物不可说之源”于一身，允许借助迷宫式的互相指涉网络使所有事物同其他任何事物相关联。因此，在任何文本中，同样地也在“世界这个大文本”中，赫耳墨斯式的衍义都能指认出“饱满的意义”而不是缺席的意义。

但是，这个世界充斥着标记，而这些标记表面上看来是由普泛意义原则统辖。其结果是任何可能意义的恒久漂移和延迟。某一个给定的单词或事物的意义都会是其他单词或事物，所说的一切实际上不是别的东西，只不过是对其他事物的暗指。

在这层意义上，每个语词表达的虚幻内容都是一个秘密，或者是引发另一个谜的谜。每一个符号的意义都会是另外一个符号，比前面的那一个更加神秘莫测，这样产生的结果有两个：一、没有办法检验诠释的可靠性；二、每个表达的终极内容都是一个谜。

既然这种过程预示着由符号到符号的无限漂移，文本的意义就总是被延迟。一个文本的仅有的意义就是“我不断地生发意义”。但是“不断地生发”出的意义接着又被诠释为“我不断地生发意义”，那么文本的终极意义就成了一个空洞的谜。

这样一来，赫耳墨斯式的衍义就把整个世界转变成仅仅是一个语言现象，并且把交际功能从语言身上剥离了出去。

2.4　赫耳墨斯式漂移和无限衍义

正是这种认为意义向意义不断游移的观念引发（至少对于那些从诠释的角度急于想玩类比游戏的人来说）了皮尔士的无限衍义观念。乍一看，从皮尔士那里引述的一些话似乎都在支持无限诠释漂移原则。比如：

> 一个再现的意义只不过是再现。实际上，它只不过是被剥去不相关衣服的再现本身。但是它身上的衣服不可能被完全剥离掉：它所换上的是更加轻飘透明的衣服。于是就出现了永无止境的退归。最后，解释项只不过是另一个再现，真理的火炬被传递给它；它作为再现又有自己的解释项。你看这不是又来了一个无穷系列。(CP1. 339)

我们真的能够依据赫耳墨斯的从名称到名称或是从事物到事物的漂移能力来论及无限衍义吗？当代读者在文本之间漫游，寻找奥妙的双关语、闻所未闻的词源、潜意识的联系、Slipping beauties 的舞蹈，以及聪明的读者通过语言纹路的透明性猜到的充满歧义的意象——尽管公众并没有达成一致支持这种大胆的误读——当我们认出些当代读者采用的解读技巧，是否就可以谈论无限衍义呢？在皮尔士的符号学中有着一个基本原则："一个符号是我们用来了解更多东西的东西"（CP8. 332）。与之相反，赫耳墨斯式衍义模式似乎是："一个符号是我们用来了解其他东西的东西"。

"了解更多东西"（根据皮尔士的意思）就意味着符号从一个解释项到另一个解释项在广度上和深度上的决定因素越多。在无限衍义的过程当中，诠释近似于（尽管是渐近地）终极的逻辑解释项；在诠释过程的某个阶段，我们会对发起这一诠释链的再现体（representamen）的内容了解得更多。"了解更多东西"并不意味着了解一切，但意味着一个符号包含所有遥远的推论结果，一个命题的意义包含"所有明显必要的演绎推论"（Peirce，1934：5. 1165）。

我们之所以能够对一个符号了解更多是因为我们接受根据一定的基础了解其对象，也就是在某种描述中、从给定语境的角度、“在某些方面或以某种身份”去了解它（CP2.228）。用结构主义的话术，可以这样表述：对皮尔士来说，从系统的角度来说衍义可能是无限的，但从过程的角度来说并非是无限的。在衍义过程中我们只想知道根据给定的话语世界，什么才是相关的东西。

让我们举一个例子说明赫耳墨斯式衍义是如何被一位依从皮尔士行事的思想家打败的。最为著名的赫耳墨斯式论断是这样的：兰花的形态酷似人的睾丸；于是，不仅兰花可以代表睾丸，而且在这种植物身上实施的所有行为都能在人身上取得结果。赫耳墨斯式的论断的确又得到进一步发展：相似关系不仅在植物和睾丸之间得以建立，还在它们同宏观与微观世界的元素之间得以建立；因此，借助不同的修辞关系（如相似性、过去或现在的比邻关系等等），这些元素中的每一个都能代表或作用于另一个。

下面是由弗朗西斯·培根提出的反驳观点（《博物志和实验志的预备》，一六二〇年）：人们必须区别因果关系和相似关系。兰花的根从形态上是类似于人的睾丸，但是它们具有这一形状的原因是不同的。由于发生原因不同，兰花根的作用也不同于男性睾丸，因此，这两种现象可以被诠释为具有形态上的可类比性，但是它们在形态上的类似只限于形态学话语世界的内部，而不能延伸到其他的话语世界。

皮尔士补充说，如果把兰花的根诠释为睾丸无法产生出能够让诠释者据此进行成功操作的切实有效的习惯的话，那么衍义过程就算失败。同样地，一个人有权做最大胆的推论，但是如果不能进一步被实践检验的话，这一假论就不能再被接受了。

赫耳墨斯式漂移可以被定义为内涵赘物（connotive neoplasm）的例子。我目前不想讨论内涵是系统现象还是语境效果（Bonfantini，1987）。在两种情况下，内涵现象可以用由叶尔姆斯列夫建议并由巴特推广的图表（图2.1）表示。当符号功能（表达加内容）接着再成为又一个内容的表达时就产生了内涵现象。

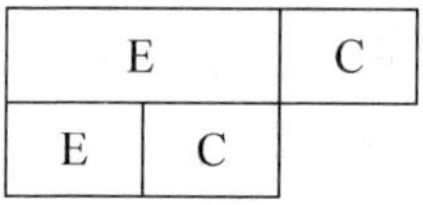

图2.1

尽管如此，为了有内涵，即符号的副义，完整基本的第一个符号——表达加内容——是必要的。“猪”暗指“肮脏的人”是因为该词的第一字面义包含负面的语义标记如“臭气熏天的”和“肮脏的”。该词的第一义必须记在脑中（或者至少社会性地记录在词典中），以便使得副义能被接受。如果“猪”的意义是“头顶长角、像马一样温和的白色动物”，那么这个词就不会暗指“肮脏的人”了。①

① 说到内涵就需要对字面义和比喻义有一个明确的区分，而这种区分在今天越来越受到挑战（要想了解这方面最新的争论，参见 Dascal，1987）。尽管如此，仍然可能把字面义的统计概念视作语境的零度相关项（Cohen，1966；Ricoeur，1975），这种语境是人为建造的（Genette，1966；Group M，1970）。这种零度是在科技语境中接受下来的意义。如果有人问一位电工他所谓的 dark 是什么意思，他很可能回答成“没有光、暗淡”。韦伯斯特（在形容词 dark 的词条中）在第一个义项中提供了与电工相同的技术性定义，把“邪恶”作为第二个义项列出。只有这样，人们才能明白为什么在但丁《神曲》的开始部分，dark wood（黑暗森林）通过内涵和隐喻意指罪恶者的邪恶生活。在每一种内涵关系中第一个意义不会为了产生出第二个意义而消失；相应地，（转下页）

A之所以能够涵指B是因为牢固建立起来的换喻关系（比如，用原因指代结果），或是因为一些语义标记同时表征两个符号功能的内容（在这层意义上讲，隐喻是内涵的属种），而不是因为两个表达在语音上的相似性。

不仅如此，甚至当一个内涵已被记录在文化之中（如用“猪”涵指“肮脏的人”），这一涵指用法也总是必须由语境对其予以合法化承认。在迪士尼动画世界这一语境中，三只小猪既不肮脏也不令人生厌。在其他情形中，正是语境策略预设了内涵：以普鲁斯特的《追忆逝水年华》为例，玛德莱娜小蛋糕（既作为一种东西又作为一个单词）涵指对自己往事的回忆。但是在普鲁斯特的文学语境（以及互文引用的情况）之外，玛德莱娜小蛋糕只不过是一种糕点。同样，在上文约瑟夫·海勒的文本中，一条鱼就是一条鱼（而在早期基督教的图像志语境中既作为单词又作为意象的鱼涵指的是耶稣）。

与此不同的是，在赘物增殖（neoplastic growth）的例子中，就像在赫耳墨斯式漂移的最为极端的例子中，上下文的约束不再起作用：不仅诠释者有权从一个联想转移到另一个联想，并且在这样做的过程中每一个联想都被接受了下来。

下面的图表（图2.2）的目的是演示涵指赘物增殖观念。这

(接上页)第二个意义必须在第一个意义的基础上被理解。说比喻义先以字面义为前提并不意味着内涵表达的实际接受者为了明白比喻义就必须意识到其字面义。一位实际的说话者可以用现成的短语 what a mess 意指混乱的局面，而无需考虑它关于烹调的原义（半干半稀的大杂烩，用不同的肉片和蔬菜作原料）。但是，为了解释为什么经验说话者有权表达他的真正意指，内涵理论就预设了一个复杂的 mess 的语义表达系统，而这一系统首先就要把构成字面义的属性纳入其中。只有这样才可能有充足理由说明 mess 也可以涵指混乱的集合、杂乱的物品或事件，以及糊涂茫然。

一观念认为，在某种程度上，仅仅是（从一个表达到另一个表达的）语音关联就可以开启一串新的伪涵指链，在这里，新符号的内容不再依赖于前一个符号的内容。

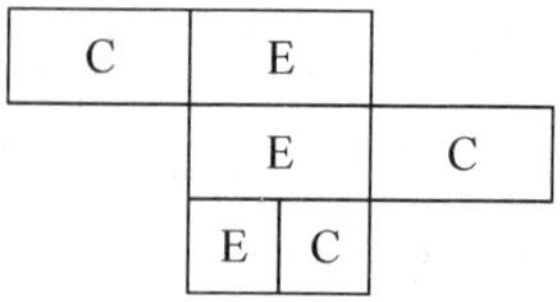

图 2.2

于是人们就面对着一种类似于一串家族相似链（Bambrough，1961）的漂移现象。可以考虑一下一组分别为 A、B、C、D、E 的事物，它们能够用分别以 a、b、c、d、e、f、g、h 为代表的成分性质进行分析，这样每一个事物都可以拥有其他事物的一些性质，但是又不全部拥有。可以清楚地看到，即使对于一组短系列的事物我们也可以在其中找到两个事物之间的血亲关系，尽管它们之间毫无共同之处，前提条件是它们属于一串普适性的不间断相似关系链（图 2.3）。

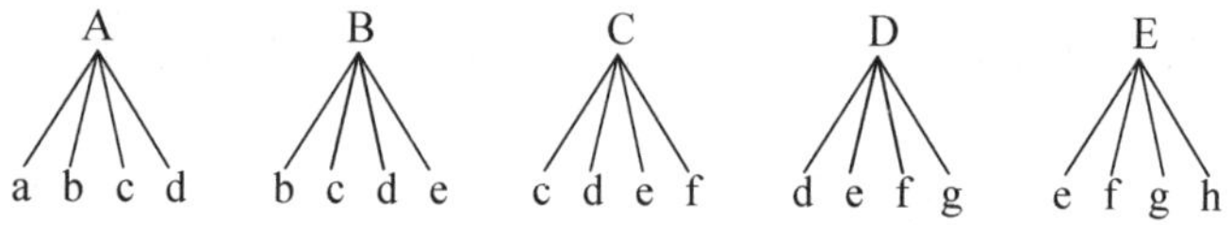

图 2.3

最后，只有一项共同特性把 A 和 E 连接在一起，那就是：它们属于同一个家族相似网络。只有这样才能理解帕拉切尔苏斯的名言所说的一物在一物之中。[①] 但是在这种链条中，当我们了解 E 时，有关 A 的概念就消失了。内涵像癌细胞一样在扩散，每跨出一步前一个符号就被忘记或消灭，既然漂移的快感是由从一个符号到另一个符号的转换给予的，除了沉浸在符号或事物的迷宫中漫游之外别无目的。

只要一个人能够把这种永无止境的游戏继续玩下去，他就可以从宇宙物件中的一个元素游移到另一个元素。但是，每项元素只有在指涉其他元素时才能从认知上被赋予特征并且得到确定。

如果我们必须用一个类似于前文演示内涵的图示说明无限衍义的理想过程的话，我们或许可以大致上给出如图 2.4 所示的示图。在该图中，表达（再现体）的内容（或直接对象）由有自己内容的另一个表达来诠释，这样下去以至无穷。但是总体内容在增长，决定因素在增加。这是因为每一项新诠释都是对前一项诠释的对象在不同的基础上进行诠释，结果是对这条诠释链的源头以及这条诠释链本身产生了更多的了解。一个符号确实是让人们通过了解它了解更多其他的东西，但是“我能做更多并不意味着我没有做完”(Boler，1964)。

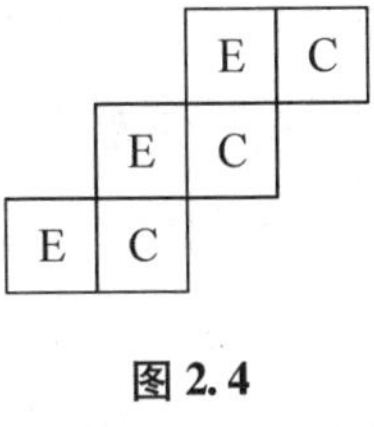

图 2.4

① 我没有考虑这一事实，即在这个神奇的视角中不仅是一种事物成了另一种事物的能指，而且，因为在事物与言词之间存在着某种类同，人们可以借此作用于另一个事物。于是，普遍类似性原则同时也就成了普遍通感原则和相互作用原则。

2.5 无限衍义和解构主义

即便无限衍义与赫耳墨斯式漂移无关，它还是经常被引述，目的是为了说明另一种形式的漂移的特点，也就是由解构主义所倡导的漂移。

根据德里达的观点，书写文本是一部生产无限延迟的机器。一个文本由于天生地受到“遗嘱本质”的左右，享受或是遭受着书写主体、指示物或是指涉物的缺席。“即使付诸文字的时刻已不可挽回地逝去，即使我不知道其所谓的作者，也就是书写者，在书写时有意识地想说些什么，等于是被弃置、放任于文本自身本质的漂移中”（《论文字学》），但任何符号“都是可读的”。

认定一个符号遭受作者和指涉物的缺席并不意味着它没有了客观的或者字面的语言学意义。但是德里达试图建立一种实践（这一实践更多是哲学意义上，而不是批评观念上的），用以挑战那些看起来似乎是被确定的、终极的和作者授意的意义观念支配的文本。他想挑战的不仅是文本的意义，而是建立在终极意义观念基础上的诠释的在场形而上学（Metaphysics of Presence）。他想阐明语言的力量，及其所言多于字面意义的能力。

一旦文本被剥离了隐藏其后的主体意图，它的读者便不再有义务或是可能性继续忠实于这一缺席的意图。于是就有可能推断出以下结论：语言陷入多义指涉的游戏之中；一个文本不可能只包含绝对单一的意义；不存在超验所指；能指永远不会同不断被延迟和推后的所指同时在场；每一个能指都关联着其他能指，于是在永无止境的指涉链条之外别无他物。

我有意地使用了“永无止境”这个表达，原因是它让我们联想起皮尔士在定义无限衍义过程时所用的类似表达。我们是否能说解构主义的不定漂移就是皮尔士所谓的无限衍义的一种形式呢？研究解构主义和其他所谓的文本主义的罗蒂（Rorty，1982）给二者都打上了“实用主义”标签，这一事实是对上述怀疑的鼓励。

> 直觉实在论者认为存在着所谓的哲学真理，因为他认为在所有文本深处存在的不仅仅是一个文本，而是各种文本都想与之“适合”的东西。而实用主义者则认为并不存在这种东西。他甚至认为根本不存在可分离的东西，如“我们能够构建词汇和文化用来实现的各种目的”，反过来这些目的又用于检验词汇和文化。但是他认为在让各种词汇和文化相互争斗的过程中，我们的确生产出了新的、更好的言说和行为方式——并不是说参照先前已知的标准更好，只是看上去似乎比先前更好。

罗蒂所说的实用主义不同于皮尔士的实效主义。罗蒂知道皮尔士只是发明了实用主义却仍然保持着“最康德主义的思想家”的身份。尽管罗蒂很慎重地把皮尔士放在这种实用主义的边缘，他却把解构主义和德里达放在其疆界之内。而正是德里达召唤了皮尔士。

2.6　德里达论皮尔士

在《论文字学》的第二章，德里达寻找话语权威，旨在使他勾勒包含着无限游戏、延异以及无边际的诠释旋涡的衍义的尝试合法化。他所引述的作者有索绪尔和雅各布森，紧跟其后的还有皮尔士。德里达发现了一系列极为有趣的段落。根据这些文字，在皮尔士看来，象征符（symbol）——在这里被看成是索绪尔所说的符号（sign）的对等词——在不断地增殖：

> 皮尔士在符号学探索过程中似乎比索绪尔更注重这种"无目的的生成过程"的不可还原性。在他的术语当中，人们必须用"无目的的生成过程"论及"象征符"。象征符的概念在这里充当的角色类同于符号，而索绪尔却不折不扣地把符号同象征符对立起来……
>
> ……皮尔士想要满足两个显然互不相容的需求。犯这种错误的结果是其中一个要为另一个牺牲。必须承认的是符号性（在皮尔士那里意味着"符号的任意性"）是植根于非符号性之中的，并且也植根于先前的相关意义序列中："象征符不断在增殖。它们由其他符号，尤其是像似符或混合符号发展而来。"但是，这种根源不能损害符号场域的结构原发性、自主性，以及生成和游戏。"所以只有从象征符中才能生成出新的象征符。"

在另一段文字中，德里达找到了纯粹的修辞，也就是符号学的第三个分支，它"肩负着厘定每种科学知性中一个符号生成另一个符号之规律的责任"。德里达于是能够得出以下结论：

> 皮尔士沿着我称之为解构超验所指的方向走得过远了。这种对超验所指的解构时不时地会令人安慰地终止从一个符

号到另一个符号的指涉。我把逻各斯中心主义和在场形而上学看作是对这种所指迫切的、强烈的、系统性的和不可遏制的渴求。如今，皮尔士把指涉的不确定性认作一项标准，从而能够让我们感到的的确确是在跟符号系统打交道。启动意指运动的也是使它不可能中断的东西。物自身也是符号。这种看法不会被胡塞尔接受。他的现象学仍然是——就其“原则中的核心原则”来看——对在场形而上学的最激进和最具批评性的复辟。胡塞尔的现象学和皮尔士的现象学之间的差异是根本性的，因为这种差异关涉符号的概念和在场的表现形式，以及物自身（即真理）的再现与最初显现之间的关系。在这一点上，皮尔士无疑更接近于“现象学”这个名词的发明者：约翰·海因里希·兰伯特实际上建议“把关于物的理论还原成关于符号的理论”。根据皮尔士的“显象观察法”或“现象学”，表现形式本身并不揭示在场，而是产生符号。我们可以在《现象学原理》一书中读到这句话：“‘表现形式’的概念就是符号的概念。”因此，并不存在对符号或是再现体进行还原，从而使得所指物最终在在场的光芒照射下熠熠生辉的现象性。所谓的“物自身”早已是并且始终是被屏蔽在直观证据的质朴性之外的再现体。再现体所起的作用只不过是生成一个解释项，该解释项自身又成为一个符号，如此类推，以至无穷。所指的自我同一性不断隐藏起来，并且总是不断漂移。再现体的性质就是既是它自身又是他物、作为指涉结构被生成又被从自身分离出来。再现体的特性恰恰在于它不是它自身，也就是所谓的绝对贴近自身。被再现者总是并且早已是再现体……从意义出现的那个瞬间开始就只有符号。我们只用符号思考。

这样看来，似乎皮尔士的整个无限衍义理论都如下所述支持德里达的立场：

> 如果阅读允许将文本翻一番，那么它就不能合法地逾越文本去追寻不同于文本的东西，去追寻一个所指物（一种形而上的、历史的或心理性的现实），或是去追寻文本之外的所指对象，其内容可以发生在或已经发生在语言之外……不存在外在文本①。

皮尔士的这一诠释从语文学上以及哲学上来讲是否正确呢？我明白自己这个问题听起来是多么具有反讽意味。如果德里达认定他的诠释是合理的，那么他就应该同时认定皮尔士的文本也拥有优先意义可以被单拎出来，被这样认可并且毫无歧义地表达出来。德里达理应第一个站出来说是他的解读推动了皮尔士文本的前行，从而超越了作者所谓的意图。但是，即便我们无权从德里达的立场去问德里达是否对皮尔士进行了正确的解读，我们完全有权从皮尔士的立场发问他是否对德里达的诠释感到满意。

皮尔士肯定支持无限衍义这一观念：一个符号是“任何决定其他事物（其解释项）以同样的方式指涉其自身所指涉的对象的东西；该解释项转而也成为符号，以此类推，以至无穷……如果

① hors-texte，原指书中不编页码的插图。——译注

一系列连续的解释项出现了中断，这个符号至少是不完美的”。(2.300)

皮尔士别无选择，因为他有着以下的立论前提（正如他在《关于人具备的某些能力的问题》一文中所做的那样）：一、我们没有内省能力，关于内心世界的所有知识都是来自假设推论；二、我们没有直觉能力，每一个认知都取决于前一个认知；三、我们没有离开符号而能进行思考的能力；四、我们没有绝对不可认知观念。但是，尽管这样，解构漂移和无限衍义并不是对等的概念。

我不同意塞尔所说的“德里达可悲地倾向于说一些明显错误的东西”(Searle，1977)。相反，德里达令人着迷地倾向于说一些并不明显真实的东西，或者说虽然并不显而易见，但是真实。当他说及交流的概念不能被降格成仅仅是统一意义的传送，字面义的概念是成问题的，以及当前的语境概念有被滥用之虞时；当他强调在一个文本中存在着发出者、接受者和指涉物的缺席，并探究文本的非单义诠释的可能性时；当他提醒我们每一个符号都可以被引用，以及这样做会脱离给定的语境，从而产生出绝对不可限制的无限量的新的语境时——他在这些以及其他情形中所说的话没有任何一位符号学家能够置若罔闻。罗蒂会说“他对让‘他的哲学’符合常识丝毫不感兴趣”(Rorty，1982)，我更倾向于认为德里达只是把许多那些显而易见的真理视作理所当然——而他的一些追随者常常不是这样认为。

如果字面义的概念确实大有问题，那么不可否认的是，为了探究一个文本的所有可能性——即使这些可能性连作者本人都不曾想到——诠释者首先必须要承认零度意义（zero-degree meaning）的存在。所谓的零度意义是由最乏味和最简单的现行词典和特定历史时期中某一个特定语言的状态规定的，并且一个健康的以该语言为母语的社群中的任何一位成员都不能否认这个意义。每一个句子都能被隐喻性地诠释，甚至连“约翰每天早晨都吃一个苹果”都可以被诠释为“约翰每天都在重复着亚当的原罪”。但是为了支持这种诠释，每个人都必须理所当然地认为“苹果”是一种特定的水果，“亚当”意指人的祖先，并且根据我们拥有的《圣经》知识知道亚当吃了禁果。

德里达将会是——他确实也是——第一个站出来否认我们可以总是把语言视作漂移的例子的人，他同时会第一个站出来拒绝这一异议，即不存在证实文本诠释合理性的标准。在《论文字学》中，他提醒读者要是没有传统批评的所有工具，“批评活动将会有向任何方向发散的危险——也就是授权自己什么都可以说。但是这个不可或缺的防护栏起到的总是保护作用，它从来没有开放过阅读”。

就让我们暂且保护对皮尔士的解读吧，而不是过分地开放它。

2.7 皮尔士本人

皮尔士确实论及了可能的无限衍义。这之所以可能是因为现实是以连续体（continuum）的形式呈现在我们面前的，而且在这种连续体中不存在绝对的个体，这就是连续论（synechism）：“一个真正的连续体是这样一种东西，其中不论多少个体都不能穷尽其可能决定物。”（Pierce，1934：6.170）。现实是在不确定性中漂移的连续体（1.171-172），正因如此连续原则是“客观化的易谬主义”[①] 在一个人们能够把无限的、不确定的个体单拎出来的连续体中，出错的可能性总是存在，因此衍义具有潜在的无限性。“绝对的个体不仅不能在感觉或思维中得以实现，而且，恰当地说，根本就不存在……于是我们所感知或思考的一切，或者说存在的一切都是总体性的……存在的一切都是一个真正概念的对象。这一概念比任何可分派的概念更具确定性：因此，它无与伦比地确定，以至于再也无法进一步确定”(3.93)。

我们所拥有的知识的不确定性涉及模糊性：“一个主体就内在于它或是从它身上（普遍性或肯定性地）预知到的任何特性来讲是确定的……而在所有其他方面则没有被确定”(5.447)。在这种意义上讲，皮尔士是在主张语境性原则：在一个给定的话语世界中，以及在特定的描述下，某些东西是能够被真实地确认的，但是这种确认不会穷极其他对该对象——潜在且无限——的确定。每一个判断本质上都是推测性的，常识——即便是正确的——也总是模糊不清的（5.181，7.646-647）。“一个符号在客观上是模糊的，因为它使得对它的诠释或多或少地具有不确定性，保留了让其他可能的符号或经验完成确定的功能”(4.505)。[②]

但是，皮尔士还有一些观念似乎在颠覆德里达的解读。如果，用罗蒂的话说，无限衍义理论是文本主义的，或者换句话说是观念主义的具体表现，那么我们就不能忽视皮尔士观念主义的

① 易谬主义主张信仰不必确信无疑，或者信仰不必建立在确信无疑的基础之上。——译注

② 模糊性取决于连续论：“既然宇宙中没有一个物体能够完全确定其是否具有所有已知特性，因此，在无望于能够完全具体列出一组确定的特性这层意义上讲，关于宇宙的任何命题都是模糊的。”（Almeder，1983）“模糊性代表着实际上是不可企及的（因此也是理想状态中的）绝对和终极的确定与在具体衍义过程中（亦即作为义项、意味和意指）的意义的实际确定之间的关系。”（Nadin，1983）

现实色彩。[1] 此外，我已经引用了罗蒂的断言；他仍然把皮尔士视作是康德主义的，在这层意义上讲，对立于现行的实用主义的文本主义（pragmatistic textualism）。

尽管存在着易谬主义、连续论和模糊性，对于皮尔士来讲，“意义的观念还是牵扯到目的”（5.166）。目的的观念在实效主义者看来是再自然不过的了，对于实用主义者来讲却相当棘手（按照罗蒂的说法）。毫无疑问，至少在皮尔士的理论框架中这样，目的是与外在于语言的某个事物联系在一起的。或许它没有一个超验的主体，但它关涉所指物和外部世界，把诠释的观念同根据给定意义诠释的观念联系起来。皮尔士曾经给出那个著名的锂的定义，借此充当一揽子说明，目的不仅是帮助辨识，还是可以生产锂这种矿种：“这个定义的特别之处在于，为了让你对这个词所指的对象得到知性了解，规定你如何去做，从而告诉你锂的指谓。”（2.330）

衍义是无限的，通过一系列的解释项以自身诠释自身。但是至少在两种情形下，衍义会遭遇外在于它的东西。

第一种情况与指示符有关。我急切地想挑战皮尔士的观念，即为了被理解成符号，指示符必须与它所指谓的东西连接起来。（我认为不借助指示符的实际所指物就给它的含义下定义是可能的，参见 Eco，1976）但是，无可辩驳的是，在指示行为（也就是当某个人在说“这个”的同时把手指指向世界上的一个给定物体

---

① “当前探索现实理论的企图在很大的程度上是以这一洞见为特征的，即现实的问题现在已经摆脱了长期争议且没有结果的观念主义和唯实主义之争，而必须在另一个层面上予以对待。迈向这个方向的第一步同时也是决定性的一步来自皮尔士……这种会引起误解的现象说明了他在其著作中为什么有时称自己的立场为‘理念主义的’，有时又称之为‘唯实主义的’，而实质并没有什么不同。”（Oehler，1979）

时）中，从某种意义上讲，指示符与外在于语言或符号世界的一件东西相联系。①

第二种情况源自这一事实：每一个衍义行为都由一个动态对象决定，“而这个动态对象是以某种方式试图为符号确定其再现体的现实”（4.536）。我们生产再现体，是因为我们被外在于衍义领域的东西所驱使。动态对象不可能是物质世界中的一件物什，却可以是一种思想、一份情感、一个动作、一种感觉和一种信仰。我们可以说一个文本能够独立于发出者的意图被诠释，但是我们不能否认任何文本都是由一个人根据他或她的实际意图发出的，而这种原发的意图是由一个动态对象驱动的（或者意图本身就是动态对象）。

确实，在皮尔士看来，动态对象无法以其实际的个体身份实现，而只有通过直接对象才能获得。再现体也是将其作为直接对象提供给近一步的诠释。皮尔士的符号学甚至与贝克莱激进的假论相一致：所谓的动态对象甚至可以只是上帝创造的虚构物，并且由他投射到我们心中。如果感知——对于皮尔士是这样的——是一个衍义过程的话，那么即便在我们与外部世界进行感知接触的最原初的那一刻，外部世界也只能以直接对象的形式为我们所理解。在皮尔士看来，符号产生之时动态对象根本就不在（在符号产生之前它甚至根本就不是一个对象）。出现在我们脑中和衍义话语中的只是待由其他符号诠释的直接对象。但是，再现体的在场连同直接对象的在场（在脑中或其他什么地方）意味着，从

① 至于对德里达有关“在场”的批评的讨论，我是在写完这篇论文之后才读到罗伯特·斯科尔斯关于“实用在场”的重要论述（Scholes, 1989）的：参见关于 this 和 now 这些临时性表述的讨论。

某种程度上讲，动态对象即使不在此处，也存在于某个地方。虽不出场，或是不在此处，但诠释行为的客体仍然存在过。

不仅如此，存在过的动态对象，虽然如今因受到直接对象的鬼影遮掩而缺席，将被移译为具有无限潜质的解释项组成的链条，它会存在或理应存在。这一论断的仿海德格尔意味不应误导我们：我只想跟皮尔士一起重复，“一系列无休无止的再现过程，每一个过程都再现其后的过程（只有在此刻德里达才同意这个程式），或许被认为有一个绝对的客体作为其极限”（1.339）。在这里似乎出现了某种无法在解构主义框架中找到立身之处的东西：在情感的、活力的以及逻辑的——这些都内在于衍义过程——直接解释项之外，存在着终极的逻辑解释项，那就是习惯（Habit）。

习惯是施加于世界的一种倾向。这种行为可能，以及把这种可能认可为一种规律，需要一种很接近超验实例的东西：一个共同体，它主体间性地保证了非本能的、非天真的现实的、假定性的真理观念。否则，我们就不会明白，为什么在给定一个无限的再现过程时，解释项是“另一个再现，真理的火炬被传递给它”（1.339）。①

“命题的最终意义是在条件中表达的规律”（5.491）。描述性命题的意义是它之所以能够被证实的条件（2.511，2.639，2.640，2.511，5.203，5.198，5.402，5.423）。存在着一种知识的

---

① 习惯的问题涉及这些实用主义准则：“要考虑到我们会设想概念的对象所具有的效果，及其意料中的实际作用。于是我们对这些效果的概念就是对该对象概念的全部。”（5.402）“任何命题的意义本身都在另一个命题中给出，而这另一个命题只不过是对原始命题断言预知的所有可设想的试验现象的描述。”（Almeder，1983；Peirce，CP5.427）

完美状态，借助于它“现实得以构成”(5.356)。

就实用主义准则来讲，如果任何一个命题的意义都只不过是在假设命题正确的前提下断言所暗指的实际效用，那么诠释过程就必须中断（至少中断一段时间）在语言之外——至少在不是所有的实际效用都是衍义性的这一点上。甚至实际效用也必须经由和通过语言才能表达出来，这也千真万确。并且，共同体成员所达成的一致只能以新的符号链的形式出现。不论怎样，这种一致关涉某种外在于语言的东西——无论它是实际效用还是实际效用的可能性。

在皮尔士看来，有某种东西超越了诠释者的个体意图，这就是一个共同体的超验观念，或是作为超验原则的共同体观念。在康德看来，这种原则并非是超验性的，因为它并非是在衍义过程之前而是之后出现的；诠释也不是由人的思维结构产生的，而是来自衍义构建的现实。不管怎样，从共同体认同一个给定诠释的那一刻起，就存在着一个即便不是客观的也会是互文性的意义。这一意义较任何未经达成一致的诠释享有无上的特权。皮尔士很明确地指出研究者组成的共同体独立于我们的所思所想（5.405）。普遍探究的结果指向一个共同的观念核心（5.407）。存在着如同命运的共同体思想活动（5.408）。存在着衍义过程的真正结论，那就是现实（5.384）。“不同的思想者殊途同归不能简单地被当作粗暴的事实”（Smith，1983）。世界上存在着理想的完美知识（5.356）。

因此，定义现实的思想或见解必须属于一个知识者的共同体，而这个共同体必须依据超个体的原则被建构和规约。真实是“共同体所最终安居其中的观念”(6.610)。“注定最终被所有调查者同意的见解就是我们所说的真理，在这一见解中被再现的对象就是真实”（5.407）。

“这一真实迟早会是知识和推论的最终归宿，因此也就不受你我的奇思异想左右……现实概念的本源表明这一概念实质上关涉共同体的观念”（5.311）。

求知的过程不是个体事件：“在攻占真理的坚固堡垒的过程中，一个人踩在——在一般理解上——失败的另一个人的肩膀上，但终究还是借助吸取他失败的教训而成功”（7.51，4.547）。真理至少从长远上讲是可以抵达的（2.758）。

之所以存在着共同体是因为不存在笛卡儿意义上的直觉。超验意义并不在某处，也不能被清晰的知觉把握。认为皮尔士的现象学——不像胡塞尔的现象学那样——揭示一种在场，德里达的这一声言是正确的。但是，即便符号不能揭示事物本身，衍义过程从长远上看也产生了社会共识性的事物观念，共同体把这一观念视作事物自身的真实。这一超验意义虽然不在衍义过程的起点，但必须被假定为每个衍义过程的可能的和瞬变的终点。

2.8 结语

在上述的第一部分中，视世界为文本以及视文本为世界的诠释观念被接受了下来。因而，以上论述都可以应用到对文本诠释的批评活动中。

从皮尔士的思维理路来看，有一点可以确认，那就是在诠释者对所解读的文本进行共同探究的过程中，他们所形成的共同体可以就这一文本达成一致（尽管这种一致并非是确定无疑的，而是可能出错的）。

在下一章中，我们可以清楚地看到，就一个给定文本的性质达成一致，既不意味着诠释者必须回溯至作者的本原意图，也不意味着这一文本须得拥有一个独一无二的终极意义。存在着所谓的“开放的”文本，能够支持多种诠释，并且就它们达成的一致应该只涉及它们的开放性和使它们运转的文本策略（Eco，1962a）。

但是，即使诠释者不能决定哪一种诠释享有特权，他们仍会同意某些诠释不具备语境上的合法性。于是，尽管利用文本作为完成无限衍义的场地，他们仍同意在某个时刻“游戏”会戛然而止，从而产生一致性的判断。确实，符号不断增殖，但并非始终虚空。

我之所以坚持细致地阐发皮尔士的观念和漂移的各种形式之间的差异，是因为在最近的一些研究中，我发现了一个总的趋势，那就是把无限衍义当作自由的解读，拿罗蒂的比喻来讲，就是“把文本敲打成符合自己目的需要的形状”。我（诚惶诚恐地）敲打皮尔士的目的只不过是为了说明事情并非那么简单。因为我在下一章中将会强调，即使很难确定一个给定的诠释是不是一个好的诠释，但是，总可以确定它是不是一个坏的诠释，我想说的是，尽管无限衍义难以定义，但至少可以界定它不是以及它不可能是什么。

第三章　读者意图：最新发展状况*

近几十年我们目睹了文本诠释理论中的范式变化。在结构主义的框架中，把接受者考虑在内看起来好像是一个干扰性的侵入，因为当今的信条是文本结构只能在其自身当中并且也只是为了其自身来分析，目的是把它的形式结构隔离出来。相反，二十世纪七十年代的文学理论家、语言学家和符号学家——都把注意力集中在阅读的实用性上。作者和读者、发出者和接受者、叙述者和被叙述者之间的辩证关系造就了一大批令人印象极深的符号或超虚构的叙述者、陈述的陈述的主体、聚焦者、语态、元叙述者，同时也造就了一批同样令人印象极深的虚拟的、理想的、暗指的或隐晦的、典型的、假设的、有知识的读者、元读者、超级读者等等。

很多不同的理论方法（如诠释学、接受美学、读者反应批评、诠释合作的符号理论，直至一大批几乎不同质的解构主义理论），都对诠释现象的文本根源有着共同的兴趣。这意味着他们并不把注意力放在给定的个人或集体的阅读行为的经验结果（这本是接受社会学所研究的对象）上，而是集中在由诠释者进行的文本建构——或解构——的功能上，只要这一功能被线形文本表意（Linear Text Manifestation）方式所实施、鼓励、规定或允许。

这些理论所依据的基本假设就是，一个文本所发挥的作用不仅可以通过其生成过程予以解释，（尤其是对于最为激进的理论来讲）还可以通过接受者所起到的作用，以及文本用来预测和指导这种诠释合作的方式来进行解释。还要强调的是，这种以接受者为中心的方法不仅关涉文学和艺术文本，还关涉每一种衍义现象，其中包括日常的语言话语、视觉信号等等。

换句话说，以接受者为中心的理论认为每一个信息的意义都取决于接受者的诠释选择：即使在最正式的交流过程中所发出的最为单纯的信息的意义，也取决于接受者的反应，而且这种反应在某种程度上讲是与上下文相关的。自然地，信息的这种所谓开放式特性在那些被构思为旨在放大这种衍义可能性的文本，亦即所谓的艺术文本中就更加明显。

在早些年，只有艺术作品（尤其是那些根据“现代主义”传统标准生产出来的作品），被认为能够有意识地公然展现它们的开放特性。相反，在最近的几十年里，这一特性在理论上已经深深根植于任何文本的核心特性之中。换言之，在这种范式变化之前，艺术文本被认为是一个特例，在其中，不论是语言还是其他什么载体的衍义系统放大了接受者的作用——而任何衍义系统的基本常规作用所允许的都是单义性的理想状态，不依赖接受者的个人癖性。在新的模式看来，衍义理论坚持这一事实——尽管在日常生活当中我们必须交换很多单义性的信息，（努力）消除歧义性——发出者、接受者和语境的辩证关系是衍义的核心。

---

* 本章的初稿为“合作诠释理论”，1986 年 5 月在康斯坦茨大学所作的演讲（现载 Eco, 1987）；以及“读者意图”，1987 年秋为英国皇后学院举办的人文访问学者系列讲座所作的演讲。

但是，这篇论文将要集中阐述文学理论中的范式变化。面对这个新的范式，我会采取一种“温和”的立场，反对所谓读者反应批评中表现出的某种程度的恣肆。我要讲的是，一种诠释理论——即便它认为文本可以接受多元解读——也必须认为有可能达成一致，即使不是在文本所鼓励的意义上，也至少会是在文本所不鼓励的意义上。由于文学文本如今被看作无限衍义的最典型的例子，那么文本性的问题就值得一辩，在这种文本性中文本的概念本身似乎分解成一系列个体解读的旋涡。

3.1 考古学

无庸置疑，最近几年来文学研究领域一直被读者的鬼魂所缠绕。为了证实这一说法，确证这一鬼魂是如何以及多大程度上由来自不同理论传统的不同理论家构想出来的，会是有趣的事情。第一位明确提出“隐含作者”（“把读者带在身边”）的肯定是韦恩·布思（Booth，1961）。在他之后，我们可以分出两条独立的研究线路，这两条线路在某个时刻之前彼此忽视。它们就是符号-结构派和诠释派。

第一条线路发源自《交流》杂志第八期。在具有“划时代意义”的这期杂志中，巴特（Barthes，1966）谈到实际的作者并不能等同于叙述者；托多洛夫（Todorov，1966）提出了由“叙述者形象-作者形象”构成的对立，重新恢复了（从亨利·詹姆斯、鲁博克，以及福斯特一直到普永的）视角理论；热奈特（Genette，1966）着手细致分析语态（voice）和聚焦（focalization）的概念(确切地说是在一九七二年进行的）。此后，讨论通过克里斯蒂娃(Kristeva，1970）关于“文本生成性”的论述、洛特曼（Lotman，

1970）的阐明、里法特尔（Riffaterre，1971）的“超级读者”的经验性概念，以及赫希（Hirsch，1967）的关于保守立场的讨论，这一争论通过科尔蒂（Corti，1976）和查特曼（Chatman，1978）最为精细的隐含读者（implied reader）概念得到发展。

有趣的是，最后这两位作者是直接从布思那里总结出他们的定义的，而忽视了沃尔夫冈·伊瑟尔在一九七二年提出的那个相似的概念。同样地，我也是沿着符号-结构主义这条线路的主流阐述了我的“标准读者”的概念（Eco，1979a），与这些成果相匹配的是借自关于叙述性的模态逻辑的讨论（主要来自范戴克和施密特）以及魏因里希的一些提示——更不用说乔伊斯在《芬尼根守灵夜》中所设计的“理想读者”的启发。同样令人感兴趣的是，科尔蒂（Corti，1976）把有关非经验性作者的讨论追溯到福柯（Foucault，1969）。在福柯那里，在后结构主义的氛围中，作者的问题被设置为“话语中的存在方式”，或是概念连贯的领域，或是风格的统一。这样一来，就会相应地引发把读者的概念视作识别这一“话语中的存在方式”。

另一条线路的代表是伊瑟尔。他开始于布思的提议，却遵循另一种传统（英伽登、伽达默尔、姚斯）阐明了他的观点。（如在他的《隐含读者》的参考书目中所表明的那样，）伊瑟尔还在相当大的程度上受到了盎格鲁-撒克逊的叙述理论家（他们的名声是由托多洛夫和热奈特远播出去的）和关于乔伊斯的批评的影响。人们会发现在伊瑟尔的第一本著作里几乎没有涉及结构主义这条线索（唯一重要的文献来源是穆卡洛夫斯基）。直到《读者的艺术》（一九七六年）一书，伊瑟尔才精妙地（并且比他研究结构主义的同行更有见地地）试图把这两条线索串联起来，参考的是雅各布森、洛特曼、赫希以及里法特尔，还有我的早在六十年代所发表的作品（Eco，1962a）。这种坚持阅读时刻的观念尽管源自不同的方向，但似乎揭示了时代精神的愉快密谋。谈到时代精神，有趣的是，在二十世纪八十年代初，查尔斯·菲尔墨——承接的是（受到批判的）生成语义学的自主传统——写了一篇名为《理想读者和真正的读者》的论文，丝毫无意于涉及上述论争。

当然，所有这些作者-读者的对立关系并不是都具有同样的理论地位（至于对它们的不同和相同之处的精妙描述，参见Pugliatti，1985）。尽管如此，最重要的是确定这种读者取向的氛围是否真正地代表着美学和符号学研究的新趋势。

实际上，美学的整个历史可以追溯为诠释理论和艺术作品对接受者所产生的效果的历史。亚里士多德的《诗学》、伪朗吉努斯的崇高美学、中世纪关于美是“视觉”的最终结果的理论、文艺复兴时期的戏剧理论家的对亚里士多德的重新解读、十八世纪诸多关于艺术和美的理论、康德美学的大部分——更不用说很多当代的批评和哲学方法了——都可以看成是反应取向的。

罗伯特·霍拉勃在他的《接受理论》（一九八四年）一书中把以下研究作为德国接受理论的萌芽：一、俄国形式主义，其观念是把“手段”作为艺术作品引发特别的理解形式的方式；二、英伽登对于阅读过程的关注，其观念是把文学作品看成一个骨架，或是“图式化的结构”，等待读者去完成，以及很明显受到胡塞尔影响的关于作品的恒定性和“视角”的多元化之间的辩证关系，通过这种关系作品可以由诠释者具体化；三、穆卡洛夫斯基的美学；四、伽达默尔的诠释学；五、早期德国文学社会学。

至于当代的符号学理论，它们从一开始就考虑到了实用时刻。甚至在没有谈及诠释的中心作用和皮尔士思想中的无限衍义的情况下，它们就有足够的理由声称查尔斯·莫里斯在《符号理论基础》（一九三八年）中提醒过人们，对诠释者角色的顾及总是出现在希腊语和拉丁语的修辞之中、出现在智者派的交流理论之中。对于他们来说，符号的特点在于它们能够在接受者脑中产生观念。

在二十世纪六十年代，很多意大利符号学方法都受到对大众媒体接受的社会学研究的影响。一九六五年，在佩鲁贾举行的电视与观众关系的研讨会上，我、保罗·法布里以及其他与会者坚持认为，只根据发出者的符码研究信息内容是不够的，同样有必要根据接受者的符码去研究信息的内容。当时所提出的“变异解码”的理论在我后来的作品中得到了进一步阐明（Eco，1968 & 1976）。

于是，在六十年代，接受问题被符号学设定为对以下观点的反对：一、结构主义所持的文本内容独立于诠释的观点；二、在盎格鲁-撒克逊世界盛行的僵硬的多种形式符号学，在它们那里词语和句子的意义是在脱离语境的情况下被研究的。直到后来，这种词典式的语义学才受到百科全书式的语义学的挑战。后者试图把语用因素引入符号再现的核心——也是直到最近认知科学和人工智能才得出结论，百科全书式的模型似乎是再现意义和处理文本最为方便的途径（Eco，1976 & 1984 & 1988）。为了抵达这一认识有必要将语言学推向语用现象。从这层意义上讲，言语行为理论不应被低估。①

在文学领域，沃尔夫冈·伊瑟尔或许是第一位认识到这些新

① 在分析哲学的框架中，百科全书式方法首要的，也是最基本的吸引力源自奎因（《经验主义的两个教条》）。

的语言学观点同文学接受理论融合的人（Iser，1972），并且用《读者的艺术》中的整整一章论述由奥斯汀和塞尔提出的问题（比由普拉特所作的首次对文学话语基于言语行为理论的系统探讨早了五年）。

于是，姚斯所宣称的文学研究范式的深远变化实际上是发生在符号学总体范式上的普遍变化。尽管这一变化不是全新的发现，而是不同从前的方法的糅合，整个美学史和大部分的符号学历史常常是以这些方法为特点的。

然而，所谓太阳底下无新事是不对的。随着季节变化，从前的（理论）对象在阳光下可以反射不同的光线。我还记得，我的《开放的作品》当时是多么惊世骇俗。在其中，我站在接受者的角度预测了一个由心理、文化和历史的期待所构成的系统。通过这种方式我尝试着生成乔伊斯所谓的“理想读者”①。显然就是在那个时期，当谈及艺术作品时，我对以下事实颇感兴趣：这种理想读者为了无限地质疑一本书，非得患上理想的失眠症不可。如果在《开放的作品》和《读者的角色》之间存在着恒久的不同之处的话，那就是在后者当中我试图在交流过程的本质之中以及表意系统的本质（如早已在我写的《符号学理论》中论证过的那样）之中找到艺术“开放性”的根源。不论怎样，我在一九六二年提出的问题就是一个文本应该如何以及何种程度地预测接受者的反应。

在《开放的作品》中——至少在写于一九五七年到一九六二年间的意大利文第一版中——我仍然是在前符号学领域探索。我

① 如今我发现，我关于期望系统的观念，尽管建立在其他理论影响的基础之上，却与姚斯的期待视野（Erwartungshorizont）并无二致。

的灵感来自信息理论、瑞恰慈的语义学、皮亚杰的认识论、梅洛-庞蒂的知觉现象学、相互作用心理学以及帕莱松的美学诠释理论。在这本书中，我用那套如今我感到惭愧的术语写道：

> 我们现在必须把注意力从信息内容这一可能信息的来源转移到信息内容和接受者之间的交流关系上。在这种关系中，接受者的诠释决定在建立可能信息的价值上发挥了作用……如果一个人想分析交流结构的诸多可能性，他就需要考虑接受者这一极。考虑这种心理极意味着承认存在着形式上的可能性——这一可能性对于诠释信息的结构和效果是必不可少的。通过这种形式的可能性，信息只有从一个给定的情景中得到诠释后才能表意。这种情景既是心理的也是历史的、社会的和人类学意义上的。

一九六七年，在一次关于我的这本刚刚译成法语的著作的访谈中，克洛德·列维-斯特劳斯不愿意接受我的观点，原因是一件艺术作品

> 是一件被赋予了精确性质的东西，在受到分析时必须被独立出来，并且这一艺术作品完全可以根据这些性质来定义。当雅各布森以及我本人试图对波德莱尔的一首十四行诗进行结构分析时，我们并非把它当作一部“开放的作品”，否则我们会发现一切被后来的时代塞进来的东西。我们分析时是把它当作一旦被创作出来就固定的东西——如果允许打个比方的话——一种如水晶一般坚硬的东西。我们局限于把这些

性质论证出来。(Caruso，1967)

我已经在《读者的角色》的引言中讨论过这个看法，清楚地说明了我虽然强调诠释者的作用，但并不认为在一部“开放的作品”中“一切”都已经被不同的经验读者塞进来，罔顾文本的性质。相反，我倒是认为在可分析的主要性质之中，艺术文本还包含一些结构上的工具去鼓励和引发诠释上的诸多选择。尽管如此，我还是引述了那个陈旧的论争，目的是想表明在六十年代把“阅读行为”引入对被阅读文本的描述和评估中是多么大胆。

在《开放的作品》中，虽然强调诠释者的角色及其为了追寻无限的诠释而甘冒理想失眠的危险的决心，我仍坚持认为诠释一个文本只意味着诠释那个文本，而不是某个人的意图。如我所依据的帕莱松的诠释美学那样，我仍然坚持忠实和自由之间的辩证关系。我之所以强调这一点是因为，如果说在“结构主义的六十年代”我以接受者为中心的观念（这一观念既没有挑衅性也不具有什么无以复加的独创性）显得如此“激进”的话，那么在今天看来它似乎过于保守了，至少同最为激进的读者反应理论比较起来是这样的。

3.2 多种批评理论构成的网络

生成观（根据这种观点产生的理论分析出生产文本的规则，这些规则不需要参考其效果就可以被单独理解）和诠释观与三角对立是不同质的。后者在世俗批评争论中被广泛地讨论过，所谓三角是：作为作者意图（intentio auctoris）研究的诠释、作为作品意图（intentio operas）研究的诠释，以及作为强加的读者意图

(intentio lectoris) 的诠释。

传统的争论是为了在文本中要么找到作者想说的东西，要么找到文本不顾作者意图而自己说的东西。只有接受了两相对立中的后一种观点，人们才能进一步提问：所发现的是根据文本的连贯结构和原有的隐含表意系统而得出的文本所言，还是接受者根据自己的期望系统所发现的东西？

这一论争至关重要，但其言辞只是在部分上与生成/诠释这一对立关系相重叠。人们可以把一个文本描述成是根据一定的规则生成的，同时又并不认为作者刻意和有意识地遵循了这些规则。人们可以接受一个诠释学观点，对诠释必须发现的是作者的意图还是“存在”借助语言所说的内容持公允的态度——而在第二种情形中，对“存在”的声音是否被接受者的需求所影响也持公允的态度。如果一个人用意图三分法跨越生成/诠释的对立，他就会获得六种不同的潜在理论和批评方法。

根据由文本表现出来的这种可以引发无限或是不定诠释的可能性，中世纪和文艺复兴时期产生了两种不同的诠释模式。中世纪的诠释者们寻找意义的多元性，同时并不拒斥一种同一原则(即一个文本不能支持互相矛盾的诠释)；而文艺复兴时期的象征主义者们遵循对立统一的观念，把理想文本定义为允许进行最为矛盾的解读的文本。

不仅如此，对文艺复兴时期模式的接纳还导致了第二层矛盾，因为神秘主义-象征阅读模式在文本中所寻找的，要么是作者所计划的无限的意义，要么是被作者忽视的无限的意义。自然，选择后者进一步产生了另一个选择，即这些没有被预见到的意义是因为作品意图而被发现的，还是由读者的武断决定强加进去的。即使有人像瓦莱里那样说“文本之中不存在真正的意义”，他也说不准诠释的无限性是由三种意图的哪一个决定。

中世纪和文艺复兴时期的犹太教神秘主义哲学家主张《律法书》向无限的诠释敞开，因为它可以通过组合其字母用无数方式重写。但是这种阅读（以及书写）的无限性——当然依靠的是读者的能动性——不会是神圣作者的计划。

赋予读者的能动性以特权并不一定就意味着保证会产生无限的解读。如果有人赋予读者的能动性以特权，就必须考虑会有活生生的读者决意对文本进行单义阅读的可能性：根据字面的单一意思去阅读《圣经》是激进主义者的特权。

我们可以设想有一种美学声称诗歌文本能够被无限地诠释，原因是作者希望它们能被这样阅读；或是也有一种美学声称不管作者有什么意图，文本都必须被单义地阅读，而这些受语言法则约束的作者一旦写出东西来就势必要用唯一的、被指定的可能意义来阅读。

人们可以把被视作单义的文本当成能够被无限诠释的文本来阅读，比如说德里达在《有限公司》中对约翰·塞尔的一个文本的阅读。人们可以在一个根据作品意图只能是单义的文本中进行一场迷幻之旅（例如，当一个人对着火车时刻表冥思苦想的时候）。同样地，人们也可以把一个作者期望能被进行无限诠释的文本读成单义的（就像激进主义者那样，如果犹太教神秘主义哲学家是对的），或是单义性地阅读一个从语言规则的角度应该被看成是歧义性的文本（例如，把《俄狄浦斯王》读成一个普普通通的神话故事，阅读的关键只是找出负罪之人）。

鉴于这种扑朔迷离的广阔类型学，表面上讲我们应把很多当代批评流派一起归入以反应为取向的理论名下。例如，从经典的文学社会学角度来看，人们对记录不同的读者如何处理同一个文本感兴趣，而不必为意图问题操心。文学社会学所描述的是社会用语、社会化的诠释以及文本的实际公共效果，而不是产生这些用语和诠释的形式工具或诠释机制。相反的是，接受美学认为一部文学作品是依靠几个世纪以来所接受的各种诠释扩大自己的丰富性，同时，考虑到文本工具和读者期待视野之间的辩证关系，不可否认，每一种诠释都能够也必须拿来跟文本本身和作品意图进行比较。

同样地，诠释合作的符号学理论，比如我的标准读者理论（Eco，1979），就是把文本策略看成由诸多说明构成的系统，这一系统旨在产生一个由文本设计并且存在于文本中的可能读者。这一可能读者能够从文本中推断出来，并且甚至在任何经验阅读之前就可以被独立描述。

与以上大相径庭的是，解构主义最为激进的做法是把读者的能动性放在首位，把文本降解成一小撮歧义丛生、支离破碎的可能性，于是文本被转化成为仅仅是诠释漂移的刺激物。

3.3 为字面义辩

论述诠释自由的每一种话语都必须从对字面义的辩护中谈起。一九八五年，罗纳德·里根在一次公共演讲前试麦克风时说了 p（根据本义内容是，“在几分钟后我将按动红色按钮开始轰炸苏联”，或是与这差不多的话）。作为线形文本表意， p 就是一个根据一般的解码系统不多不少地意味着它原本所意味的东西的英文句子。如果有一台具备解码规则的情报机器， p 就会被解读为“讲出代词‘我’的那个人会在接下去的二百秒内把美国火箭发射向苏联疆域”。如果文本有意图的话，这就是p要说的东西。

新闻记者们听到p时想知道它的发出者是否当真有这样的意图。当问及此事时，里根说他是开玩笑的。他这样说——就作品意图而论是这样说的——但是根据作者意图，他只是假装这样说。根据常识，那些认为句子意义同作者的意图意义相符合的人搞错了。

在对里根的玩笑进行激烈抨击的同时，一些记者试图含沙射影（读者意图），推断出里根的真正意图是不动声色地暗示自己是个强硬的家伙，只要他愿意，完全可以实现他假意说出来的话(还因为他有施为能力)。

这个故事不太适合我的目的，因为它只是对事实的报导，也就是说它所关涉的是一场“真正”的交流，期间发出者和接受者有机会核对句子意义和作者意图之间的差异。让我们假设这不是一则新闻而是一个虚构故事（其讲述方式是“有一个人曾经这样说过，人们也这样相信，接着那个人又不断讲下去……）。在这种情形下，我们失去了知道作者意图的保证，这个作者已经成为叙述中的人物之一。那么怎样去解读这个故事呢？它可能会是一个人开玩笑的故事，一个人开了不应该开的玩笑的故事，一个人假装开玩笑实际上是在发出威胁的故事，一个即使是无心的玩笑也被较真的悲剧世界的故事，一个关于同样的玩笑随着发出者的地位和角色的不同而改变意义的故事……我们应该说这个故事只有一个意义，或者它有着上述所有的意义，还是只有其中的一部分被认为是“正确”的意义？

几年前，德里达给我写了一封信，告诉我他和一些人正在巴黎筹建国际哲学学院，向我要一封表示支持的信函。我敢说德里达认为：一、我必须认为他说的是事实；二、就实际情景和他的规划来看，我必须把他的计划读成是单义的话语；三、我被索要的信尾签名比德里达在“签名、事件和背景”结尾的签名更被看重。自然，根据我的期待视野，德里达的信件对我来说可能会有很多额外的含义，甚至会有最为矛盾的含义，并且会引发很多关于其“意向意义”的推论。无论怎样，任何额外的推论都应该建立在第一层的所谓字面义上。

在《论文字学》一书中，德里达提醒他的读者注意传统批评的所有工具的必要功能：“离开了这一认识和这个方面，批评活动将会有向任何方向发散的危险——也就是授权自己什么都可以说。但是这个不可或缺的防护栏起到的总是保护作用，它从来没有开放过阅读。”我认同开放阅读的计划，但我也感到为了开放阅读而予以保护的基本责任，因为在尚未实施适当保护之前开放阅读是危险的。

于是再回到里根的故事。我的结论是，为了从中推断出任何可能的含义，人们必须首先认识到它具有字面义，也就是说，在某个特定的日子里一个人说 p，而这个 p，根据英语的解码，意味着它的本义。

3.4 两个层次的诠释

在继续讨论诠释问题之前，我们必须首先解决术语问题。我们得区分语义诠释和批评诠释；或者，如果更喜欢另一种说法的话，区分衍义诠释和符号诠释。

语义诠释是接受者面对线形文本表意，用给定的意义填充它的过程的结果。每一种以反应为取向的方法都首先要处理这种作为自然衍义现象的诠释类型。

批评诠释，相反，是一种元语言活动——一种符号学方法——旨在描述和解释给定的文本产生给定的反应的形式上的原因（并且在这层意义上讲它还可以采取美学分析的形式）。

从这层意义上讲，每一种文本都能够接受语义诠释和批评诠释。但是只有少部分文本能把两种反应都预见到。普通的句子（如一个门外汉说出的给我那只瓶子或猫在垫子上）只会期待语义反应。相反，由语言学家给出的、目的是为了举例说明可能的语义含混的美学文本或猫在垫子上这样的美学句子也会预设一位批评性的诠释者。同样地，当我说每一个文本都会设计其标准读者，实际上暗含着这样的意思，即很多文本的目标是造就两个标准读者：第一个层次或曰天真的层次，应该是从语义上理解文本所说的内容；第二个层次或曰批评层次，应该去欣赏文本言说的方式。比如 they are flying planes 这样一个句子所预设的天真读者会思考应该选择哪一个意思——为了做出最为准确的选择，他可能会考量上下文或是说话的场景——而一位批评性的读者则能够明确地从形式上解释使这个句子产生歧义的句法原因。与此相类似，一部疑案小说施展机智的叙述策略，目的是造就天真的标准读者，让他急不可耐地跌入叙述者的陷阱（或是让他感到恐惧，或是让他怀疑清白者），但同时又想造就一位批评性的标准读者，这种读者在进行第二遍阅读时会欣赏这个设计第一层级的天真读者的美妙叙述策略。

人们会说，语义读者是由言语策略规划或构造的，而批评性的读者只不过是基于诠释决定——文本中似乎没有什么可以明确吸引二级阅读的东西。但必须注意到的是，很多艺术手法，例如，违反规范的文体风格，或是陌生化，恰恰就是聚焦自我的引人之处：这样形成的文本就是为了吸引批评性读者的注意。不仅如此，也有文本公然要求二级阅读。拿阿加莎·克里斯蒂的《罗杰·艾克罗伊德谋杀案》来说，这本书是由到最后被波洛发现为凶犯的角色叙述的。在供罪之后，这位叙述者告诉读者，如果他们注意力集中的话，会确切地知道他在哪一刻实施了谋杀，因为他曾含蓄地说起过这件事。也可以参见我对阿莱的《典型的巴黎悲剧》的分析。这篇文章说明了该文本在一步一步地蒙骗读者的同时，也提供给他们很多避免跌入文本陷阱的线索。当然，这些线索只有在读第二遍时才能察觉得到。

理查德·罗蒂（《理想主义和文本主义》）讲道，在当今这个世纪“有人一提起笔来好像就只有文本”，而且对两种文本主义作了区别。第一种具体体现为对作者意图的忽视，设法在文本中寻找内部连贯的原则，以及（或是）在理想的读者身上达到某种确切效果的充分原因。第二种在一些批评家身上体现为把所有的阅读都当作“误读”（“误读读者”）。对于他们来说，“批评者不是在作者或文本中寻找意图，而仅仅是把文本锻造成符合他们目的的形状。他们迫使文本指涉与他们的目的有关的一切东西”。在这层意义上讲，他们“不是好奇的精巧器件的收集者——所做的只是把它们拆开，看看里面是如何运转的，小心翼翼地避开它们可能有的外在的目的；而是像一位心理分析学家一样漫不经心地把一则梦或笑话诠释为杀人狂的征候”。

罗蒂把这两种观点都看作实用主义的形式（对于他来说，实用主义是拒绝承认真理和现实的对应关系——现实存在，依我之见，是文本的外在指涉物和作者的意图），同时又表明第一类理论家是很勉强的实用主义者，因为“他们认为确实存在着秘密，一旦被发现我们就能正确地把握这个文本”，于是对他们来说“批评是发现而不是创造”。与此相反，实实在在的实用主义者并不把发现和创造区分得很清楚。我同意这一特性描述，但需要附加两个条件。

首先，在什么意义上讲，一位勉强的实用主义者在试图找到文本的秘密时，目的会是为了正确地把握文本？必须选择出“正确地把握文本”的意义是进行正确的语义诠释还是进行正确的批评诠释。根据由伊瑟尔提出的“詹姆斯隐喻”（Iser，1976），为了在文本中发现“地毯上的图案”——一种单一的没有被揭示的秘密意义——而去细究文本的读者，我认为是在寻找一种“隐藏”的语义诠释。但是，寻找“秘密符码”的批评家或许会用批评的眼光寻找可被描述的策略，这种策略会产生对文本进行正确的语义把握的无穷方式。分析和描述《尤利西斯》的文本手法就意味着要阐明乔伊斯为了在他的地毯上生成多种多样的图案是如何做的，而不是去判断这些图案能有多少以及其中哪些是最好的。不仅如此，由于——我将放在后面讨论——即使是批评性阅读也总是有推测的成分，存在很多发现和描述允许以多种方式阅读文本的“秘密符码”的途径。因此，我并不认为第一类文本主义者就一定是“勉强”的实用主义者，因为他们并不试图把文本降解为任何一种单义阅读。

其次，我怀疑很多“实实在在”的实用主义者会不会是真正的实用主义者——至少根据罗蒂的定义——因为“误读读者”把文本当作获知文本之外的东西的工具，在某种程度上讲这种东西比文本本身更“真实”。它就是所谓的意义链的无意识机制。在任何情况下，即使称得上是实用主义者，一位“误读读者”也绝不会是“文本主义者”。或许就像罗蒂认为的那样，“误读读者”会假定只有文本存在；但是他们对所有可能的文本都感兴趣，除了他们正在读的那个文本。实际上，“实实在在”的实用主义者只对他们所锻造的文本的无限语义阅读感兴趣，但我怀疑他们不会对它的运作方式感兴趣。

3.5 诠释和使用

我能够接受罗蒂提出的由（批评性） 诠释文本和仅仅是使用文本的对立而形成的区分。批评性地诠释一个文本意味着是以发现文本的本质以及我们对它的反应为目的去阅读它。使用文本意味着以它为起点去获得其他的东西，甚至不惜从语义的角度误读它。如果我撕下《圣经》中的几页纸用来卷烟叶，那么我也是在使用《圣经》，但是就此把我称作文本主义者就有些出格了——尽管我理所当然是一位很讲实用的人，即使不是实实在在的实用主义者。如果我从一本色情书中寻求性快感，我则不是在使用它，因为为了细致地建立我的性幻想我必须从语义上诠释句子。相反，假设我研读《几何原本》以期推断出它的作者是窥阴癖，迷恋抽象的意象，那么我就是在使用它，因为我拒绝从语义上诠释其定义和定理。

德里达在《真实的因素》（一九八〇年）一文中对爱伦·坡的《失窃的信》的半心理分析式的阅读是对这个故事所做的很好的批评性诠释。德里达坚持认为他不是在分析作者的无意识，而是文本的无意识。他进行诠释是因为他尊重作品意图。

信件被发现放在挂于壁炉中心的一颗钉子上的文件夹中，当德里达诠释这一事实时，他先是从“字面”上理解由该叙述设计的可能世界，以及爱伦·坡为了呈现这个世界所使用的词汇的含义。接着他试图分离出该文本要表达的处于第二级的“象征”意义，或许这个意义超出了作者的意图。不论是对是错，德里达用文本中的证据支持他的第二级语义诠释。他这样做也是在进行批评性的诠释，因为他揭示出文本是如何生成第二级意义的。

作为对比，让我们看看玛丽亚·波拿巴对爱伦·坡的阅读（一九五二年）。她的一些解读可以作为诠释的很好例证。比如，她读《莫雷拉》《丽姬娅》和《埃莱奥诺拉》时，揭示了隐藏在这三个文本之下的相同“模式”：一个男人爱上了一个非同一般的女人，而这女人患痨病而死，于是这个男人发誓永远哀悼，但他没有信守诺言，很快又爱上另一个女人，最后，死去的女人回来用具有冥力的帷幔把他的新欢包裹起来。波拿巴以非技术性的方式指认出这三个文本中相同的行为结构，谈到着迷的结构，但是把这种着迷当作文本性的来解读，这样做就揭示了作品意图。

令人惋惜的是，这种美妙的文本分析同传记性的言论交织在一起。后者把文本中的证明同爱伦·坡的私生活（都是从文本之外获知的）联系起来。当波拿巴谈到爱伦·坡被死于痨病、躺在灵柩台上的母亲留给他的儿时印象所控制时，当她谈到在他的成人生活及其作品中他病态地为女人的冥力所吸引时，当她阅读他充满活死尸的小说以解释他的个人恋尸癖时，她是在使用而不是诠释文本。

3.6 诠释和猜测

很显然，我试图在作品意图和读者意图之间维持一种辩证关系。问题在于，如果一个人或许知道"读者的意图"的含义，那么想抽象地定义"文本的意图"的含义则更加困难。

文本意图不是由线形文本表意展现的。或者说，即使被展现了，也是在失窃的信的意义上。人们必须决定"看见"它。因此，从读者的角度讲，只能把文本意图说成是猜测的结果。读者的能动性基本上在于对文本意图进行猜测。

文本是意在造就标准读者的工具。我要重申的是，这种读者不是做出"唯一正确"的猜测的人。一个文本可以预设有权尝试无限猜测的标准读者。经验读者只不过是对文本所假设的所谓标准读者进行猜测的演员。既然文本的意图基本上是为了造就能够对它进行猜测的标准读者，标准读者的能动性也就在于找出一个并非经验作者的标准作者，并且最终与文本的意图不谋而合。

因此，文本不仅仅是为了取得诠释效力而使用的一个参数，而且是诠释在基于其结果来自我验证的循环努力的过程中所构建的对象。我可以毫无羞色地承认自己就是这样定义古老但仍然有效的"诠释循环"。

诠释的逻辑是皮尔士的试推法逻辑。猜测意味着发现解释结果的定律。一个文本的"秘密符码"就是这样一种定律。人们可以说，在自然科学中猜测只需要使用这个定律，因为结果在每个人的眼皮底下。而在文本诠释中只有先发现一个"有效"的定律才能够使结果有可接受性。但是我并不认为这一区别非常明晰。即使在自然科学中，如果离开先期做出的并不明确的决定——即在众多事实中选出一个作为值得诠释的有趣结果——那么就不会有任何一个事实被当作有重要性的结果。

把一个事实当作有趣的结果分离出来意味着早已朦朦胧胧地预想到一个定律，而这一事实正是它的结果。在开始阅读一个文本时，我并不立即知道自己是不是从一个适当的意图的角度对它进行解读。在我的意图与文本的意图不谋而合时，我的主动性才开始变得活跃起来。

如何证明关于作品意图的猜测呢？唯一的办法就是拿作为连贯整体的文本来检测。这个想法也是老生常谈，源自奥古斯丁：任何一个关于文本某一部分的给定诠释如果是被整体确认了就是可以接受的，但如果受到同一个文本的另外一部分的质疑就必须抛弃。从这层意义上讲，文本的内在连贯性控制着读者的信马由缰。

博尔赫斯曾经建议，如果把《效法基督》当作塞利纳的作品来读的话会令人很兴奋。这个游戏妙趣横生，而且会带来智力上的收获。我尝试了一下，发现了可能出自塞利纳之手的句子（“主怜爱低微的东西，对带刺的东西并不介意，也喜欢脏兮兮的衣物……”）。但是，这种阅读只不过为《效法基督》里的极少数句子提供了“框架”。这本书的其余大部分内容都拒绝被这样阅读。相反，如果我根据基督教中世纪百科全书来读的话，那么它的各个部分就显得具有文本上的连贯性了。

此外，没有一个负责任的解构主义者挑战过这一立场。希利斯·米勒（Miller，1980）说：“解构主义的解读不是理论的主观性对文本的强加，而是受到文本自身的驱使。”在别的地方（Miller，1970），他又写道：“说所有的解读都是有效的是不对的……一些解读显然是错误的……揭示某个作者作品的某个方面常常意味着忽略或掩盖其他方面……一些解读的方式比其他方式更能探究到文本结构的深层。”

3.7 误读的可证误性

我们可以接受类似波普尔的原则。根据这一原则，如果没有规则帮助确认哪些诠释是“最好的”，那么至少有一个规则能够帮助确认哪些是“坏的”。这个规则规定文本的内在连贯性必须被看作诠释的参数。但是要这样做的话，至少在一个短暂时期内需要一种元语言，允许在一个给定文本和它的语义或批评诠释之间进行对比。既然任何新的诠释都能够丰富文本，文本在其目标中包含着线形文本表意以及在历史过程中所接受的诠释，因此，这种元语言也允许新旧诠释之间的对比。

我理解，从激进的解构主义理论观点来看，这种假定听起来像是不太悦耳的新实证主义，并且解构和漂移的所有观念都对元语言的可能性提出质疑。但是元语言不一定非得与普通语言不一样（甚至更强大）。诠释的观念要求这“款”语言能够用作另一“款”普通语言的“解释项”（在皮尔士的意义层面上）。当一个人说/man/ 的意思是“男性成年人”时，他就是在用普通语言诠释普通语言，第二个符号就是第一个的诠释项。同样地，第一个符号也可以成为第二个的诠释项。诠释的元语言与作为对象的语言并无不同。它就是同一种语言的一部分，从这层意义上讲，诠释是每一种语言在言及自身时所发挥的功能。

问题不在于这是不是能做到。我们每天都在这样做。我上述论点挑衅性的自明性表明，只有通过揭示其各种变体都是自相矛盾的才能证明它。

让我们假设有一种理论从字面上（而不是从隐喻上）认定每一种诠释都是误读。让我们假设有两个文本，Alpha 和 Beta。把 Alpha 建议给读者是为了引发记录在文本中的误读 Sigma。找一个识字的人 X，事先告诉他每一个诠释都是误读，然后给他这三个文本：Alpha，Beta 和 Sigma。问 X 是否 Sigma 误读了 Alpha 或 Beta。假设 X 说 Sigma 是对 Alpha 的误读，那么我们能说 X 是正确的吗？相反，假设 X 说 Sigma 是对 Beta 的误读，那么我们能说 X 是错误的吗？

在这两种情形中，同意或否定 X 的回答都意味着相信文本不仅控制和选择对它的诠释，而且控制和选择对它的误读。同意或否定 X 的回答的人于是就充当了并非真正相信每个诠释都是误读的角色，因为他或她用原来的文本作为区分误读它本身和误读其他文本的参数。对 X 的答案同意与否都预设了一个对 Alpha 先在的诠释，而这一诠释被认为是唯一正确的，以及一种用来描述和表明基于什么样的理由判断 Sigma 是对它的误读的元语言。坚持认为一个文本只能引发误读——除非根据其他读者的误读得到正确诠释——是令人不安的。但这又确实是发生在激进误读理论上的事。

还有另一种逃避这一矛盾的方法。假定 X 的每一种回答都是好的。Sigma 可以是对 Alpha 或 Beta，以及其他任何文本的误读。但是这样一来，为什么就认定 Sigma（它无疑是一个完全意义上的文本）是对别的东西的误读？如果它是对任何东西的误读，那么也就是对无的误读。它只为自己而存在，并不需要同其他任何文本相比较。

解决方式很体面，但也带来了少许不便。它确定无疑地摧毁了文本诠释的范畴。存在着文本，但又无以言及。甚或即使有所言，也没有人能说出其所言。文本至多就是生成其他文本的刺激物。但是新的文本一旦生成，就再也不能回指它的刺激物了。

3.8 结语

捍卫诠释的权利，不让它沦为仅仅是对文本的使用，并不意味着文本就再也不能使用了。我们每天都在使用文本，我们需要这样做，也不乏很多可敬的理由。重要的只是要把使用同诠释区分开。一位批评性的读者也可以说出为什么某些文本被以某种方式使用过，在它们的结构中找到使用或误用的原因。从这个意义上讲，对文本自由使用的社会学分析可以支持对它们的进一步诠释。

在任何情况下，使用和诠释都是抽象的理论可能性。每一个实际的解读总是不期然地混合了这二者。游戏起初以使用开始，到最后却生成了硕果累累的新的诠释——或者正相反，都是有可能发生的。有时使用文本意味着把它们从先前的诠释中解放出来，去发现新的面向，认识到它们曾被不正确地诠释过，去发现更新、更多有说明力的作品意图，它曾经被太多无法驾驭的读者意图（或许它们会装扮成对作者意图的诚心诚意的追寻）污染和掩盖过。

还有一种前文本阅读，不是为了诠释文本，而是抱着表明语言能够在多大的程度上生成无限衍义这一目的进行的。这种前文本阅读有着哲学功能："解构主义不在于从一个概念平移到另一个概念，而是颠倒和错置概念秩序以及被用来言说它的非概念秩

序。”(Derrida, 1972)

我认为，在这种哲学实践和决定把它视作文学批评以及文本诠释新趋势的典范之间存在着区别。在这其中一些情形中，文本是在被使用而不是被诠释。但是我承认确实常常难以区分使用和诠释。本书的某些章节会讨论这个问题，尝试用具体的例子来说明诠释是否以及在何种程度上存在着极限。

第四章　小世界*

4.1　虚构的世界

在莎士比亚构想的虚构世界里，哈姆雷特是单身汉这个判断是真实的，而说他已婚则是不真实的，这样说似乎是常识。哲学家们虽然随时准备好反对这一点：虚构的句子因为缺乏指涉物而是不真实的——或者这两个关于哈姆雷特的判断有同样的真值（Russell, 1919）——但他们实际上没有考虑到这一事实：有些人在以类似的判断公认的虚假性和真实性打赌。任何断言哈姆雷特跟奥菲莉亚结了婚的学生都会挂科，而没有人能够有理有据地批评他（或她）的老师所依据的这种有理有据的真理观。

为了调和常识同真值逻辑权利之间的关系，很多虚构理论从模态逻辑中吸取了可能世界的概念。以下说法听起来很正确，在斯蒂文森建立的虚构世界中，西尔弗怀有一系列的希望和坚定的信念，于是就勾勒了一个信念的世界，在这里他成功地伸手触到（或用他的唯一一只脚踏上）了名副其实的金银岛，并且完成了许多英雄事迹，以使得在真实世界中发生的未来的一连串事件与他的信念世界的情状相符。

但是，人们可能会怀疑：

一、 由可能世界语义学或可能世界的模型理论主张的可能世界观念与由各种虚构和叙述理论主张的同名理论风马牛不相及。

二、 独立于上述问题的是，可能世界的观念并没有为理解虚构现象增添有趣的东西。①

4.2 空空荡荡的世界 vs. 满满当当的世界

在模型理论中，可能世界所关心的是集合而不是个体，况且一种可能世界语义学不可能会是一种从心理语言学上讲具有现实意义的语言理解理论："起作用的是由可能世界理论提供的结构，而不是某个个别可能世界的选择，即使后者具有意义。"(Partee，1988)"语义游戏不是单在一个模型上进行，而是在多种模型空间中进行，在那里合适的替代关系得到确认"(Hintikka，1988)。一个模型理论的可能世界必须空空荡荡。它们之所以受到推崇仅仅是因为把作为变量的内涵从可能世界向外延的形式推演。

相反，似乎显而易见的是，在叙事分析的框架内，人们要么考虑给定的满满当当和不空荡的世界，要么认为在虚构理论和反设事实逻辑之间不存在差别。②

---

* 本章由1986年8月在利丁厄召开的"第65届人文、艺术和科学中的可能世界诺贝尔学术研讨会"上所做报告进一步充实而成。

① 这都是利丁厄"人文、艺术和科学中的可能世界诺贝尔学术研讨会"上的主题。在这次会议上，认知学家、科学史学家、逻辑学家、分析哲学家、符号学家、语言学家、叙事学家、批评家、艺术家和科学家济济一堂对这些主题展开讨论。我现在的一些想法是以在这次会议上提交的论文和随后的讨论为基础的。

② 最好的解决办法是把虚构理论中的可能世界简单地视作语言对象，也就是对给定语境中的状态和事件的描述。但是，在这层意义上讲，人们必须接受帕蒂对卡尔纳普的状态描述提出的反对观点(Partee，1988)：作为句子集合它们不是可能世界，因为可能世界是"用来诠释语言的模型结构的一部分"；可能世界是事物可能存在的替代方式，而不是对这些方式的描述。否则，说一个叙述文本勾勒了一个或多个可能世界只是以一种更为复杂的方式说每一个叙述文本讲的都是非真实的事件。

尽管如此，在可能世界语义学的世界和虚构理论的世界之间有一些相同之处。从一开始，模型理论所研究的可能世界的观念就是一个来自文学的隐喻（在这种意义上说，每一个梦想的或从反设事实中得来的世界都是虚构世界）。一个可能的世界是一部完整的小说所描述的世界（Hintikka，1976 & 1969）。此外，每当模型理论充实一个可能世界的实例时，它提供的都是一个单独的满满当当的世界或它的一部分（如果恺撒不渡过卢比孔河……）。

根据欣蒂卡的观点（Hintikka，1988），在模型理论中可能世界是推演语言的工具，独立于它所描述的对象语言，同时，这些可能的世界不能被放置在作为普适中介的语言框架内使用。相反，在一个虚构理论中，可能世界是一些事态，描述它们的语言与它们叙述对象的语言相同。但是，这些描述可以类比性地转换成世界矩阵（Eco，1979）。这个世界矩阵在不允许任何推演的情况下，提供了以下可能性：在给定描述下比较不同的事态，明确它们是否相容，以及它们之间的差别在哪里。多勒泽尔（Doležel，1988）颇具说服力地表明，关于虚构对象的理论如果摈弃了单一世界的模型而采纳多个可能世界的框架就会变得卓有成效。

因此，即使虚构理论不是源自对可能世界语义学的概念体系的机械占用，也有其存在的某种理由。不如这样说，虚构理论中的可能世界观念必须在以下几个方面涉及满满当当的世界：

> 一个虚构的可能世界是一系列的语言描述。读者应该把这些描述诠释为对一种可能事态的指涉。在这个可能世界中

如果p是真的那么非p就是假的（这一要求是可变通的，因为正如我们将会看到的那样，也存在着不可能的可能世界）。

这些事态由被赋予了属性的个体组成。

这些属性由某些定律制约，于是某些属性会相互矛盾，一个给定的属性x会以属性y为条件。

因为个体具有这样做的属性，它们会经历变化、失去，或获得新的属性（在这个意义上讲，一个可能的世界也是一系列事件，可以被描述为暂时获得秩序的一连串事态）。

可能世界要么被看作“真实”的事态——参见刘易斯的现实性切入方法（Lewis，1980）——要么被看作一种文化构成物，一种约定或符号产品。我将根据在《读者的角色》中所勾勒的视角沿着后一种假设走下去。作为文化构成物的可能世界不能等同为用以描述它的线形文本表意。描述这种状况或事态进展的文本是一种语言策略，旨在在标准读者当中引发诠释。这种诠释（尽管已被言表）代表了在文本和标准读者之间的合作互动过程中被勾勒的可能世界。

为了对世界作比较，就甚至必须把现实或实在世界看作文化的构成物。所谓的实在世界就是——不论对错——由《大不列颠百科全书》或《时代》杂志所描述的世界（在这个世界里，拿破仑死于圣赫勒拿岛，二加二等于四，一个人不可能成为自己的父亲，福尔摩斯不存在——如果不是作为一个虚构人物的话）。实在世界是通过许许多多世界图景或陈述性描写而被我们获知的，而这些图景又是常常互不相容的认知世界。实在世界的全部图景具有潜在意义上的全面性，是其自身的完整的百科全书（有关这一潜在的百科全书的纯粹调节性，参见《文本与百科全书》和《符号学与语言哲学》）。“可能世界不是在遥远的、看不见的或超验的储藏库里发现的，而是由人脑和人手建构的。这个解释由克里普克清晰地表达为：‘人们规定可能世界而不是用高倍显微镜发现它们。’”(Doležel, 1988)

即使实在世界被当作文化构成物，人们仍会对所描述的宇宙的本体地位感到疑惑。这个问题不是为叙述性的可能世界而存在的。尽管是由文本勾勒的，它们仅仅作为诠释的结果存在于文本之外，并且与其他的信念世界有着同样的本体地位（有关任何世界的文化本质，参见 Goodman & Elgin, 1988）。

欣蒂卡（Hintikka, 1988）在谈到模型理论所关心的可能世界时说，我们在描述一个可能世界时可以自由选择它所要应用的话语域。因此，可能世界总是小世界，“也就是在世界的犄角旮旯里发生的相对短暂的地方性事件”。这同样适用于虚构世界：为了引导读者构想一个可能的虚构世界，文本必须邀请他们执行一个相对容易的“宇宙论”任务——我们将会在后文，主要是第五部分和第六部分——看到。

4.3 技术性方法 vs. 隐喻性方法

满满当当的可能世界的观念在处理涉及艺术创造的诸多现象时被证明是有效的。尽管如此，它不应该被误用。有些论及可能世界的情况只不过是隐喻性的。

当济慈说美即真和真即美时，他只是在表达他自己对实在世界的个人看法。我们可以简单地说他是对的或是错的，但是不需要用可能世界来研究他的世界观，除非我们要把它与圣伯纳德的观念进行对比，后者坚信在这个世界里神圣的美为真，而艺术的美为假。

即使在这种情形下，我也要谈及为了解释实在世界而建立的两个理论模型。应用于科学和哲学的理性存在物和文化构成物不算是可能世界。人们可以说平方根、普遍性和肯定前件式对波普尔来说属于第三世界。但是这个第三世界（如果有的话）即使是被当作柏拉图的理念世界，也不是“可能”的。它是实在的，或许比经验性的东西更实在。

欧几里得几何没有描述可能世界。它是实在世界的抽象图画。只有当我们把它当作对艾勃特的《平面国》的抽象图画时，它才能成为一个可能世界的图画。

可能世界是文化构成物，但是并非所有的文化构成物都会是可能世界。比如，在验证一个科学假设——在皮尔士的试推法意义上讲——的时候，我们推演出可能的规律，如果这些规律站得住脚的话，就能解释很多未解的现象。但是，我们的头脑风景只有唯一一个目的，那就是必须证明这个“想象出”的规律在“真实”的世界——或是在我们作为真实世界所构建的世界里——也是站得住脚的。可能性只是手段，不是自身的目的。我们探究可能是为了给现实找到一个合适的模型。

同样地，我也不认为隐喻勾勒了可能世界，就像莱文所假设的那样（Levin，1979）。从最为简单的形式上讲，隐喻是被缩短了的明喻：“汤姆是头狮子”意思就是说汤姆在一定的描述中有狮子的一些属性（比如力量和勇气）。自然，如果只是从字面上理解这个隐喻，就会出现一种无效交流或至少是语义矛盾的情形，因为在现实世界里不可能有人兽同体。但是如果把它视作修辞格，并且照此解释的话，那么它所讲的就是从我们所掌握的世界知识的角度无法质疑的东西：它所讲的是在实在世界里汤姆（据称）具有这些属性。这个隐喻一旦被祛除歧义，就可能是对实在世界的假陈述（有人可以否认汤姆是真的勇气可沽），而不是对可能世界的真陈述。相反，如果我说在荷马的世界里阿喀琉斯是头狮子，那么我就是讲了在荷马的世界里为真的东西，至于在历史经验的世界当中它是真是假我并不在乎。即使是最为模糊的隐喻也没有勾勒出另一个世界：它只是模模糊糊地暗示人们应该看到所指世界中的某些个体拥有前所未闻的属性。

当人们提起一种事态的时候，使用可能世界的观念是有用的，前提是需要比较至少两种可供选择的事态。如果说唐老鸭是由迪士尼创造的，并且我们基本没有机会在日落大道上遇见它，那么人们就必然会说唐老鸭属于虚幻世界，但是不需要有什么可能世界理论去发现或证明这样的琐事。相反，如果人们分析《谁陷害了兔子罗杰》这部电影，在其中卡通人物和所谓的“真人”一起演出，那么不同世界的互通性问题就可以被合理地予以讨论了。

如果汤姆说他想买一艘大船，他的句子表达了这样一个命题态度，也就是通过这样的形式勾勒了汤姆想象中的可能世界。

但是只有在必须比较至少两个命题态度的前提下，我们才需要可能世界的观念。让我们引用一段有名的愚蠢对话（Russell，1905）：

汤姆（第一次看见约翰的船）　我认为你的船比这要大。

约翰　不对，我的船不比这大。

整个模型的谜团在这里可以轻易地被解释（见图 4.1）。汤姆在他想象中的世界 W_t 中认为约翰的船 B_1 有，比方说，十米长。那么，汤姆在他的经验的实在世界 W_o 中看到实实在在的一条船 B_2，发现它有五米长。接下去，他就拿他的信念世界中的 B_1 与他的实在世界中的 B_2 比较，说 B_1 比 B_2 大。

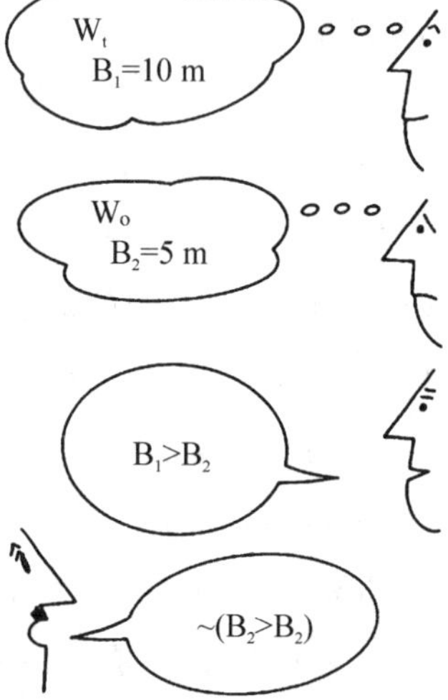

图 4.1

而约翰从未研究过模态逻辑，把各种世界混淆在一起，把 B_1 和 B_2 看作同属于一个世界 W_o。在这种情况中，可能世界的观念被证明对于解释由认知困难造成的会话歧义是有用处的。

4.4　为什么可能世界对于虚构理论是有用的

如果发生在汤姆和约翰之间的对话是作为一则虚构的笑话来叙述的，那么从可能世界的角度可以解释为什么这则故事听起来有趣：它在两个人之间上演了一场互动，而其中有一个人不能区分两个互不相容的世界。

假设约翰和汤姆生活在一个很简单的世界里，其中只有两个属性，即“船”（标为M，即海上运输工具）和“大”（标准B）。我们决定，在某种描述中，某些属性是实质性的，而其他的则是偶然性的。为了把一个属性确定为在文本意义上属实质性的，欣蒂卡（Hintikka，1969）说如果我谈到一个我看见但拿不准是汤姆还是约翰的人，这个人在每一个可能世界里都是一样的，因为他实质上就是我看到的那个人。

从这个角度上讲——同时自由地运用雷歇尔（Rescher，1973）提出的建议，我们关于约翰的船的故事可以用下面的公式来描述（在这个描述中，W_t 是汤姆的信念世界，W_j 是汤姆和约翰共同生活并且感知约翰实实在在的船的世界）：

W_t	M	B	W_j	M	B
x	(+)	+	y	(+)	−

既然 W_t 和 W_j 这两个世界中都存在相同的属性，我们可以说 W_t 中的 x 是 W_j 中的 y 的可能的对应物，因为两者都拥有实质性的属性（标在括号里）。这两个世界是相通的。

现在假设约翰和汤姆是这样交流的：

汤姆 我本以为你梦想得到的大东西是你的船。

约翰 不是，不是一艘船。

在这一情形中，世界矩阵成了下面这样（在其中 D = 梦想之物）：

W_t	D	M	B
x_1	(+)	(+)	+

W_j	D	M	B
x_2	(+)	(−)	+
y	−	(+)	−

在汤姆的信念世界 W_t 里有一个 x_1，它是假定的约翰梦想之物，也就是一艘大船。在约翰的信念世界里有两样东西，也就是小船 y，它从未让他梦牵魂绕过，另一个是大东西 x_2，它是他的梦想之物，但可惜不是一艘船。 x_1，x_2 和 y 互不牵涉（是不同的个体）；不存在交叉身份，但是这两个世界平等地互通。通过操纵 W_j 矩阵，设计 x_2 和 y 就变成了可能，而通过操纵 W_t 矩阵，设计 x_1 就变成了可能。我们可以说从另一个世界的角度来看，两个世界都是“可以想象的”。

现在假设在 W_t 里存在属性“红”（标为 R），而约翰是色盲，不能辨别颜色，同时假设对话是这样进行的：

汤姆 我看见你的船了。我想买红色的那一艘。

约翰 哪一艘？

对于汤姆来说，红——在那种语境中——是 x_1 的实质性属性。汤姆只想买红色的船。约翰不能以同样的方式想象汤姆的世界，正如平面国的居民想象不出天体一样。约翰只能根据船的大小而不是颜色区别他的船：

W_t	M	B	R
x_1	(+)	+	(+)
x_2	(+)	−	(−)

W_j	M	B
y_1	(+)	+
y_2	(+)	−

约翰不能想象汤姆的世界。但是汤姆能够把约翰的 W_j 设想成一个——参见 W_t 矩阵——其中颜色未定的世界。 y_1 和 y_2 都可以在 W_t 中设计为：

W_t	M	B	R
y_1	(+)	+	?
y_2	(+)	−	?

在分析虚构作品时，必须时常基于我们对实在世界的知识来决定我们在哪层意义上评判想象世界中的个体和事件（浪漫传奇和小说的不同，现实主义和幻想作品的不同，托尔斯泰笔下的拿破仑同历史上的拿破仑是否相同等等）。

由于在故事的每一种状态中事物会以不同的方式发展，阅读的实用主义建立在我们在叙述的脱节处进行预测的能力之上。犯罪小说就是最为极致的例子，作者希望在读者当中引发错误的预测以达到令他们困惑的目的。

我们同样对验证有关于虚构作品的真实陈述感兴趣。说在由柯南·道尔设计的世界里福尔摩斯是位单身汉，这不单单是作为一个小游戏而令人感兴趣：当一个人在质疑诸如所谓解构主义或自由误读的不负责任的案例时，它可能会变得至关重要。一个虚构的文本有它自身的本体，必须得到尊重。

还存在着另一个理由说明为什么比较两个世界在虚构中是重要的。很多虚构文本都是有信念世界嵌入其中的系统。假定在一部小说中作者说 p，又补充说汤姆相信非 p，以及约翰相信汤姆错误地相信了 p。读者就必须决定这些不同的命题态度在多大程度上是相容互通的。

为了弄清这一点，我们必须明白虚构必然性与逻辑必然性是不同的。虚构必然性是一种个体原则。如果约翰被虚构成汤姆的儿子，那么约翰就总是汤姆的儿子，而汤姆是约翰的父亲。我把这种必然性称为 S 属性，也就是在给定的可能世界里，由于参与个体的互相定义而必然如此的属性（Eco，1979）。在德语中 Holz（树木）的意义是由它与 Wald（森林）的意义的结构边界决定的。在《包法利夫人》的叙事世界 W_n 中除了把艾玛定义为夏尔的妻子外别无他法，而夏尔则被定义为叙述者在小说的开始看见的那个男人。任何一个把包法利夫人定义为法国国王秃头查理的妻子的世界都是另外（而非福楼拜）的世界，充实其中的是不同的个体。因此，赋予艾玛特征的 S 属性就是 eMc 关系（其中 e=艾玛，c=查尔斯，M=同……结婚）。

为了使得我们通过这种方式得出的结论更有说服力，让我们考察一下主宰着索福克勒斯《俄狄浦斯王》的两个世界；俄狄浦斯的信念世界 W_o 知道这个故事的忒瑞西阿斯的知识世界 W_f，而这个故事被索福克勒斯视作对事件发生的真实过程的报告。让我们看看以下关系：K=……的谋杀者，S=……的儿子，M=……的丈夫。为了节省篇幅，负号代表相反的关系（……的受害者，……的父母，……的妻子）：

W_o	oKx	yKl	zSj	zSl	oMj
o	+				+
I		–		–	
j			–		–
x	–				
y		+			
z			+	+	

W_f	oKl	oSl	oSj	oMj
o	+	+	+	+
I	–	–		
j			–	–

在 W_o 中有俄狄浦斯 o，他杀了一个无名的赶路者 x，并且娶了伊俄卡斯忒 j；拉伊俄斯 l 被一名无名的赶路者 y 所杀，是失踪的 z 的父亲；伊俄卡斯忒是失踪者 z 的母亲，如今是俄狄浦斯的妻子。在 W_f 中 x， y， z 都消失了。由（被索福克勒斯所认可的）故事描述的实在世界呈现出——唉——比由俄狄浦斯的信念构成的幻觉世界要少的个体。但是，由于在两个虚构世界里个体具有不同的关系属性（S 属性），因而在两个世界中仅仅同名的个体之间不可能存在同一性。

《俄狄浦斯王》是一个关于无法彼此了解的悲剧故事。俄狄浦斯王弄瞎了自己是因为他看不见自己生活在一个不能与真实世界相容的世界里。为了领悟他的悲剧，标准读者需要把这个故事（真实发生的事）重构成符合时间顺序的一系列事件，同时勾勒出上面的图表所示的不同世界。

可能世界的观念之所以对于虚构理论有用是因为它有助于确定在何种意义上一个虚构的人物不能与实在世界中的对应者相通。这个问题并不像它看起来那样古怪。俄狄浦斯不能像索福克勒斯那样构想世界——否则他就不会娶自己的母亲。虚构人物生活在一个残缺的世界里。当我们真正理解他们的命运时，我们也就开始怀疑我们这些实在世界的公民之所以有如此的命运是因为我们也在用虚构人物的方式思考我们自己的世界。虚构说明我们对现实世界的看法或许也像虚构人物对他们的世界的看法一样并不完美。成功的虚构人物正是通过这种方式成了人类“真实”生存状况的最佳体现者。

4.5 小世界

根据多勒泽尔的观点（Doležel，1988），虚构世界是不完整的和语义上不同质的：它们是残缺的小世界。

鉴于虚构世界是残缺的，它就不是最大化和最全面的事态。在真实的世界里，如果“约翰住在巴黎”为真，诸如“约翰住在法国的首都”“约翰住在米兰北面和赫尔辛基南面”“约翰住在其第一个主教为圣丹尼斯的城市里”这些判断也同样为真。这一系列的必要条件对于信念世界就无效。约翰相信“汤姆住在巴黎”为真，并不意味着约翰相信“汤姆住在米兰北面”。

虚构世界同信念世界一样是不完整的。在波尔和科恩布鲁思的《太空商人》（参见 Delaney，1980）的开头写道：

> 我用脱毛肥皂往脸上擦，接着用从淡水水龙头流出来的细细水流冲洗。

在一个谈及真实世界的句子中，人们会对一处冗言感到新鲜，因为通常意义上讲，从水龙头流出的都是淡水。一旦人们怀疑这句话是在描述一个虚构世界，就会明白它提供了关于某个世界的间接信息。在这个世界里，在一般的洗脸池中，淡水相对于盐水而存在（而在我们的世界里相对存在的是冷水和热水）。尽管小说没有继续提供更多的信息，读者会急切地推断出这个故事发生在一个淡水短缺的科幻世界。

尽管如此，除非小说给予进一步的说明，我们必须认为淡水和盐水的分子式都是 H_2O。由此看来，虚构世界似乎是寄生的世界，因为，如果没有明确说明其他属性，我们会理所当然地认为真实世界中的属性依然有效。

4.6　建立小世界的条件

为了勾勒一个虚构世界，那里的很多事情必须想当然地被接受，也有很多其他事情尽管令人难以置信也必须被照单全收，那么，一个这样的文本似乎想告诉其标准读者："相信我，别太较真，把我所说的当成真的。"在这层意义上讲，一个虚构文本有着施为的特性："无法实现的可能事态成为一个虚构的存在，靠的是在措辞恰当的文学言语行为中的真实化处理"（Doležel，1988）。这种真实化通常采取的方式是引导合作建立一个可想象世界，只消以一定的灵活性和浅层性为代价。

在可能的、可信的、逼真的和可想象的世界之间存在着差异。帕蒂（Partee，1988）认为可想象世界与可能世界不同：某些可想象世界或许实际上并不可能，而某些可能世界或许超出了我们的想象力。我们来探讨几个情形：

一、存在着看起来既逼真又可信的可能世界，并且我们也能想象它们。比如，我可以想象在一个未来世界里这篇论文能够被翻译成芬兰语，同时我也可以想象一个过去的世界，在那里特里劳尼先生和利夫西医生同斯莫利特船长一起航行去寻找金银岛。

二、存在着从我们的实际经验来看既不逼真也不可信的可能世界。例如，动物会说话的世界。但是，我可以通过灵活的调整我所生活的世界里的经验来想象这种世界：只要想象动物能够具有像人一样的发音器官和一个更加复杂的大脑结构就足够了。这种合作需要灵活性和浅层性：从科学上想象具备不同生理特征的动物必须重新考察整个的演化过程，构想出大量不同的生物学规律——这些我在读《小红帽》的故事时绝不会去做。为了接受狼对小女孩说话的事实，我构想一个当地的、异质的世界。我扮演一个患近视眼的观察者，能够辨别大的形状而不能分析它们的背景。我之所以能这样做是因为我常常会在我的实在经验的世界里做同样的事情：我讲话并且我接受我能够讲话这个事实是可想象的——原因是语义劳动的社会分工——我想当然地认为这些现象能从演化论里找到解释，尽管我对此一无所知。同样地，我也可以在更加严格的探询中构想那些看起来不可信和不逼真的世界。

三、存在着不可想象的世界，不管它们是否可能，总之是超越我们的想象力的，因为它们所声称的个体或属性违背了我们的逻辑或认知习惯。我们不能构想某些世界，在那里人们用面值为一个最高偶数的美元购买方的圆。但是，就像以上那句话所表明的那样，这种世界可以被提及（之所以可以被提及的原因同语言可以给非存在物和不可想象的实体命名的原因一样，在此不再赘言）。在同样的情形下，标准读者被要求夸张地表现出慷慨的灵活性和浅层性，因为他或她应该把自己无法想象的东西视作理所当然。想当然地提及和想当然地构想之间的差别或许有助于厘清浪漫传奇与小说、虚幻故事与现实题材之间的界线。

四、不可想象的世界可能会是不可能的可能世界最极端的例子，亦即引导标准读者去想象只是为了发现其无法想象的世界。多勒泽尔（Doležel，1988）在论及自空文本和自我显露式元虚构文本时谈到过这一点。

在这些情形中，“一方面，由于传统身份验证程序的应用，可能性实体似乎被带入虚构的存在之中；另一方面，由于身份验证机制的基础被破坏了，这种存在的地位受到动摇”。这些不可能的虚构世界包含着内在的矛盾。多勒泽尔以罗布-格里耶《约会的房子》为例子，在这部小说里，同一个事件是以几个相互抵触的版本呈现出来的，同一个地点有时是、有时又不是小说发生的背景，事件是以相互矛盾的时间顺序组织的，同一个虚构实体以几种存在模式反复出现，如此种种。

要想更好地了解自我显露式元虚构文本是如何运作的，人们就应该考察语义诠释和批评诠释之间的差别（参见第三章）。语义诠释是读者在面对线形文本表意时用给定意义对它进行填充的过程得到的结果。相反，批评诠释则是一种元语言活动，目的在于描述和解释出于何种形式原因一个给定的文本产生了一个给定的反应。

从这层意义上讲，每一个文本都会受到语义诠释和批评诠释的影响，不过只有为数不多的文本能够有意识地预设这两种标准读者。很多虚构作品（比如侦探小说）施展机巧的叙事策略，目的在于创造一个天真的、急不可耐地想跳入叙事者圈套的标准读者（如感到恐惧或怀疑无辜者），但同时也常常预设一位批评性的标准读者，能够在阅读第二遍时欣赏其中绝妙的叙事策略，而正是这一策略设计了第一级的天真读者（参见第三章）。

同样的情形也发生在自空虚构作品中。在第一诠释级，它会同时给出一个连贯世界的幻象和某种无可名状的不可能性的感觉。在第二诠释级（即批评诠释级），这个文本可以通过其自空性被理解。

一个关于不可能的可能世界的视觉例子是彭罗斯那个著名的图形（参见图4.2，这个图形成了诸多不可能图画——如埃舍尔的版画——的原型）。乍看起来，这个图像是可能的，但是，如果我们按照其空间导向的轨迹顺着线条走下去，就会发现行不通了：这种物体会存在的世界或许是可能的，却肯定超乎我们的想象力，不管我们决意多么灵活化和浅层化都无济于事。我们从不可能的可能世界获得的快乐是由我们逻辑和感知上的失败引起的——或者说是由揭示其自身对描述不可能的无能为力的“自我显露式”文本带来的（Danto，1988；Régnier，1988）。

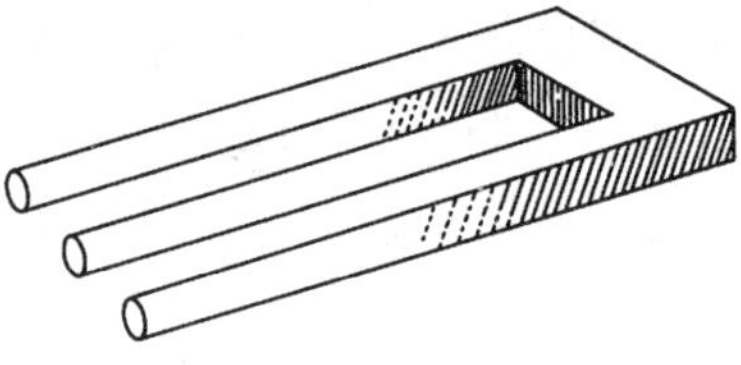

图 4.2

一个不可能的世界是由呈现一个故事为何不可能的话语展示出来的。不可能世界提及的不仅仅是不能想象的事物。它还要建立其自身不可想象性的最根本的条件。彭罗斯的图形和罗布-格里耶的小说都作为视觉或语言文本成就了物质上的可能性，但它们所关涉的是不可能存在的事物。

视觉上不可能的可能世界和语言上不可能的可能世界之间存在着差别，原因是在由线形文本表意执行的合作吸引力中的不同策略。一个视觉幻象是一个短期的过程，因为视觉符号都是放在一起从空间上展示的——而对于文字语言来说能指的时间（或空间）线形加大了辨识不连贯性的难度。彭罗斯的图形马上就能被感知为一个整体，这样就激发了一种直接的、分析性更强的扫描，其不连贯性也就能被一下子识别出来了。相反，在一个语言文本中，按线形和时间顺序（一步一步）进行的扫描使得对整个文本作全局分析更加困难——这需要长期记忆与短期记忆之间相互作用。因此，在语言文本中，在不可能的可能世界所展示的矛盾实现之前，在许多页文字中再现这样的世界在浅层意义上讲是可以想象的。为了使这种不平衡的感觉更加扑朔迷离，这些文本可以使用各种句法策略。

为了举例说明所谓的长期幻象（以及使之可能的语言策略），我想引用一个典型的科幻小说场景，它在很多小说中都有实例——最近被《回到未来》这部电影所借用。

假设有一个故事，里面的叙述人物（姑且称之为汤姆$_1$）进入了未来，在那里他以汤姆$_2$的身份到达，然后再穿越时间回来，以汤姆$_3$的身份回到现在，到达的时间比他先前离开的时间早十分钟。这时，汤姆$_3$可以见到正要离开的汤姆$_1$。这时，汤姆$_3$重新进入未来，以汤姆$_4$的身份比汤姆$_2$先前的到达时间晚几分钟到达，于是两人相遇。

如果我们把这个故事转化成一幅图（图 4.3），就会类似于彭罗斯的图形。我们不可能接受同一个人物分身为四个不同的汤姆。但是在叙述话语中这一矛盾消失了，原因在于一个很简单的语言把戏：那个说“我”的汤姆总是拥有较高的地位。当这个故事搬上银幕时——像文字故事那样按时间顺序组织起来——我们总是从“较高”的汤姆的角度看待整个情形。只有通过这种语言和电影的机巧，一个文本才能部分地掩盖其指涉状况的不可能性。

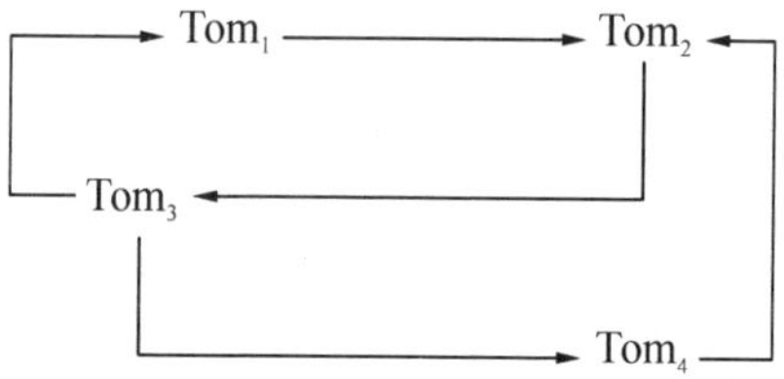

图 4.3

自我揭示式的元虚构揭示不可能的世界是如何不可能的。相反，科幻小说则建立一个不可能的世界，给人以可以想象的错觉。

4.7　合作的意愿

迄今为止，灵活性和浅层性似乎是建立令人难以置信的事态时所需要的合作品质。但是，鉴于上述所说，我们应该得出以下结论，逼真和令人信服的事态也总是要求一定的灵活性。

实际上，即使受邀去勾勒一个很小的世界，标准读者也从未获得完全令人满意的信息。甚至即使是受邀从我们现实世界的所谓经验中进行推断，这种经验也常常只不过是通过假设获得的。①

---

① 我的这种说法是受到范·弗拉森的启发，来自关于《读者的角色》的私下交流。

让我们开始读一部小说（我只是恰好选择了安·拉德克利夫的《奥多芙的神秘》（一七九四年）：

> 在加斯科涅的加龙河畔，坐落着圣奥伯特先生的城堡，时间是一五八四年。透过窗户望去可以看到吉耶纳和加斯科涅的田园景致，沿着河流绵延，掩映在郁郁葱葱的树林、藤蔓和橄榄园中。

十八世纪后期的读者是否足够地了解加斯科涅和吉耶纳，以及相关的景色，这是值得怀疑的。尽管如此，即使一个对两地一无所知的读者也能够从“河畔”这个词素中推知加龙是一条河。或许一个标准读者应该辨认出这是生长着葡萄藤蔓和橄榄树的典型南欧环境。但是不能确定一个生活在伦敦且从未离开过英国的读者能否想象出这片淡绿色和蓝色的景象，这无关紧要。拉德克利夫的标准读者受邀假装了解这一切。标准读者无论是过去还是现在都被邀请表现出一副熟悉法国山区的样子。也许他或她所勾勒的世界与安·拉德克利夫写作时脑中的世界大相径庭，但这也无关紧要。就故事的目的来说，每一种法国风景的刻板印象都行得通。

虚构世界是唯一一个刻板的指称理论有时还可以适用的世界。如果叙述者说有一个叫金银岛的地方，那么标准读者就被邀请相信有一个神秘的洗礼链，某人借此给某个岛屿起了这个名字。另外，读者被邀请把他或她渴望赋予任何南海岛屿的标准特性赋予这个岛屿。就叙事的目的而言，这就足够了。

我先前讲过，在一个叙述文本中艾玛·包法利只能通过 S 属性来定义，也就是说通过她是叙述者在小说的开始所提及的唯一一个角色的妻子这一事实来定义。但是这些S属性是很脆弱的。

让我们分析一下雨果《九三年》里的一个段落。朗特纳克侯爵派他的水手阿尔马洛去告诫所有旺代叛乱的追随者改弦更张。他给阿尔马洛传达了下列指示：

> "这儿的树林你熟悉吗?"
>
> "全都熟悉。"
>
> "整个地区的吗?"
>
> "从努瓦尔穆捷到拉瓦勒。"
>
> "你连树林的名字都知道吗?"
>
> "我熟悉这些树林，我知道它们的名字，一切我都知道。"
>
> ……
>
> "好好听清楚了。我的命令是：'起来反抗，绝不饶恕。'因此你上圣欧班树林边去打唿哨，一连三声。到了第三声，就会看见有个人从地下钻出来。"
>
> "是从树下的洞里，我知道。"
>
> "那个人就是普朗舍诺，大家把他叫作'国王的心'。你把这个花结给他看看，他就明白了。随后，你自己找路上的阿斯蒂耶树，在那儿你会见到一个瘸腿的家伙，诨名叫穆斯克通，他对哪个人都不怜悯。你对他说我爱他，要他把自己那边教区的民众发动起来。随后上离普洛埃梅勒一里路的库埃邦树林去。你学一声猫头鹰叫，有个人就会从洞里钻出来。他就是普洛埃梅勒的总管蒂奥先生，曾经是所谓制宪会议的

成员，不过属于好的一方。你叫他把库埃邦城堡武装起来。这座城堡属于逃亡在外的德·盖尔侯爵……随后你上圣旺德图瓦，把我的话告诉让·舒昂，这人是我心目当中真正的领袖。随后你再上维尔安格洛斯树林，在那儿你可以见到被人称作圣马丁的吉泰，你叫他注意一个叫作库梅尼尔的人，那人是老古皮·德·普雷弗的女婿……”①

这个名单持续了几页纸。显然，雨果对描述确定的地点和人物并不感兴趣，而只是想表明旺代叛乱网络的规模和复杂性。读者并不需要了解有关圣欧班树林这个地方或是普朗舍诺这个人生活的任何情况。否则一整部《拉鲁斯百科全书》的知识量也不够拿来理解雨果小说里发生的事。读者应该把所有的这些名字仅仅当作随意命名的刻板称呼。如果想用描述取代它们，只会用到诸如“法国北部的一个地方”或“一个叫朗特纳克的人”这样的表达。

标准读者不必弄清小说提及的每个地方和人物。只要他或她假装知道它们就足够了。标准读者不仅被要求表现出极大的灵活性和浅层性，也被要求表现出始终如一的合作意愿。

如果标准读者这样做了，他或她就会欣赏这个故事，否则将陷入无休无止的查证百科知识的劳动之中。也可能有这样一些读者想知道圣旺德图瓦有多少人居住，或者夏尔·包法利的祖父的名字叫什么。但是这些没事找事的读者成不了标准读者。他们渴望的是大世界，而虚构只能依靠把玩小世界生存下来。

---

① 译文引自叶尊译《九三年》，上海译文出版社，2007年。——译注

第五章　诠释系列产品*

5.1　引言

现代美学和现代艺术理论（我所说的“现代”是指那些和风格主义一起诞生、经历了浪漫主义的发展过程，再由二十世纪早期的先锋派发人深思地重述后的理论）常常把艺术价值认同为新奇和大量的信息。对已知模式的愉悦重复被认为是典型的工艺和工业，而非艺术。

一个好的工匠以及一家工厂生产很多个别符，或是让同一类型或模式的事物重复出现。人们喜欢这一类型，也喜欢个别符符合这一类型要求的方式。但是，现代美学并不把这种过程看作艺术性的。这就是为什么浪漫主义美学会小心翼翼地把“主要”艺术和“次要”艺术、艺术和工艺区分开来。可以跟科学进行类比：工艺和工业类同于把已知的规律应用到一个新情况上。艺术（这里我所指的艺术包括文学、诗歌、电影等）更贴近“科学革命”：每一个现代艺术作品都发现一种新的规律，施加一种新的范式和看待世界的新方式。

现代美学常常忘记从希腊到中世纪的经典艺术理论并不急于强调艺术和工艺的区别。同样的词汇（techne，ars）既用来指理发师或造船工的手艺，也用来指画家或诗人的作品。经典美学并不热衷于不惜任何代价的革新：相反，它把一个永恒类型的好的个别符看作“美的”。即使在现代敏感性欣赏的、由经典艺术家所作的“变革”的情形中，其同时代的人欣赏的往往也是作品中的对立面，即对先前模式的尊重。

这就是为什么现代美学在涉及大众传媒的工业化产品时会持批评态度。一首流行歌曲、一则电视广告、一幅幽默漫画、一部侦探小说和一部西部片都被看作给定模型或类型的个别符。正因如此，它们被判定为悦人耳目的，而非艺术的。另外，这种取悦和重复的泛滥，以及这种革新上的匮乏，被看作一种商业伎俩（因为产品要迎合观众的期望），而并非启人心智地提出一个（虽然难以接受但是）全新的世界视野。大众传媒的产品被等同于工业产品是因为它们是成系列生产出来的，这种“系列”产品被认为与艺术革新相去甚远。

5.2 重复的时代

我打算考察一下我们这个历史时期的情形。如今，复述和重复似乎称霸整个艺术创造的世界，在这里很难分得清是媒体的重复还是所谓主要艺术的重复。在这个时代，人们面对的是后现代美学，它以不同的姿态重新审视重复和复述的概念。最近在意大利，在“系列性的新美学”的标题下，这样的争论正进行得热火朝天（参见 Costa，1983；Russo，1984；Casetti，1984；Calabrese，1987）。我建议读者把这种情形中的“系列性”看作一个宽泛的范

＊ 本章的另一个版本出版时题为“革新与重复：在现代美学和后现代美学之间”，1985 年。

畴，或者如果愿意的话，也可以把它看作重复艺术的代名词。

系列性和重复性是极其宽泛的概念。哲学和艺术让我们熟知了这些词汇在技术层面上的意义，而这些意义最好是去掉。我将不会用克尔恺郭尔的含义来谈论重复，也不会用德勒兹的含义谈论差异性重复。在当代音乐历史中，系列和系列性被理解的意思或多或少地同我们在这里所讨论的相左。十二音序列与作为大众传媒典型特征的重复系列性恰恰相反，因为在一部作品中给定的十二音序列只用一次。

如果你翻开一本现行词典，就会发现“重复”（repeat）的意思是“再次或一遍又一遍地说某事或做某事；对同一个词语、行为或思想的反复”。“系列”（series）的意思是“同样或相似的事物的持续不断”。这里所涉及的是建立“再次”或“同样或相似的事物”意味着什么的问题。

系列化在某种程度上意味着重复。因此，我们必须定义“重复”的第一个含义，也就是对同一抽象类型进行复制。两张打印纸都是同一种商业类型的复制品。在这层意义上讲，当一个事物与另一个事物显示出同样的属性时，二者就是相同的，至少在一定的描述中是这样：从功能需要这个角度上讲，两张打印纸是相同的，尽管有可能在对分子结构感兴趣的物理学家眼里是不同的。从工业批量生产的角度看，两个个别符可以被看作是同一类型的复制品。这时，对于一般的人的一般要求来说，如果没有明显的瑕疵，选择其中哪一张都无关紧要。一部电影的两个拷贝或一本书的两个版本都是对同一类型的复制（参见第十二章）。而我们在这里感兴趣的重复性和系列性指的是那些乍看上去并不与其他东西相同（或等同）的事物。

现在我们把目光转向大众传媒的世界，考察以下情况：某件东西声称具有原创性和独特性（根据现代美学的要求），但我们意识到这个东西是在重复我们已知的其他东西，尽管如此——甚或，正是因为如此——我们喜欢（并且买下）它。

5.2.1 续作

第一种类型的重复是续作。在这种情况中人们让先前成功的故事中的人物再次登场，目的是为了利用他们，讲述在第一次历险结束之后他们身上又发生了什么。最为著名的续作例子是大仲马的《二十年后》；最近的例子则是《星球大战》和《超人》续集。续作取决于商业决定。

5.2.2 重作

重作是重新讲述先前取得成功的故事。看看有无数个版本的《化身博士》和《叛舰喋血记》就知道了。

5.2.3 系列

系列作品依靠一个特定的情景和一定数量的特定轴心人物展开。次要的和变换的人物围绕这些轴心人物活动。配角必须让人产生新的故事不同于先前故事的感觉，而实际上叙事框架并没有改变，可参见我对斯托特的侦探小说系列和《超人》故事系列性的分析（Eco，1979）。

诸如《全家福》和《神探可伦坡》这样的电视连续剧也属于同一种类型（从肥皂剧到情景喜剧再到侦探系列剧，不同的电视剧类型有相同的特点）。对于系列产品，人们认为自己喜欢的是故事（其实总是一样的）的新鲜感，而实际上人们之所以喜欢它恰恰是因为持续不变的叙事框架一再重复。从这层意义上讲，系列作品迎合了总是想听同一个故事的婴儿般的需求，他们需要“同一个东西回来”安慰他们，事实上它只是从表面上乔装打扮了一番罢了。

系列产品能够安慰我们（消费者）的原因是它能够奖励我们的预知能力：我们高兴，是因为我们发现自己有猜到将要发生何事的能力。我们因为再次发现了我们所期望的东西而感到心满意足。我们并没有把这种愉快的结果归因于叙事结构的昭然若揭，而是归因于自己拥有的所谓的预测能力。我们不会去想“作者用一种我们能够预见结局的方式建构故事”，而是认为“尽管作者费尽心思蒙骗我们，我们也有足够的聪明才智猜到结尾”。

我们可以在闪回的结构中找到系列作品的变奏，例如我们会在一些漫画故事（比如《超人》）中发现人物的生命并不是直线发展的，而是不断在其生命的不同时刻被重新发现，总是被痴迷地重新审视，以便为新的叙事找到新的机会。好像他生活中的这些时刻是因为心不在焉而逃离了叙事者，但是它们被一再重新发现并不改变人物的心理特征，后者早已被一劳永逸地固定下来。用拓扑学术语讲，系列的子类型可以被定义为一个回路。

一般来讲回路系列是出于商业目的被设计的：事关如何保持系列的活力，以及避免人物自然衰老的问题。不是让人物进行新的历险（这意味着他们会不可避免地走向死亡），而是让他们不断重温自己的过去。这种回路解决方式所产生的悖论早已成了无数戏仿的靶子。人物的未来是狭小的，而过去则是无限的。无论在什么情况下，他们的过去中都没有任何东西能改变从一开始就把他们呈现在读者面前的神话般的现在。哪怕活十次都不够经历小孤儿安妮在她人生头十年（也是唯一一个十年）所经历的一切。

螺旋是系列的另一种变奏。在查理·布朗的故事中，显然什么都没有发生；每一个人物都在不厌其烦地重复着他或她的标准行为。尽管如此，在每一幅漫画中，查理·布朗和史努比的性格都得到了丰富和加深。但这种情形既没有发生在尼罗·沃尔夫身上，也没有发生在斯塔斯基和哈奇身上：我们仍然对他们的新历险感兴趣，但是关于他们的心理、习惯、能力和道德立场，我们早已知道了需要知道的一切。

最后，我想补充的是，在电影和电视中，系列性形式与其说是由叙事结构激发的还不如说是由演员本身的特性所激发的：约翰·韦恩或杰里·刘易斯（即便不是由名导演导戏）总是能够在某一类型的电影中成功。作者试图创作不同的故事，但是公众永远（很满意地）认可乔装打扮过的同一个故事。

5.2.4 传奇故事

传奇故事就其所涉及的家族故事和对于“历史”时间的流逝的兴趣来说不同于系列。它具有系谱性。在传奇中，演员确确实实会变老；传奇是关于个人、家族、民族和群体变老的历史。传奇可以有一条连贯的脉络（人物从出生到死亡发展下去；他的儿子、孙子等也一样，无穷无尽）。或者说它是树状的（有一个家长，然后各个叙事分支不仅关涉其直系后代，还关系到旁系与亲属，所有这一切都无限地旁逸斜出）。最为人所熟知（也是最近）的一个传奇的例子就是《达拉斯》。

传奇是伪装起来的系列。它与系列的不同之处在于人物有变化（他们变化也是因为演员在变老）。但实际上，传奇尽管具有历史化的形式，并且在表面上赞颂时间的流逝，但还是在重复同一个故事。正如古代传奇那样，勇敢的祖先的事迹与他们后代的事迹别无二致。在《达拉斯》中，祖辈和孙辈所经历的都是大致相同的磨难：为财富和权力而争斗，从而经历生与死、成与败、背叛与爱情、仇恨与嫉妒、幻想与幻灭。

5.2.5 互文性对话

我所谓的互文性对话指的是一个给定文本对先前的文本有所回应。很多形式的互文性被排除在目前的关切之外。例如，我不会对文体引用感兴趣：一个文本用一种相对明显的方式引用一种文体特征，或者另一位作者的典型叙事方式——这要么是戏仿，要么是向一位公认的大师致敬。还存在着不易觉察的引用，连其作者本人也难以意识到，这是艺术影响作用的正常效果。还存在着作者本人能够意识到但消费者难以捉摸的引用。在这些情形中我们通常面对的是乏味的剽窃。

更令人兴趣盎然的是，当引用很明显，并且一眼就能辨识的时候，正如在后现代文学和艺术中那样，是对互文性（如关于叙事技巧的小说、关于诗歌和关于艺术的艺术）公然的具有讽刺性的戏玩。这一手段是后现代叙事的典型特征，并且近来在大众传播领域被广泛地使用：它涉及对文学传统主题（陈词滥调）的反讽式引用。这使我们想起《夺宝奇兵》中阿拉伯巨人的被杀和伍迪·艾伦的《香蕉》中奥德塞的楼梯。是什么把这两个引用联系在一起呢？在以上两个例子中，观众为了从典故中得到乐趣必须知道原型主题。关于巨人，它是这个题材的典型情景。关于《香蕉》，相反，传统主题第一次也是唯一一次出现在一部作品中，在这次引用之后这一传统主题才成了影评人和电影观众之间的暗号。

在这两种情形中，传统主题由观众的百科全书记录下来，从而成了集体想象宝库中的一部分，也以这种身份成了被召唤的对象。区别这两个引用的是这样一个事实：《夺宝奇兵》引用传统主题是为了反驳它（我们在同样的情形中所期望的桥段不会发生），而在《香蕉》中传统主题被引用是因为它的不协调性（楼梯与故事的其他部分没有任何关系）。

第一种情形使人想起数年前《疯狂杂志》上连载的漫画（《一部我们想看的电影》）。例如，在西部片中，女主角被匪徒绑在铁轨上：一边是疾驶而来的火车，另一边救援的马队试图赶在火车前救人，这两种镜头相互切换。最后，这个女孩（正好与传统主题所引发的期待截然相反）被火车碾了过去。在这里，我们面对的是一种喜剧手法，它利用了这样一个（正确的）假定：公众能够识别出那个原始主题，把正常的期待系统应用到这个引用之上（我指的是这则百科信息应该引发的期待），于是就会为期待被打破的方式而叫绝。值此，天真的观众起先感到失望，而失望过后就会把自己转变成批评性观众，欣赏起自己受到欺骗的方式（有关这两种标准读者，参见第三章）。

在《香蕉》的例子中，我们处在一个不同的层次上：与文本暗中达成（半开玩笑的）默契的观众不是一个天真的观众（后者顶多只会因不协调的事件而吃惊），而是一位欣赏反讽的引用手法和如他所愿的不协调性的批评性观众。但是，在这两种情形中，都存在批评性的副作用：当观众意识到这一引用后就被引导去反讽性地解析这种手法的特性，并且认可受邀玩弄自己百科能力的事实。

这种游戏在《夺宝奇兵》的“续作”——《夺宝奇兵之魔宫传奇》——中变得复杂起来。在这里，主人公遇到的不是一个而是两个巨人敌人。在第一部中，我们根据历险电影的经典范式的期待是男主人公手无寸铁，因而当我们发现主人公有手枪并且轻易地杀死了对手时就会发笑。在第二部中，导演知道观众（他们已经看过前一部电影）会猜到主人公有枪，印地安纳·琼斯也确实赶忙找枪。但他没有找到，观众就笑了起来，因为由上一部电影制造的期待这一次落空了。

上述例子让互文性的百科全书运作起来。我们拥有从其他文本中引用而来的文本，并且对旧文本的了解被——想当然地——看作欣赏新文本之必需。用来分析媒体中的新互文性的一个更加有趣的例子是《E.T. 外星人》。其中有一个场景是从外太空来的生物（斯皮尔伯格的杜撰物）在万圣节当天被带到一座城市，并且遇见了另一个角色，后者化装成《帝国反击战》中的尤达（卢卡斯的杜撰物）。外星人有些慌乱，接着就扑上去拥抱他，好像是遇见了老朋友。在这里，观众必须了解很多东西：他们当然必须知道另一部电影的存在（互文知识），但是他们还必须知道这两个怪物是卡罗·兰巴尔迪创造的，以及这两部电影的导演因种种原因被联系在一起（不仅仅是因为他们是那个时代最为成功的导演）；他们需要的知识，简单地说，不仅仅关于这两个文本，还涉及这个世界和外在于文本的环境。人们会自然而然地注意到，关于文本和世界的知识只不过是可能的百科知识的两个章节，因此，在某种程度上讲，文本总是提及相同的文化遗产。

这种“互文性对话”曾经是实验艺术的典型特征，并且预设了一个非常复杂的标准读者。相似的手段如今在传媒世界变得越来越普遍这一事实，让我们看到传媒正在继续早已由其他媒介所传达的信息，并且以此为其先决条件。《E. T. 外星人》这个文本“知道”公众从报纸或电视上获知了关于兰巴尔迪、卢卡斯和斯皮尔伯格的一切。在这场文本外引用的游戏中，媒体提及的似乎是世界，但事实上只是由其他媒体发送的其他信息的内容。也可以这样说，这一游戏是在“扩张”的互文性上进行的。关于世界的知识（被天真地理解为是从文本外经验中获得的）和互文性知识之间的差别已消失殆尽。我们接下来必须思考和质疑的不仅仅是单独一部作品或系列作品中的重复现象，而且是使得各式各样的重复策略能够生成、可以被理解并在商业上成为可能的所有现象。换句话说，媒体中的重复和系列性为文化社会学带来了新的问题。

另一种互文性形式是一种嵌入式体裁，如今在大众传媒中非常普遍。例如，每一部百老汇音乐剧（不论是舞台剧还是电影）无一例外都是关于一部百老汇音乐剧如何上演的故事。这种百老汇体裁好像要求（或假定）一种广博的互文性知识：实际上，它创造并且决定了对理解至关重要的必要能力和不可或缺的前提。每一部这种类型的电影或剧目都会告诉我们百老汇音乐剧是如何上演的，实际上也就为我们配备了其所属体裁的所有信息。盛大的演出给公众一个错觉，仿佛已经提前知道了此前尚不知道、在此刻才会知道的东西。我们面对的是巨大的省略（或“忽略不计”）。在这层意义上讲，音乐剧是具有教化功能的作品，所注重的是关于其自身生产的理想化的规则。

最后，我们还有言及自身的作品：不是所谓的言及其所属体裁的作品，而是言及其自身结构和制作方式的作品。批评家和美学家倾向于认为这种手法是专属于先锋派作品的特征，而与大众传播不相干。美学家们知道这个问题，并且很早以前就给它取了个名字：它是黑格尔的“艺术之死”。但是近些年来，在大众传媒中出现了能够自我讽刺的作品，上述几个例子在我看来非常有趣。在这里，甚至“雅”艺术和“俗”艺术之间的界限也不甚明了。

5.3　一种适度的或“现代”的美学解决方法

让我们用“现代”审美价值观念审视以上所列的现象。根据这一价值观，从美学意义上讲“完成得好”的每一部作品都被赋予了两个特点：

> 它必须在秩序和新奇之间，换句话说，也就是在范式与创新之间达成一种辩证关系。
>
> 这种辩证关系必须由消费者来理解，而消费者本人不仅要领会信息的内容还要领会信息传递这些内容的方式。

这样一来，就没有什么会妨碍上述所列的重复类型获得实现审美价值所需要的条件，而艺术史随时准备为我们分类中的每一种类型提供令人满意的现成例子。

5.3.1　续作

严格地讲，续作不能被贬斥为重复现象。一个著名的续作的例子就是亚瑟王系列中的许多不同故事，一遍又一遍地讲述着兰斯洛特和帕西瓦尔的生动事迹。阿里奥斯托的《疯狂的奥兰多》只不过是博亚尔多的《热恋的奥兰多》的续写，它之所以产生恰恰是因为前作的成功，而这个前作又是对《罗兰之歌》主题的续写。博亚尔多和阿里奥斯托在“严肃”的并且被先前的读者“严肃地看待”的素材中加入了大量的讽刺。但即使是《超人》第三部与其第一部（神秘且非常严肃）相比也是相当具有讽刺性。它看起来像是对灵感来自福音书的一个原型的续作，看了弗兰克·塔许林的电影后制作的。

5.3.2　重作

艺术和文学的历史中充满了伪重作，每一次都能够讲述不同的东西。莎士比亚的所有作品都是对以前的故事的重作。因此，“有趣”的重作都可以逃脱重复的名声。

5.3.3　系列

我们要再一次提醒自己记住每一个文本总会设定和建构双重的标准读者——天真的读者和机敏的读者，语义的读者和符号或批评的读者。前一种把作品看作语义机器，他将由作者一点一滴地引领着沿着一系列前瞻和期待走下去，是其策略的牺牲品。后者则把作品视为一个美学产品，欣赏其旨在建立第一级标准读者所施展的策略。第二级读者所欣赏的是系列的系列性，并不是同样（而在天真的读者眼里却是不同的）东西的再现，而是变奏的策略。换言之，第二级读者所欣赏的是同样一个故事被加工成貌似不同样子的方式。

对变奏的欣赏显然是由更为复杂的系列作品激发起来的。确实，我们可以参照一个连续体对系列叙事进行分类，而这个连续体所考虑的是在文本读者和机敏读者（相对于天真读者）之间达成的阅读默契程度的不同分级。显而易见的是，即使是最为乏味的叙事产品也允许读者自主决定成为一名批评性的读者，识别其中的创新策略（如果有的话）。但是有些系列作品与批评性的读者建立了明确的默契关系，也就是说，刺激他去承认文本的革新成分。

电视电影《神探可伦坡》就属于这一类型。值得注意的是，在这个系列剧中，创作者们一开始就清楚地说出了杀人凶手是谁。观众没有被邀请参与幼稚的猜谜游戏（凶手是谁），而是被邀请去欣赏可伦坡的探案手法，这些手法被如醉如痴地当作一段著名的华美乐章的重奏来欣赏；去发现作者如何成功地赢回他的赌注，其中包括让可伦坡做他总是在做的事情，但并不是以乏味无趣的方式去重复。《神探可伦坡》每一集的导演都不同。批评性的受众被邀请去对最好的“变奏”做出评判。

我用“变奏”一词时想到了经典的音乐变奏。它们也是“系列产品”，但并不是针对天真的受众，而是把一切赌注押在与批评性听众的默契上。作曲家基本上只对批评性听众的掌声感兴趣，他们应该去欣赏由对老的主题进行革新后所展现的梦幻效果。

在这种意义上，系列性和重复并不与革新相左。没有什么东西比“领带的图案”更具有“系列性”了，但是也没有什么能比领带更个人化了。这个例子可能很简单，但这并不使它乏味。在领带的简单美学和《戈德堡变奏曲》公认的“高雅”艺术价值之间存在着一个重复策略的分级连续体，目的是“机敏”受众的反应。

问题在于，一方面没有“高雅”艺术（原创的而不是系列）

的美学，另一方面，也没有关于系列的纯粹社会学。不过，存在着一种关于系列形式的美学。它要求对于在不同时间和地点，重复和革新的辩证关系以何种方式得以具体化做出历史学和人类学的研究。如果我们不能发现系列作品中的革新，不太可能会是文本结构造成的，而更有可能是由我们的“期待视野”以及我们的文化习惯造成的。我们有着一个深切的体会，那就是在一些非西方艺术的例子中，在我们视作同一事物的地方，当地人总能发现细微的差异，对革新感到震颤。而在我们看到革新的地方，至少在西方过去的系列形式中，受众却一点也不感兴趣，反而会欣赏一再重复的范式。

5.3.4 传奇故事

巴尔扎克的整部《人间喜剧》给我们提供了一个树形传奇的绝佳例子，正如《达拉斯》一样。巴尔扎克比《达拉斯》更令人感兴趣，因为他的每一部小说都会帮助我们积累有关他那个时代的知识，而《达拉斯》的每一集向我们讲述的都是关于美国社会的同样的东西。但两者用的是同样的叙事范式。

5.3.5 互文性

互文性观念本身已经在关于“高雅”艺术的思考框架中得到阐发。尽管如此，上面所述的例子被大众传播世界挑衅性地用以表明，这些互文对话形式是如何被移植到大众生产领域的。这是所谓后现代文学和艺术的典型特征（但是在斯特拉文斯基的音乐中不是早就发生过同样的事吗），用引号引用（有时是在各种文体的乔装打扮之下）以便读者不会注意引述的内容，而是注意第一个文本的段落是如何被引入到第二个文本的结构中去的。雷纳托·巴里利（Barilli，1984）论述说，这种手段的风险之一就是未能让引号足够明显，于是所引述的内容就会被天真的读者当作原创，而不是反讽性的指涉。

迄今为止我们已经列举了引述传统主题的三个例子：《夺宝奇兵》《香蕉》和《E.T. 外星人》。让我们仔细看看第三种情形：不知道这两部电影（其中一部引用另外一部）制作情况的观众就不会明白发生的事情为什么会这样发生。通过这种噱头，这部电影把焦点同时对准电影和媒体领域。对这个手法的了解是审美欣赏的先决条件。所以，只有当人们意识到某个地方有引号的时候，引用才真正起作用。可以说这些引号只有依靠文本外的知识才能被理解。而在电影中，没有什么可以帮助观众了解在哪个地方会有引号。这部电影在观众身上预设了一种早已储备好的知识。但要是观众不知道呢？那么就会丧失效果，但是电影懂得用其他方法来获得认可。

这些无法辨知的引号与其说是美学手法还不如说是社会伎俩。它们选择的是为数不多的幸运的人（而大众媒体通常希望生产出数以百万计的幸运的人）。对于那些天真的第一级观众来说，这部电影已经输出了许多内容，与此同时秘密的悦人之处却留给了批评性的第二级观众。

《夺宝奇兵》的情形则有所不同。即便批评性的观众没有成功（即没有辨识出其中的引用），仍有足够多的可能性留给天真的观众，他们至少会享受主人公战胜敌人这个事实。在这里，我们所遇到的策略就不如前面那个例子微妙。这里采取的模式倾向于满足制作者的急切需要，因为不管怎样，他都必须将产品出售给能出售的任何人。尽管很难想象《夺宝奇兵》会被那些不了解引用的相互作用的观众观赏到其中的妙处，但这种情况是有可能发生的，并且这部作品很显然是向这种可能性敞开的。

我并不想断言上述两个文本中的哪一个以“更具高贵美学品质”为追求。指出在文本策略的功能和作用中与批评相关的差异性对我来说就足够了（或许我已经想得太多）。

我们现在来看看《香蕉》的情形。从那个楼梯上滑下来的不仅仅是一辆婴儿车，还有一对犹太教拉比，以及其他什么我不记得的东西。如果观众没能领会对《屋顶上的小提琴手》的不准确的幻想以及对《战舰波将金号》的引用，会发生什么呢？我相信，由于这个场景（各种人员混杂的楼梯）是用一种狂欢的能量展现出来的，即使是最天真的观众也会理解这种类似勃鲁盖尔笔下集市的交响乐式的嘈杂。甚至最无知的观众也会“感觉”到有一种节奏、一种创新，禁不住将注意力集中在它的组合方式上。

在审美情趣标杆的另一端，我想提及一部作品。我还没有在当代大众媒体中找到它的对应物。它不仅是互文性的杰作，而且是叙事元语言的绝佳例子。它论及的是其自身的形成和叙事体裁的规则。我所说的就是《项狄传》。

如果意识不到斯特恩的这部反小说是以反讽的方式探讨小说形式，就不可能阅读和欣赏它。《项狄传》对自己的本质有着强烈的意识，因而其中不可能找到一处没有明显引号的讽刺性陈述。它把被称作 *pronuntiatio* 的修辞手法（即在不知不觉中强调反讽）带到了很高的艺术境地。

我相信，我已经挑选出在某种程度上与美学价值的现象学和从中获得的欣悦感有关的“引号”的类型。我进一步相信，用重复把惊喜和新奇结合在一起的策略，即使是符号手法，并且本身在美学上是中立的，也能够在美学层面给予各种结果以相应的地位。

我们所考察的每一种重复类型并不是局限于大众媒体，而是按理来讲属于整个艺术创造的历史。剽窃、引用、戏仿和反讽性的续作都是整个艺术和文学传统的典型特征。

很多艺术过去和现在都是重复性的。绝对原创是现代的概念，是同浪漫主义一起诞生的。古典艺术多半是系列性的，而“现代”的先锋派（出现在本世纪初）向浪漫主义的“从无中创造”的观念提出了挑战，所用的手段是拼贴、在《蒙娜丽莎》脸上画胡子，就艺术论艺术等等。

同样类型的重复手段既可以生产出佳品也可以生产出庸作。它可以把接受者置于同他们自己和作为整体的互文传统的冲突之中。它可以轻松地向他们提供慰藉、投射和认同。它可以仅仅同天真的接受者，抑或是仅仅同机敏的接受者，抑或是在这两个层次上面，参照一个不能还原为基本类型学的解决方法的连续体，达成一种默契。

不论怎样，重复的类型学不能提供一套建立美学价值差异的标准。然而，既然各种类型的重复出现在整个艺术和文学的历史之中，便可以研究它们以便建立艺术的价值标准。重复美学需要关于文本重复手法的符号学作为其立论前提。

5.4　一种激进的或“后现代”的美学解决方法

我意识到，迄今我所说的一切仍然代表着一种尝试，那就是用秩序和革新的“现代”辩证法来重新考虑媒体中各种形式的重复。但是事实上，今天当有人谈到系列性美学时，他所指的就是一种更为激进的东西，也就是一种完全摆脱了艺术和文学的“现代”观念的美学价值观（参见 Costa，1983；Calabrese，1987）。

借助电视剧的现象，我们发现了一种新的“文本无限性”概念，这已经被论述过。这种文本呈现出日常性节奏，它在这种日常性中生产出来的，同时反应这种日常性。问题不在于认识到这种系列性文本是在一个基本的范式基础上进行无限地变奏（在这层意义上，它可以从“现代”美学的角度被审视）。真正的问题是，我们感兴趣的与其说是单一的变奏还不如说是作为形式原则的“变奏性”，即人们能够进行无限变奏这一事实。无限变奏性具有重复的所有特点，而不具有革新的特点。但正是这个过程的“无限性”赋予变奏这一手段以新的意义。必须欣赏的——后现代主义美学认为——是这一事实：一系列的可能变奏在潜在意义上讲是无限的。在这里，变得值得庆祝的是某种生活对艺术的胜利，其矛盾的结果是，这个数字时代不再强调震惊、中断、新奇和期待受挫的现象，而是回归到循环性、阶段性和常规性的连续体。

卡拉布雷斯（Calabrese，1983）对此作过全面的研究：从重复与革新的“现代”辩证法的角度，人们可以很容易地认识到，美国电视剧的很多名片——如《神探可伦坡》系列——是如何在一个基本的范式之上进行变奏的。因此，在这种情形中很难谈论纯粹意义上的重复：即便侦探过程的范式和男主人公的心理保持不变，叙事风格每次也都是不同的。这可并非无关紧要，尤其从“现代”美学的角度上讲。但卡拉布雷斯的论文正是以一个不同的风格观念为中心展开论述的。在这些形式的重复之中，“我们与其说对重复的内容感兴趣，还不如说对文本的组成部分如何被分割，以及这些组成部分如何被编码以建立一个恒定不变的系统更感兴趣：任何不属于这一系统的组成部分都可以被定义为自变量”。在最为典型的、显然是“降格”的系列性情形中，自变量并不都是更加明显，而是更加微小，就像在顺势疗法的药液中，由于经过进一步的“摇晃”，原来药品的微粒几乎都消失了，而药剂的疗效却更加强劲了。

这就是允许卡拉布雷斯把《神探可伦坡》系列剧说成是由格诺进行的“风格练习”的原因。我们面对的是一种“新巴洛克美学”，它不仅拥有“高雅”的产品作为其例证，至关重要的是，还拥有那些最为“堕落”的产品作为其例证。拿《达拉斯》来说，人们会讲，“语义对立和基本叙事结构的衔接会以各种最极端的不可能性的组合围绕各种人物游移”。

组织化的差异性、多中心主义、规则的不规则性——这些将会是这种新巴洛克美学的基本要素，其典型例子就是巴洛克音乐变奏。因为在大众传播时代“听的条件……是这样的，因为一切早已说过并且早已写过……就像在日本歌舞伎剧场中，它有可能是最为细小的变奏，能够在文本中产生愉悦，或是早已为人所知的明显的重复形式”。在我看来这些话用到像凡·艾克《笛子的乐园》（十七世纪前半叶）这样典型的巴洛克作品上再合适不过了。每一首作品的基本旋律都来自颂歌、民间舞蹈或是民歌，当代的听众对它们耳熟能详。三个或三个以上的变奏中每一个都袭用固定的模式。愉悦感既是由不同旋律的同一模式的重复给予的，也是由演奏者想通过次断音、非连奏和断音等方式诠释再创作的可能性的技巧给予的。

这些思考的结果是清晰的。理论探索的焦点被转移了。从前，大众传媒学家试图通过承认重复之中范式和革新之间传统辩证关系的可能性来拯救重复的高贵地位（但还是由革新决定着价值，使产品免于降格）。而现在，重点必须放在范式-变奏密不可分的扣结之上，在这里变奏不再比范式更为人所崇尚。

就像格里涅菲尼（Grignaffini，1983）所论说的那样，“新巴洛克美学已经把商业限制转化成‘形式原则’”，结果是“统一性观念从根本上遭受破坏”。正如发生在巴洛克音乐上的那样，也正如（如瓦尔特·本雅明所说）在我们这个“技术再生产”时代所发生的那样，大众媒体的信息能够也必须在“注意力分散的状态”中被接收和理解。

不用说，我引用的作者们对讲述这些故事有多少商业和“烹饪”上的安慰作用看得很清楚——这些故事总是说着同一件事，并且以一种循环的方式接近它们自己。但是他们并不仅仅把一种严格的形式标准运用在这些产品之上。他们还建议我们构想出一种新的受众，对这一标准完全感到舒适。只有通过预设这种共识，人们才能谈论关于系列的新美学。只有借助这种共识，系列才不是艺术的穷亲戚，而是能够满足这种新的美学感知力的艺术形式，也就是后现代希腊悲剧。

我们不会因为（就像已经发生的那样）把这些标准应用到抽象艺术上而感到反感。而实际上，在这里我们要做的就是勾勒出被应用到大众传播产品上的一种新的“抽象”美学。但是这要求第一级的天真读者消失，把位子让给那些第二级的批评性读者。实际上，我们无法构想出抽象绘画或雕塑的天真观赏者。如果有人面对这样的作品问“它是什么意思？”，那么他既不是第一级也不是第二级的接受者，他被排除在任何一种艺术经验之外。对于抽象作品来说只有一种批评性“阅读”：所形成的东西并不令人感兴趣，令人感兴趣的只有它形成的方式。

我们能否对电视连续剧怀抱同样的期待呢？我们应该怎样看待对所讲的（其实在任何情况下都是已知的）故事很淡漠、而只对重复及其细微的变奏喜爱有加的新的大众的诞生？纵然今天的观众仍然会为得克萨斯州的诸多家庭苦难哭泣，我们是否该期待在不久的将来会出现真实的和真切的基因变种呢？

如果不是这样，后现代美学的激进建议剩下的只会是哗众取宠：就像在一个新奥威尔世界中，机敏阅读所获得的快感只会留给这个世界中的党员；而天真阅读的快感则留给了无产者。系列世界的整个工业就像马拉美的世界（在书的末尾倾覆的世界）那样，唯一的目标是把新巴洛克式的快感提供给少数的幸运儿，而把惋惜和恐惧留给剩下不快乐的大多数。

5.5　披着结论外衣的问题

根据这个假设，我们应该想象一个新消费者的世界，他们对发生在 J. R. 身上的事不感兴趣，而是一心想要抓住他的历险所提供的新巴洛克式的快乐。然而，还是有人会问这种观点（尽管证实了一种新的美学需要）会不会得到旧符号学的认可。

巴洛克音乐以及抽象艺术是“非语义性”的。人们可以讨论是否有可能如此直接地区别纯粹的“句法”艺术和“语义”艺术，而我正是第一个这样做的人。但是我们可不可以至少先承认存在着具象艺术和抽象艺术呢？巴洛克音乐和抽象绘画不是具象的，而电视连续剧是。

直到何时我们才能把利用“相似性”的变奏仅仅当作音乐来欣赏？人们能够从对这些“相似性”所勾勒的可能世界的迷恋中逃脱出来吗？

或许我们应该尝试一个不同的假设。那么我们就可以说新巴洛克式的系列把纯粹和简单的神话带给了它的（不能被消除的）第一级接受者。神话与艺术无关。它是一个故事，永远不变。也许不是阿特柔斯的故事，而是J. R. 的故事。为什么不呢？每个时代都有它的神话创造者，都有它自己的神圣感。让我们权且把这种“具象”的再现和对神话“狂欢”式的享受视为理所当然。让我们把激烈的情感投入，在对单一永恒的真相的重复中所获得的欢乐、眼泪和笑声，以及最后的宣泄视为理所当然。接着，我们设想观众也能够转移到美学层面对一个神话主题的变奏进行评判，就像成功地欣赏一场“美丽的葬礼”，即使逝者是他亲爱的人。

我们能确信同样的事情不会发生在古典悲剧上吗？如果我们把亚里士多德的《诗学》重读一遍就会发现，把希腊悲剧的范型描述成具有系列性的不无可能。从斯塔吉拉人（亚里士多德的别称）的引述中我们意识到他所了解的悲剧数量远远超过流传至今的悲剧数量，并且都（通过多多少少的变奏）袭用一个固定的模式。我们可以认为，保留下来的那些悲剧更加符合古代美学感知力的经典模式。但是我们也可以认为，一些悲剧的消亡是基于政治-文化标准而发生的，没有人能阻止我们想象索福克勒斯是通过要弄政治手腕、牺牲更好（然而所谓的“更好”是按照什么标准呢？）的作者的方式保留下来的。

如果存在着比我们所知道更多的悲剧，并且它们都（有所变奏地）袭用一种模式，那么，要是我们今天能够见到它们并且把它们放在一起阅读的话将会怎样呢？我们对索福克勒斯和埃斯库罗斯的原创性的评价会不会与现在有所不同？我们会不会在这些作者中发现对关键主题的变奏，而我们正是通过这些主题在今天隐约地找到了独特（而又崇高）的面对人类生存境遇问题的方式？或许在我们看来完全是创造的地方在希腊人看来只是对一个范式的“恰当”变奏。崇高对于他们来说似乎不是一部单独的作品而是范式本身。亚里士多德不是出于巧合才把范式放在研究的首位，也并非出于巧合举某部作品作为例子。

至此，我进入了皮尔士所谓的“思考的游戏”，同时我也是在催化这些假设，以便——或许是在以后——能够找到一个富有成果的观念。现在让我们掉转实验的方向，从未来新浪漫主义美学角度审视当代的电视连续剧。据说，这种美学重新开始接受“原创是美”这一观念。让我们设想在公元三〇〇〇年，我们如今文化产品中的百分之九十都被毁坏了，在我们所有的电视连续剧中只有《神探可伦坡》的一集被保留下来。

那么我们如何去“解读”这部作品呢？我们会不会被这样的原创图景所感动：一个弱小的人在与恶势力作斗争，在与资本的力量作斗争，在与由特权白人阶层主导的富足而又充满种族主义的社会作斗争？我们会不会欣赏对工业化美国的城市景观高效、简约和酣畅的描绘呢？当了解整个系列作品的观众预先假设了某个单元中的某个东西，我们谈论的会不会是通过必要的暗示来表达的崇高能力的综合艺术呢？

换言之，如果我们对整个系列一无所知，又该去如何解读这个系列中的某一部分呢？

第六章　诠释戏剧

据博尔赫斯所说，伊本·路世德——其更为人所知的名字是阿威罗伊——大约在八或九个世纪之前就已经开始思考关于亚里士多德《诗学》的一个难题。你们大概也知道，阿威罗伊是亚里士多德专家，主要研究的是《诗学》。实际上，西方文明早已遗失了这部作品，只能通过阿拉伯的哲学家重新发现它。阿威罗伊对戏剧一无所知。由于穆斯林禁止表演，他从未看过一出戏剧表演。至少博尔赫斯在他的短篇小说《阿威罗伊的探索》中想象这位哲学家对他在亚里士多德的著作中发现的两个难以理解的词百思不得其解，那就是“悲剧”和“喜剧”。这是一个有趣的问题，因为亚里士多德的《诗学》就是对这两个单词的复杂定义，或者说至少是对其中之一的复杂定义。

博尔赫斯的小说很长，充满着神思妙想。让我引用其中的两个情节。在第一个情节中，阿威罗伊被从楼下传来的嘈杂声惊扰。一群男孩在天井里玩耍。其中有一个说：“我是穆安津[①]。”接着他爬到另一个人的肩膀上。后者就装成清真寺的尖塔。其他人则扮演信徒。阿威罗伊只是看了一眼这个场景，就回来继续读他的书，费尽心思去理解“喜剧”究竟是什么玩意儿。

在第二个情节中，阿威罗伊和《古兰经》专家法拉赫正与一个名叫阿尔布卡西姆的商人交谈。这个商人刚刚从遥远的国度归来。阿尔布卡西姆讲述了一个他在新卡兰（即广州）所见到的奇特故事：一座木头房子里有一个大客厅，里面到处都是楼座和椅子，挤在其中的人群全朝一个平台看去；在这个平台上有一二十个人，戴着绘制而成的面具，有的骑在马上，但是没有马，有的在挥剑，但是手里没有剑，有的快要死去，但是并非真正的死亡。他们不是在发疯，阿尔布卡西姆解释，他们是在“呈现”或是“表演”一个故事。阿威罗伊不明白，阿尔布卡西姆试图解释。“想象一下，”他说道，“他们是在展示一个故事而不是讲述这个故事。”法拉赫问：“他们说话吗？”“是的，他们说话。”阿尔布卡西姆回答。接着法拉赫说：“这样的话根本不需要这么多的人。只要有一个人就可以讲述一切了，即使这个故事很复杂。”阿威罗伊表示同意。在故事的结尾，阿威罗伊决定把“悲剧”和“喜剧”这两个词解释成是属于赞颂的话语形式。

阿威罗伊有两次触及戏剧的经验，却没有明白过来就匆匆掠过了。这太糟糕了，因为他具有一个能够定义戏剧的很好的理论框架。相反，西方文明在中世纪就拥有真正的戏剧演出经验，却没有一个行得通的理论网套上去。

皮尔士曾经想知道，救世军为了宣传节制的好处把醉鬼弄到公共场合示众，如何定义这种符号呢？他没有回答这个问题。现在由我来回答。可以这样说，我们比阿威罗伊更有优势。尽管试图保持一种天真的态度，但我们无法忽略一些背景知识。

我们知道索福克勒斯、吉尔伯特和沙利文，还知道《李尔

① 伊斯兰教职称谓，即清真寺每天按时呼唤信徒做礼拜的人。——译注

王》《我爱露茜》《等待戈多》《歌舞线上》《费德尔》《不！不！那奈特》《马耳他岛的犹太人》以及《猫》。于是，我们会马上怀疑，在关于醉酒的幡然悔悟中存在着（戏剧）表演的基本奥秘。

醉鬼一旦被放在舞台上向观众展示，他就失去了作为芸芸众生的“真实”的一员的本原特征。他不再是世界客体中的一个世界客体——他变成了一个符号工具；他现在是一个符号，一个对于某人在某个方面或某种能力上代表着其他事物的东西，指向某种不在场事物的有形在场。我们的醉鬼指向的是什么呢？指向的是醉鬼。但不是他自身，而是泛指醉鬼。在场的醉鬼——只要他是一类人的成员——引领我们，指向他作为其成员的那类人。从原则上讲，在我们这个醉酒的人物和单词*醉酒*之间没有区别。

显然，这个*醉酒*代表这样一个对等的表达：*有一个醉酒的人*。但是，事情并不这么简单。这个人身体的有形在场连同其特点既可以代表*在一个确定的地点和在一个确定的时间有一个醉酒之人*，或者代表*从前有一个醉酒之人*，但也可以意味着*世界上有很多醉酒之人*。实际上，在我给的例子中，根据皮尔士的建议，第三种情况才是说到了点子上。用这样或那样的意思去诠释这一有形在场是规约问题。更为复杂的戏剧表演会通过其他符号媒介建立这种规约——比如语言。但是在我们所处的情形中，我们醉醺醺的符号向任何诠释敞开：他代表着存在于我们的真实和可能世界里的所有醉酒之人。他是一个开放的表达，意味着一个包含所有可能内容的开放范围。

然而，存在一种把这种在场同一个单词或是一幅画的在场区别开来的方式。它并不是通过活动创造出的（就像有人创造出一个单词或画一幅画那样），而是被从存在着的实体中*挑选出来*予以展示或*明示*（ostension）。它是一个特殊符号生产模式的产物（Eco，1976）。明示是符指方式的一种，包括剥离一个给定对象的真实性，以便让它代表整个的一类人。但是，明示同时又是表演的最为基本的例子。

你问我，*我今晚的舞会该穿什么衣服?*如果我的回答是展示我的夹克衫和领带，并且说道，*就像这样，大差不差吧*，那么，我就是在明示。我所指的领带并不是我的那条领带，而是你可能会打的领带（它可能有不同的材料或颜色），而我就是通过向你再现今晚的你而进行“表演”。我向你预演了一番你今晚的扮相。利用这种简单的动作我做了一件最为戏剧性的事情，因为我不仅告诉你了某些事情，而且给你做了示范，提出了命令或建议，勾勒了一个乌托邦或可行计划。我不仅是在描绘一个给定的行为，实际上还是在引发一种行为、强调一种责任和展示你的未来。用雅各布森的话说，我的信息是指涉性的、交际性的、祈使性的和情感性的，并且（如果我举止优雅的话）还是审美性的。即便通过我当前的着装对你未来的着装进行描述，我还是在语言表达上加了一句*大差不差吧*。我的表演虽然主要是视觉性的和行为性的，但还是伴随着用来建立某种相关标准的口头性的元语言信息。*大差不差*意味着从我的领带的具体材料、颜色和码数当中进行抽象。这是一种相当重要的手段，能帮助你剥去代表他物的对象的现实性。它削弱了我用来作为向你指涉“领带”的工具的相关特点，目的是为了能让它指涉你所能想到的所有可能的领带。

同样的情形也发生在我们的醉酒之人身上。他并不需要有一张特定的脸、一种特定的眼睛颜色、胡须样式，穿夹克或毛衣都无所谓。但是（至少我这样认为），他的鼻子呈红色或紫红色；

眼睛水蒙蒙的，有些迟钝；头发、胡须乱糟糟、脏兮兮的；衣服溅满了泥巴，皱皱巴巴、破破烂烂。以上这些是有必要的。我想到了典型的鲍威利街上的醉鬼。但是当我想到他时，我很自然地从很多特征中抽象出一些，只有一些关键的特征被保留下来并得到强调。这个特征清单由一套图示规约或者说社会符码建立。我们的救世军中士在选择合适的醉鬼时，肯定求助了社会性知识。他的选择是有符号指向性的。他就像要寻找合适的单词一样寻找一个合适的人。

然而，存在着把醉鬼同单词区别开来的东西。一个词是一个符号，但它不掩盖它的符号特性。我们习惯于接受借助词汇谈论实在，但是我们不会把词汇混同于事物（除非患了精神疾病）。在讲话时，我们很清楚是无形的东西——声音气息——代表着有形的东西（除非是在说谎）。但是并非每一个符号都同其他符号一样遵循同样的规则。以我们那场现场表演的基本模型为例，醉鬼是一个符号，但是一种假装不是符号的符号。这个醉鬼玩着一个双面游戏：为了被接受为一个符号，他就必须被认作是一个“真实”时空中的事件，一个真正的肉体。在戏剧中，有一种“语义方阵”。通过词语，一个声音对象代表着由不同质料构成的其他对象。在现场表演中，一个起初被认作真实物体的对象被当作用来指涉另一个物体（或一类物体）的符号，后者的构成质料与代表物相同。

我们的这位醉酒之人代表着醉酒。他的红鼻子被选作自然的无意识事件，能够被有意识地（意图属于救世军而不是他本人）用来代表豪饮无度导致的破坏性结果。那他的牙齿呢？并没有什么具体的规约规定一般的醉鬼应该缺少门牙或是有一排黑牙。但是如果我们的醉酒之人具有这些特点，效果就会非常之好。一旦这个人成为一个符号，他的那些与再现目的无关的特点也会获得某种间接的重要性。一旦观众接受了现场表演的程式，被框出来（即被搬上舞台）的那个世界的一部分中的每个元素就都具备了指涉性。我在思考戈夫曼在他的近作中提出的社会心理学上的框架分析。戈夫曼设想了两种情形，两者都涉及一面镜子和一位女士。第一种情形是：镜子在一间发廊，女士并没有用它来整理自己的发型，而是观察镜框的质地。这看起来有些反常。第二种情形是：镜子在一家古玩店展示，女士并没有考察镜框的质地，而是揽镜自照，整理头发。这也显得有些反常。取景方式的不同会改变戏剧中人物行为的意义。语境框架改变了镜子的雕刻框架的意义——也就是说，作为情景的框架赋予了作为对象的框架以不同的符号旨趣。在两种情形中都存在着一种取景，亦即一种理想的舞台置景或是舞台构图。它强加和规定了物体和行为的符号相关性，即使它们不是有意的行为或非人工的物品。

但是，我应该强调，到目前为止我错误地把自然的和非意图性的符号放在了一起。我这是有意为之，因为很多符号学家经常这样混淆。但是我们必须消除其中的歧义。

一方面，我可以编造一个假的自然事件，比如有意伪造印记欺骗某人。我可以在脸上画红点假装患了麻疹。另一方面，我可以无意地去做被人看作有意的事情（最典型的例子是精神分析上的口误或是人们在说外语时常犯的错误）。但我也能够故意制造通常被当作无意的事。例如，一个人的发音表明这人是法国人在说英语。英语单词的选择是有意的行为，而发音的方式则是无意的，即使在符号意义上讲十分重要（对我来说意味着“法国人”）。

但是，如果一位演员故意并且是讥讽式地用法国口音发出英语音素，目的是为了告诉观众他（从戏剧意义上讲）在扮演一个想（从戏剧的现实性上讲）假装成美国人的法国人。这种情形又会怎样呢？人类交往的基本机制和戏剧虚构的基本机制是一样的。这并不是我故弄机巧的想法：从戈夫曼到贝特森，从当今民族方法学领域中的研究到帕洛阿尔托小组的经验（也可以想一想艾瑞克·伯恩在《人间游戏》中的游戏模型），日常生活被视作戏剧表演的实例。这最终解释了为什么美学和批评总是怀疑戏剧表演是日常生活的实例。不是戏剧能够模仿生活，而是社会生活被设计成了连续不断的演出。正因为这样，在戏剧和生活之间存在着联系。

让我勾勒出一幅关于发出和接收作为符号的无意行为的八种互动类型的基本矩阵。我在 E 下面列出发出者的意图（用+表示行为是有意的，用-表示是无意的），在 A 下面列出接受者反应的有意性或无意性，在 I 下面列出是接受者赋予（或是没有赋予）给发出者的意图。

	E	A	I
1	+	+	+
2	+	+	−
3	+	−	(+)
4	+	−	(−)
5	−	+	+
6	−	+	−
7	−	−	(+)
8	−	−	(−)

情形一：一位演员一瘸一拐地走着，假装是个跛子。接受者明白他是故意为之。

情形二：我模仿跛子是为了让接受者相信我是个跛子。接受者有意识地接受了这条信息，相信我的行为是无意的。这代表了典型的成功模仿的情形。

情形三和四：为了赶走讨厌的来访者，我用手指敲击桌子表达不耐烦。接受者把这当成下意识的刺激，但这惹恼了他。他不能说我是有意的还是无意的，尽管后来可能（或是不可能）会意识到所发生的事情，赋予我的行为以有意性或无意性。

情形五和六：同样是对这位来访者表示厌烦，我用手指敲击。来访者意识到了这一情形，把有意性或无意性赋予我。

情形六还可以发生在一名病人身上。他在同他的精神分析医生交谈时无意中发生口误。医生明白这个口误符号，认为它不是有意发出的。

情形七和八是情形三和五的变体，只是误解的策略不同罢了。

实际上，人们可以从这个矩阵中得到从米南德到皮兰德娄、从卓别林到安东尼奥尼以来所有西方喜剧和悲剧的基本情节。但是这个矩阵可以被加入第四个项目从而变得更为复杂。这个项目就是发出者希望由接受者赋予给他的意图。我告诉你p是为了让你相信我在撒谎，以及我的意思是q而现实的情形却是p。这使人想起拉康讲过的一个犹太故事：为什么你告诉我你要去克拉科夫，而目的是让我相信你要去林伯格，但是实际上你确实要去克拉科夫，并且明白点说吧，你是在掩盖这一事实?这个新的矩阵会有十六行。普利亚蒂（Pugliatti，1976）用这个矩阵分析考狄利娅说出的著名的“没有”，考察在考狄利娅和李尔王之间、考狄利娅和法兰西国王之间、李尔王和肯特之间不同的诠释互动和误读。但是保罗·瓦雷希奥（Valesio，1980）把考狄利娅的“没有”诠释为机智的修辞手段，目的不是为了让李尔王相信，而是为了告诉法兰西国王她的心理状态和修辞能力。这使这一分析进一步复杂化。

再回到我们那个醉醺醺的实验品（我相信他在台子上已经站了难以忍受的一段时间了，肯定累得够呛）：他的在场可以借助上面的矩阵来重新考虑。无论如何，我们可以把由奥斯汀和塞尔讨论过的涉及言语行为的一整套问题集中在这个孤零零的在场中，以及由自然语言逻辑或认知逻辑和信念逻辑——诸如“我想让你相信”“我相信你相信”“我断言……”“我许诺……”“我宣布……”等等表达——提出的问题。在那个醉鬼面前，我们正在目睹一个困扰西方思想史两千年的关键性矛盾，即“说谎者悖论”：我所说的一切都是假的。

同样地，这位醉酒之人会不会张开他那张备受磨难的嘴，说出诸如我爱喝酒或不要相信酒精的话呢？果真如此，我们此刻面对的是涉及能述主体和所述主体之间区别的一系列语言和逻辑问题。谁在说话?是那个醉鬼吗？他代表哪类人说话？救世军？

路易·普列托指出，在戏剧中（同样，在电影中）语词并不是指涉其内容（通过内容又指涉实物）的透明表达。它们是指涉其他表达，亦即一类表达的表达。它们是被当成对象的语音对象，并且也是以此种面目明示出来的。我喜欢喝酒的陈述并不意味着说话主体喜欢喝酒——而是意味着在某地有某人喜欢喝酒，并且也是这样说的。在戏剧和电影中，语言表演又回指现场表演所讲述的语言表演。

从某种意义上讲，每一个戏剧表演（无论是在舞台上还是在银幕上）都是由两种言语行为构成的。第一种是由发出施为性陈述的演员——我在表演——做出的。通过这个隐含的陈述，演员说出了实情，因为他宣布从此刻起他将撒谎。第二种由伪陈述表现出来。在这种陈述中陈述主体已经是角色而不是演员。从逻辑上讲，这些陈述在指称上是隐晦的。当我说保罗说过玛丽要来，我就对保罗说过 p 这一命题负责，而不是对 p 的真实性负责。同样的情形也发生在戏剧表演中：因为第一个施为行为，接下去的一切在指称上都是隐晦的。通过表演者的决定（我是另一个人）我们就进入了表演的可能世界。这是一个谎言世界，在其中我们有权赞美对怀疑的悬置。

这就是叙事文本和戏剧表演之间的区别。在叙事当中，作者在以言说主体的身份讲述时被认为是在说真话。而只有当他在谈论于连·索雷尔或大卫·科波菲尔所说的话时他的话语才被当作具有指称隐晦性。但是在托马斯·曼说我而我并不是托马斯·曼，而是蔡特布罗姆博士在转述阿德里安·莱韦屈恩所说的话的文学文本中会是怎样呢？这时，叙事就很像戏剧了。作者通过施为性地声称我是蔡特布罗姆博士而含混地开始他的话语。（跟醉鬼的例子一样，他并不需要具有蔡特布罗姆博士的所有特征。他只需要再现出某些相关的特征就足够了。比如，某些能够表明他是一个典型的德国人文主义者、有修养的老派中产阶级的风格等等。）

一旦这样说了——即一旦接受了认为虚构和生动的报道都是现场表演的实例这个方法论观点——剩下的只是要问："作为现场

表演的一个元素的人物如何说话？”他的话是单义的吗？它们只意味着一件事而没有别的意义吗？

一九三八年，博加特廖夫在一篇论述戏剧中的符号的基础性论文中指出，戏剧中的符号不是物体的符号，而是物体符号的符号。他的意思是，除了它们的直接外延，在戏剧中使用的所有物体、行为和词语都有额外的*内涵力*。比如，博加特廖夫提出，扮演饿汉的演员所吃的面包就是面包——演员内涵饥饿的意思，但是他所吃的面包的外延就是面包。而在其他情况下，吃面包这一事实可以表示这个饿汉吃的只是很差的食物，因此，这块面包不仅代表着所有可能的面包这个类别，而且还代表贫穷的意思。

尽管如此，我们的醉鬼确实不仅代表喝醉酒。他通过这样做确定无疑地实现了一种修辞，一种转喻，因为他代表了身体遭罪的原因。他也实现了一种换称，因为单从他个人考虑，他代表了他的整个类别——他是最为典型的醉汉。但是，（根据皮尔士举的例子）他还通过反义关系实现了反讽。他，这个醉鬼，嗜酒的牺牲品，反讽性地代表了他的反面：他赞颂戒酒的好处。他在隐含地说*我虽然这样，但我不应该这样，而你不应该成为我这样*。或者，在另一个层面上，*你看见我这副尊容了吗？你意识到我在这里代表的人性的辉煌形象了吗?*但是，为了获得讽刺的效果，我们需要正确的取景：在这种情形中，救世军的旗帜环绕着他。

由于我们谈到了修辞层面，我们必须面对哲学层面。我们的醉汉不再是一个单纯的存在。他甚至不仅仅是一种修辞。他成了一个意识形态的抽象物：戒酒 vs. 嗜酒，善 vs. 恶。是谁说喝酒不好？是谁说醉酒的场景必须被诠释为具有讽刺性的告诫而不是在引诱人们进行最放肆的自由狂欢？显然是社会语境。醉鬼被暴露在救世军的旗帜下就迫使观众把他的出场同整个价值系统联系起来。

如果这个醉鬼被展现在革命运动的标准下将会怎样呢？他将指称“恶”还是“系统的责任”、“管理不力的结果”抑或是“整个的饥饿世界”？一旦接受这个醉鬼也是一种修辞，我们就必须开始把他也当成意识形态的主张。现场演出的符号学从本质上讲就是意识形态生产的符号学。

所有这一切，连同这个复杂的修辞机制，之所以成为可能是因为我们不仅看到了一个具有某些特征的人——我们看到的是一个在物理空间里站立和移动的人。如果没有一个环境空间给他定向，人就不会上下、左右移动，或是站起、躺下。如果有两个或是更多的人，空间就会建立一种将他们之间的距离与给定意义联系起来的可能性。通过这种方式，我们看到了现场演出的问题是如何指涉其他诸如空间关系学和人体动作学等符号现象的问题。我们还意识到同样的符号参数也可以应用到戏剧、电影、建筑、绘画和雕塑的符号学当中去。

从戏剧现象所特有的特点出发，我们到达了符号学的一般问题。然而，戏剧有着区别于其他艺术形式的额外特征，并且与日常对话交流有着严格意义上的联系——比如，观看醉鬼的人可以大笑，可以侮辱他，而他也可以对人们的反应做出反应。戏剧信息也可以通过从他们的目的地产生的反馈形成。

因此，戏剧表演的符号学表现了它自身的特性、它的区别性和独有的特点。人，还有他约定俗成的特性，其被一套物体包围着或是支撑着，被楔入一个物理空间中，向产生反应的观众代表着他物。为了做到这一点，他被框进了一种施为情景之中，这种情景保证他被当作一个符号来看待。从这一刻起，大幕拉开。从这一刻起，什么事都可能发生——俄狄浦斯聆听克拉普的最后的录音带，戈多与秃头歌女相遇，达尔杜弗在朱丽叶的墓旁死去，熙德[1]把奶油蛋糕朝茶花女的脸上掷去。

但戏剧表演早已开始——在阿威罗伊窥见那个小男孩说我是穆安津时。

① 西班牙历史上的英雄，其事迹成为多种文学作品的素材。——译注

第七章　诠释动物*

在中世纪，狗以什么方式吠叫、能够吠多久和为什么吠叫？这个问题并不像它看起来那样怪异。

很多中世纪的语法学家和逻辑学家在讨论语言的过程中，经常把狗的吠叫当作伪语言的例子来引用。实际上不仅是狗叫，还包括马嘶、鸽咕和牛哞，更不用说鹦鹉和喜鹊的语言了。

中世纪的动物会“说”很多东西，但大多数都是在不自知的情况下。在动物寓言集中，它们作为其他东西的活生生的符号出现。作为上帝用手指写出的一部书的主人公，动物并没有创造一种语言，但它们本身就是一套符号语汇中的“词语”。

哲学家和语法学家对于作为语言现象的吠叫感兴趣。但是他们提到它时总是与病人的呻吟以及其他类型的感叹词联系起来。引起我们的好奇心的是这一事实：如果有人从这些话语中推断出一种分类树形图，他就会意识到在某些树形图中吠叫和病人的呻吟相匹配，而在其他的树形图中它们占据着不同的茎节。

我们因此意识到或许这种边缘问题会帮助我们更好地理解隐藏在这些讨论中的细微差异。这些差异，就像在中世纪的资料中经常发生的那样，乍看去就好像是对同一个典型模型的固执重复。

中世纪的学者并不缺乏关于动物行为的文本。只有后期的经院哲学家知道亚里士多德的《动物志》。但是经过普林尼和安莫纽·赫尔弥亚的介绍，他们了解了关于狗的自然特性的各种讨论，更不用说鱼和鸟（包括鹦鹉和喜鹊）的声音的问题了。

同样地，从斯多葛派、学院派和伊壁鸠鲁派关于“动物逻各斯”的讨论中也过滤下来一些东西。恩披里柯说狗通过它们的行为表现出各种思考和理解的能力。他引用了克利西波斯所作的观察。根据这个观察，当一条狗跟踪它的猎物到达三岔路口时，它能够嗅出猎物没有走的那两条路，然后做出一个完美的辩证法三段论：“猎物要么路过的是这一条路，要么是那一条，要么是其他地方。”恩披里柯是否被中世纪所知尚无定论，但是值得注意的是，同样的论述可以在剑桥动物寓言集中找到。这个观点没有出现在圣伊西多尔的作品或者《博物学家》中意味着古希腊时期的讨论很大一部分是从其他资料来源中过滤信息的。

所有这些“博物学”观察在某种程度上讲是经由从圣奥古斯丁一直到斯多葛派哲学家的集体工作得以传承下来的遗产。不管怎样，从总体上讲，狗的出现都有赖于亚里士多德的《解释篇》中的一页。这本书极大地影响了整个中世纪涉及人类和动物语言的讨论。因此，狗主要是以吠叫的动物形象在哲学和语言学文献中流布的。它跟鹦鹉、公鸡一起制造噪声——有时与病人的呻吟一起，有时在单独的标题下出现。狗的吠叫是作为传统主题诞生的，也作为传统主题留存下来。尽管如此，权威有一只蜡做的鼻

* 本章是对我于 1983 年与其他三位作者——兰伯蒂尼、马里诺和塔巴罗尼——合作进行的更为广泛的研究中的几个方面所作的总结和阐述。该研究课题名为“论中世纪符号分类中的动物语言”。

子，在任何字面的表象之下或者之外，每当这个传统主题被再次引用时，我们都有权怀疑视角发生了轻微的转移。

7.1 符号和词语

要想为狗的吠叫在中世纪语言理论中的尴尬处境辩护，就应当记起，从《希波克拉底文集》到斯多葛派的希腊符号学在文字语言的理论和符号理论之间作了泾渭分明的区分。符号是自然事件，充当表征或指示，并且拥有基于推断机制指称关系的能力（如果出现某种症状，就会是某种病；如果有烟，就表明有火）。词语跟它们所指称的事物存在不同的关系（或是跟它们指称的心灵的激情存在不同的关系，用斯多葛派的话说，与它们传达的主张存在不同的关系），而这种关系仅仅建立在对等和双重条件的基础之上（它也出现在亚里士多德影响深远的定义理论中）。

正如我在别处（Eco，1984）试图强调的那样，符号理论和词语理论的结合（尽管被斯多葛派模糊地预见到）是被奥古斯丁确定地接受下来的。他是第一个明确提出“一般符号学”的人。这门学问是关于符号的一般性的科学，符号是属，而词语和自然表征都是它的种。这样一来，不仅奥古斯丁没能明确解决推理和对等之间的二分法，而且中世纪传统也留下了两条至今仍未合并的思想线路。这一观察很重要，因为，狗的吠叫之所以在符号的不同分类中占有不同的地位，主要取决于它们属于（斯多葛派和奥古斯丁模式的）一般符号分类还是（话语语言理论的亚里士多德模式的）声音分类。

7.2 亚里士多德

关于狗的吠叫的争论起源于《解释篇》中的一个段落（16–20a）。在这里，亚里士多德怀着定义名词和动词的意图对一般符号作了一些边缘性的陈述。总结该段落诠释者没完没了的争论的结果，亚里士多德说的基本上是名词和动词都是建立在习俗惯例之上的意指性声音。亚里士多德认为词语是心灵情感（或者如果你愿意的话，也是概念）的规约符，就像书写词语是言说词语的规约符一样。他所谓"规约符"的含义近似于皮尔士，把它当作约定俗成的工具，这也是为什么规约符在每一种文化中不尽相同的原因。相反的是，心灵情感对所有的文化来说都是相同的，因为它们都是事物的图像（我们也可以说是"像似符"）。但是在说到心灵情感时，亚里士多德又（更像是顺便一提）说这些情感的词语"先于所有其他"的符号。

这难道仅仅是一句赘言，把词语"符号"和"规约符"等同起来？当然不是。因为当亚里士多德在《修辞学》中专门谈到符号时，他想说的是表征，是人们可以从中推断出其他事物的自然事件。亚里士多德只是说，虽然词语是约定俗成的规约符，但只要它们被讲出来，它们也（或者首先）可以被当作一个明显事实的表征，也就是说话人心里有话要说。

所有这一切会在接下去的文字中变得越来越清晰，亚里士多德说，既然连声音也可以被当作符号（或是表征），那些由动物发出的语焉不详的噪声也可以充当表征。他之所以说"噪声"而不是"声音"，是因为，就像安莫纽·赫尔弥亚和之后的评论者将要解释的那样，他还考虑到那些不会发出声音而只会制造噪声的动物，比如鱼。亚里士多德说这些噪声表征（deloûsi）某些事物。

那么，由波伊提乌翻译的第一个有影响力的《解释篇》译本是什么样的呢？波伊提乌把“规约符”和“符号”都翻译成了nota，使得亚里士多德赋予它们的微妙的区别丧失掉了。并且，他没有把deloûsi译成“表征”，而是译成“意指”。

亚里士多德谈论动物的噪声，并从词义上把噪声和声音区分开来。但是不幸的是，在波伊提乌之后，中世纪的评论者们把亚里士多德的phoné（声音）译成vox（说话），而把psòphos（噪声）译成sonus（声音）。于是从中世纪的评论者开始，没有肺的动物只是发出响声，有肺的动物发出声音，而声音具有意指作用。通向狗的意指性吠叫的道路就此被铺平了。

7.3　波伊提乌的吠叫

狗的吠叫在安莫纽·赫尔弥亚那里第一次出现。在拉丁语世界里，在波伊提乌看来，它不是作为规约性而是作为自然性的意指性声音的例子（见图7.1）。因此，对于亚里士多德来说作为符号的声音被放置在意指性声音的类别之下，词语或规约符也属于此类。波伊提乌把病人的呻吟、马的嘶鸣，甚至是没有肺而只会发出些声响的动物的声音也归入此类之中。为什么这些声音是自然性的意指？显然是因为通过它们，人们可从表征推断根源。

但是，波伊提乌忽视了两个重要的区别：一、如烟或者病征这些并不是由生物引起的自然性事件同由动物发出的声音之间的区别——斯多葛派已经清楚地认可了这一区别；二、有意发出的声音和无意发出的声音——如无意中发出的微弱叹息以及狗的吠叫——之间的区别。狗有交流的意图吗？波伊提乌在谈及马时说

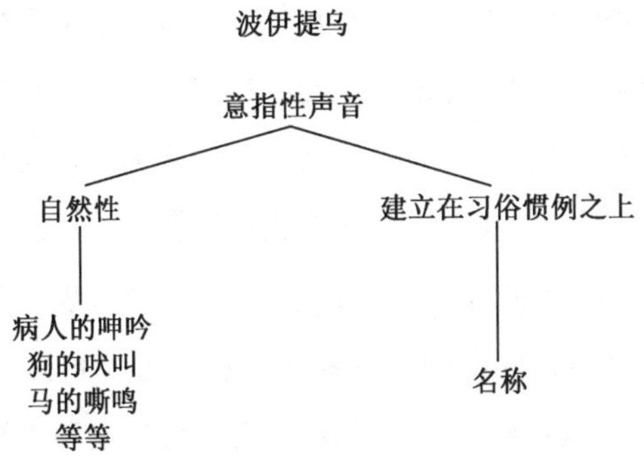

图 7.1

道，马嘶鸣是为了呼唤另一匹马，并且是有意识地，而在我看来是带有明确的性目的。波伊提乌还说，动物通常发出具有一定意义的声音，也就是被赋予了意义的声音。但意义是由谁赋予的呢？是由发出声音的动物还是由听到声音的人？波伊提乌忽视了这个问题是因为他忽视了上文所说的第一个区别。当一个人把一个自然事件当作符号来诠释时，是人的意图把它作为其他事物的意指物。

于是，狗被放在一个非常尴尬的位置上。它发出声音，但是在自然状态下发出的。它的声音介乎自然事件和有意的表达之间：如果一只狗是有意吠叫，它这样做是为了同狗交谈还是跟人交谈并不清楚——而这从动物符号学的角度来看并不是一个小问题。况且，人类理解狗（或马）究竟是因为人类天生具有诠释表征的禀赋，还是因为人类天生就有理解狗的语言的禀赋？

7.4 阿奎那

托马斯·阿奎那不会将自己从波伊提乌的分类中脱离出来：

他只会使分类变得更为复杂。他用了一页多的篇幅模棱两可地评论了《解释篇》。阿奎那的分类受到诸多影响。在某些章节中，阿奎那，还有奥古斯丁，把所有意指性的声音都称为符号。而在其他一些章节中，他把军号的声音也引作符号，即便它显然不是声带发出的声音。在他看来，被赋予意义的所有表达都是符号，不论它是不是声带发出的。但是他并没有考虑自然符号（signa naturalia，即 semeia），尽管自然符号在神秘理论和在类比理论中将扮演非常重要的角色。

尽管如此，还是让我尝试着对他的观点作一番总结（见图 7.2）。在阿奎那看来，人的声音和动物的声音的主要区别不在于“意图性 vs. 非意图性”的对立，而是在于另一个对立——正如

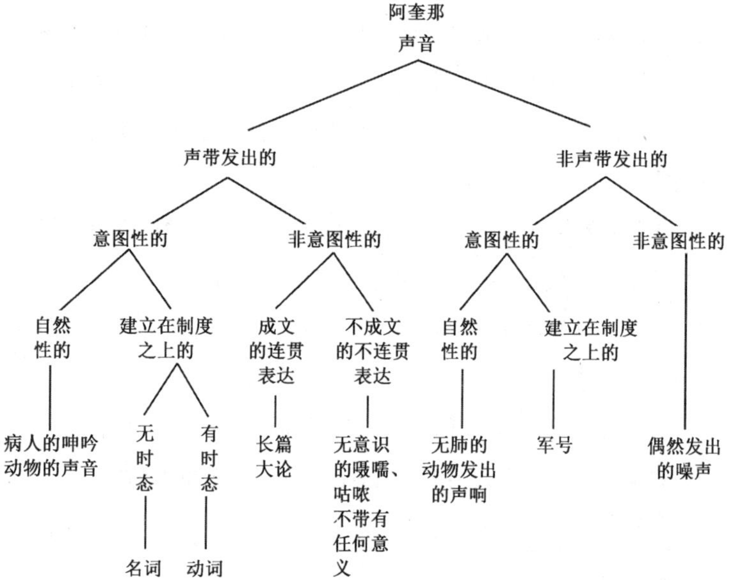

图 7.2

他在关于《政治学》的一段有趣的评论中所强调的那样——人和动物根据某种意图都有着各自的意指方式（狗通过吠叫、狮子通过咆哮来告诉同类它们的感觉，就跟人发出感叹一样）。一个病人可以（无意图地）呻吟，也可以有意图地发出感叹词来意指他或她的痛苦。但是真正的对立发生在（不能表达概念的）感叹和能够表达抽象概念的语言性发音之间。这就是为什么只有人类的语言才能建立社会制度。

7.5 斯多葛派的遗产：奥古斯丁

我们在《解释篇》的诠释者们身上所发现的尴尬没有发生在奥古斯丁身上，也没有发生在那些受到斯多葛派传统直接影响的思想家身上。

在《论基督教教义》中，（在给出符号是一种呈现给感官的表征，此外，它还能让人联想到其他事物这个著名定义后）奥古斯丁给出了自然符号和规约符号之间的区别。自然符号没有意志，也没有任何象征性的愿望，它们从自身出发，创造出另一种事物（如烟表明有火，以及生气的人的脸在无意中显示出怒气）。规约符号是生物为了表达心灵的运动而进行交流的符号（它们并不一定就是概念，也可能是感觉或心理状态）。

在规约符号中，奥古斯丁毫不犹豫地添加了——神来之笔——《圣经》中的词语和由动物构造的符号（见图7.3）："动物也有自己的符号，它们以此表达自己心灵的渴望。公鸡找到食物后，会向母鸡发出特有的叫声，吸引母鸡靠近；鸽子用自己的叫声呼唤同伴，或听从同伴的呼唤"。尽管如此，奥古斯丁还是对这种动物意图心存疑惑。

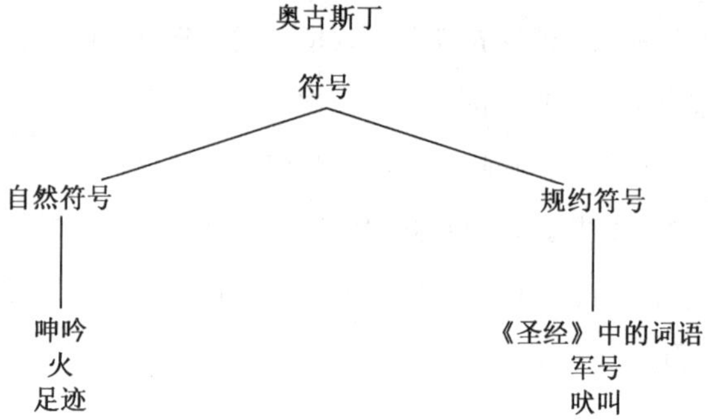

图 7.3

7.6 阿伯拉尔

这个问题将由阿伯拉尔解决。在《论辩证法》中，他对符号做出的分类可以追溯到波伊提乌的分类，并且把意指性的声音分成自然性意指和规约性意指。在《逻辑入门》中，阿伯拉尔又增加了一组新的对立：建立在有所指的声音和有能指的声音之间的对立，也就是由建立在制度之上的言说和非建立在制度之上的言说之间的差异造成的对立。

制度不是一种习俗（像规约那样）；它更是一种发生在人类习俗和动物声音的自然意义之前的决定。人们可以说这种“制度”很接近意图。词语是通过人的愿望的制度具有了意义，这种人类愿望命令它们去形成思想（去产生某种东西，在听者的脑中也许还算不上是一个概念，就像奥古斯丁所坚持认为的那样）。狗的吠叫也同样具有某种意义，即便这种意义是自然性的，而它的表达的制度（意图性）是由上帝或者自然赋予的。在这层意义上讲，吠叫就像人的词语一样具有意指性。也是在这层意义上讲，它必须和只具有能指性因此也仅仅是表征性的现象区别开来。同样的一声吠叫可以是建立在制度之上的（也因此是意指性的），或者只是远远听到的声音，仅仅让人们推断出“在那边有一条狗”。

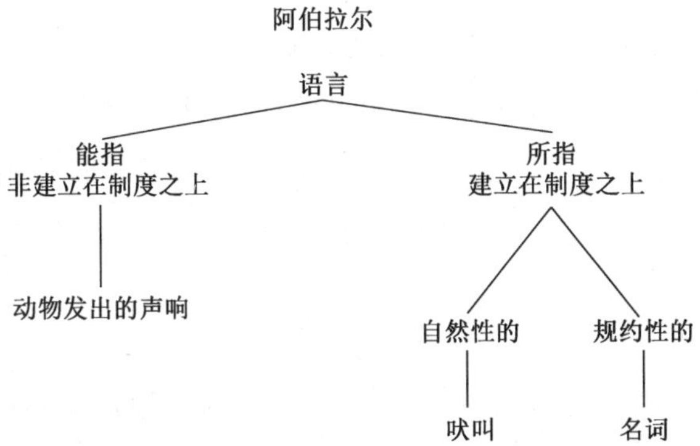

图 7.4

很明显，阿伯拉尔跟奥古斯丁一脉相承，延续的也是斯多葛派的思想线路，把符号和词语或仿自然性词语区别开来。同样的一声狗吠可以充当一个表征（在这种情况下，意图性只体现在诠释者身上，事件并不是为此目的而构建的），或者是充当狗自然发出的意指性表达，目的是为了建立思想。这并非意味着狗“想”做它所做的事情；它的制度并不是它自己的，而是由天性强加给它的，也就是说是自然强加在整个物种神经回路上的“自然”意图。我们在这里应该感到好奇的是，我们见证了一个关于“能动意志”的建议，参照的是阿维森纳的“能动理智”——这种诠释可以由大阿尔伯特在《论灵魂》中提供的类似的建议得到支持。因此这个代理者不是一个个体，但也决非是有意图的。

7.7 培根

在牢记奥古斯丁的启发的同时，不要忘记还有罗杰·培根。从他的《论符号》中推出的分类难以称得上是同质的（见图7.5）。他的自然性符号好像跟奥古斯丁差不多，也是无意图发出的。但是我们要费很大的功夫去理解分类图的左边所遵循的标准。就目前的目的来看，我们可以说右边的符号就像阿伯拉尔的分类那样是由心灵的意图产生的，还是在这一边，同阿伯拉尔的分类法一样，我们也找到了主动性意图和自然性意图之间的差

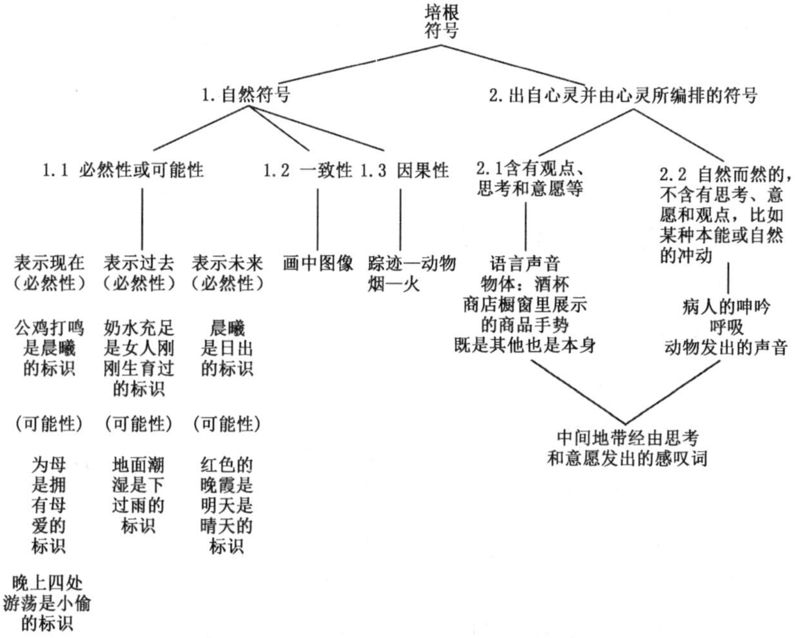

图 7.5

别。这样就足够了。

令人感兴趣的是，在被当作鸡的在场的表征的鸡叫和被认为是为了交流而发出的有某种意图的鸡叫之间仍然存在着差别。当它出现在由心灵编排的符号中时，它就被称作鸡鸣；当它出现在自然性的符号中时，它的定义是一个非限定性结构：公鸡咯咯叫，只是公鸡打鸣这个事实。就像斯多葛派所说的那样，它是“无形体的”，是表征性的事件序列。因此，它就可以被人类诠释为：公鸡的打鸣本身没有意义，但对我们而言，它是一种有意义的声音，为我们标示时间。

培根没有抵达奥古斯丁敢于到达的地方，也就是说他没有把狗的吠叫和上帝的话语放在同一个标题下面。但是，就像阿伯拉尔一样，他也没有把（当动物出于一种本性的冲动交流时）由动物发出的声音仅仅看成一个表征。他对动物语言的描述跟奥古斯丁一样敏感：在他所举的例子中，狗、母鸡和鸽子不仅仅是惯用的主题，而是带着对它们的习惯行为的一种天然的兴趣被观察的“真正”的动物。

培根的分类反映了一种对待自然和直接经验的新态度。培根对人类语言的相对性以及学习语言的必要性有着敏锐的感觉。他坚信公鸡鸣叫和狗吠叫是为了与同类交流。或许我们不明白它们的语言，正如希腊人不明白拉丁语。而驴子明白驴子，狮子明白狮子。对于人类来说，只要稍稍接受训练，就像希腊人能够明白拉丁语那样理解动物的语言：这一结论后来由伪马西利乌斯得出。

于是，中世纪的夜晚似乎笼罩在一群狗的吠叫声和病人的呻吟声之中：由众多的理论篇章设计的情景只是给出了野狗在中世纪城市的大街上奔跑的情形，而人们当时还没有阿司匹林祛除病痛，带着无法克制的呻吟赞美最终审判的到来。在这一图景中，母鸡和鹦鹉在地上刨着寻找食物，但是据我所知，没有猫出现——它们大概是为更加私密的魔法派对保留的，不被当作“官方”城市的常住居民。

第八章　青年时期的老普林尼的肖像

8.1

在他的《书信集》第六卷中，小普林尼（以下简称小普）写信向塔西佗叙述他的叔父老普林尼（以下简称老普）之死。后者是在庞贝城附近的维苏威火山爆发时罹难的。

写这封信是为了给塔西佗的《历史》提供素材。从信中可以看出，小普掌握了事件第一部分的第一手证据，以及关于他叔父之死情形的第一手的报道。这个事实对接下来分析的目的非常重要：在信的开头，有一个隐含的我（小普）声称是在大约公元一〇四年给收信人写信的，在这个文本中，唯一能够确认的真实命题是我，普林尼，在此刻正给你塔西佗写信讲述 p。被标为 p 的整套命题都具有指称隐晦性。但是这封信暗示一种施为方式，好像是在说：我发誓 p 是真实的。在小普和塔西佗之间达成了一种认证协议（格雷马斯称之为述真契约）。借助这个协议的效力，塔西佗——以及任何这封信的可能收信人——都必须视 p 为纯粹的实际情况。此外，塔西佗向小普索要可靠信息正是因为他认为并且也假定他的这位通信人会讲述真实的情况。据我们所知，这个故事也确实是真实的；不管怎样，它反映了我们所认可的唯一的历史事实，因为它（连同其他的文本）被作为真实事实收进了我们文化百科全书的记录中。

但是，我把小普的叙述定义为一套标记为 p 的命题并不恰当。实际上，小普叙述了某些事情，但是他的叙述也像任何其他叙述一样由两部分组成：作为基础的故事和作为媒介的话语（即情节或事件的论述安排）。

目前所作的分析的目的是要表明故事（一旦被读者以一系列按时间顺序排列的宏观命题的形式抽离出来）讲述了某事。但是，话语讲述的即便不是其他东西，也至少包含更多东西，这样一来，很难清楚明白地把这两个层级区分开来。

这一双重游戏在这封信的开头就很明显地显示出来：塔西佗要求对事实进行描述，但是小普很明白关键是要给后人留下记载——也就是说起到文化纪念碑的作用。

> 您在信中说想让我详细地描述我叔父的死，以便把他的事迹传给后人。对此我很感谢，因为我相信他的声名将在您的笔下流芳百世。虽然这场不幸带走了他，摧毁了周边美丽且人丁兴旺的城市，它（与此同时）又似乎使我叔父成为一种永恒的记忆。我想，像我叔父这样的人是受到眷顾的，神赋予了他们特殊的能力，让他们能够做出一些值得纪念的事迹，或者让他们能以某种方式被纪念且被阅读。能够同时拥有这两种能力的人是最为神眷顾的，我叔父就是这样的人：他自己创作了数卷传世作品；他的名字也将在您的书中出现。因此，我很高兴地答应您的请求，甚至哪怕您不曾要求我，我也会主动揽下这个任务。

小普说得很明白：塔西佗可以把老普描写成科学英雄以此赋予他不朽的荣耀。这种开头可以用两种方式来理解。小普好像在说："我提供给你事实，它们本身自可说明问题——剩下的就看你了。"另一方面，小普既提供了事实又提供了评论，或者说是提供了用评论包裹的事实。他只是没有天真到直接把评论当作评论提出来。他采取了一条不同的说服策略。

当时我叔父驻扎在米塞努姆，全权负责海军舰队。八月二十四日，母亲把窗外一朵刚形成的、形状奇怪的云指给他看。那时叔父刚从烈日下回来，洗了一个冷水澡，少吃了一点饭，正躺着读书。见此怪象，他便让人拿来鞋，穿好后爬到一处高点观察。因为距离问题，他仍然很难判断这朵云是从哪座山升起来的（之后才得知是维苏威山）。这朵云很像一株松树，而不是别的什么树，它高高升起的样子先是像树的树干，到了顶部又如枝干般分散出去。我想，这是因为在第一次爆发时它直冲上去，接着在压力减弱时就失去了支撑，或者是被自身的重量压下来，于是扩散开，渐渐消散。有时看起来是白的，有时看起来有污斑，脏兮兮的，这要看它所携带的尘土和灰烬的多少。我的叔父有着学者的敏锐，立刻就认为在更近处观察它很重要。他命人准备船只。他说我可以跟他一起去，但我决定继续在家学习，他便给我布置了一点写作任务。

当他准备离开的时候，雷克蒂娜派人送来一封信。雷克蒂娜是塔斯库斯的妻子，这家人就住在维苏威山脚下，除了船他们没法用任何其他交通工具离开。她被眼前的情况吓坏了，请求叔父前去救援。叔父立刻改变了计划，决定做一个英雄而不是只顾满足自己的好奇心。他带着舰队出发了，希望不仅能救下雷克蒂娜，还能救下其他人。那附近因为位置优越，住着不少人。他向那片所有人都在逃离的地方加速驶去，向着危险之地直航而去；他毫无惧色，一旦注意到任何变化就立即记录下来。当船只靠近海岸时，落下的火山灰变得越来越热、越来越厚；随着舰队继续驶近，坠落的物体变为浮石和被大火烧裂的燧石；掀起的海浪和山上落下的碎石阻碍着他们前进的道路。叔父犹豫了一下是否要按照船长的建议返航，但最终决定继续前进。他说："命运眷顾勇敢的人，带我去庞波尼亚努斯（老普林尼的朋友）那里吧。"庞波尼亚努斯住在那不勒斯湾对面的斯塔比亚，斯塔比亚彼时还没有处于危险之中，但随着事态发展危在旦夕。庞波尼亚努斯已经把他的东西全部搬到一艘船上，只等风向改变就能离开；他的逆风自然就是我叔父的顺风了，这阵风很快就把叔父的船带到了斯塔比亚。他镇定自若地安抚、鼓励了这位朋友。随后，叔父命人带自己去浴室，沐浴后，他以最佳的姿态坐下享用晚饭。也许那都是叔父装出来的，但他的伪装与真实无异。

与此同时，维苏威山上的几处地方燃烧着雄雄火焰，照亮了夜色。叔父为了平复同伴们的恐惧，便说那些不过是仓惶逃跑的农民留下的篝火，或者是着火的空房子。他上床入睡，从门口经过的人都听到了他沉重的呼吸声。入夜，院子里开始堆起大量的火山灰和浮石，如果继续待在房间里，就永远也出不去了。叔父被叫醒后来到庞波尼亚努斯和其仆人中间，后者彻夜未眠。他们想知道究竟应该待在室内还是到室外去。现在房子正来回摇晃，震动愈来愈剧烈。另一方面，在室外，虽然浮石很轻且多孔，被砸到也是很危险的。在权衡了风险之后，他们选择前往开阔的空地，并用布把枕头绑在头上加以保护。

这时，其他地方已经迎来了白昼，但叔父他们仍然笼罩在比任何夜晚都更黑、更浓的黑暗中；他们点燃火把和灯，尽可能地安慰自己。叔父决定下到岸边，想看看有没有可能乘船逃走，但海浪实在太高了。他在地上铺上一层床单，躺下休息，不断命人送来凉水止渴。接着，忽然之间，火焰和一股强烈的硫磺味迫使大家四散逃离，这现象暗示即将有更多的火焰到来。在两个奴隶的帮助下，叔父起身，然后突然倒地死去。我想他是因为浓烟窒息，他的气管本来就细窄虚弱，经常发炎。在叔父离开以后的第三天（八月二十六日），光明终于回到斯塔比亚。他的尸体被发现时完好无损，还穿着生前的衣服；他看上去像是睡着了而不是死了。

此时，我和我的母亲还在米塞努姆，我们的故事对历史无足轻重，我想您也不希望了解那些琐事，因此我不再赘述。我已经向您详细地描述了我的亲眼所见，以及其他当事人第一时间反馈给我的见闻。您自会挑出其中有用的内容，毕竟写给朋友的一封信和写给所有人的一段历史是很不同的。

人们在阅读这封信时所产生的第一印象是，老普确实是一位科学英雄，他勇敢地向火山爆发地航行，因为责任感和对知识的好奇心而献出生命。但可惜的是，我们不知道塔西佗作为经验读者是如何对这封信做出反应的，因为他的《历史》停留在公元七十年，后面的第二部分遗失了。但是我们知道其他读者是如何反应的，因为我们的百科全书把老普的命运记录成科学灾难最为极致的典型。

然而，如果把作为基础的故事按时间顺序编成命题序列，那么未经加工的事实如下：在尚未知道是火山爆发之前老普前往爆发地（并且，当时没有人认为维苏威山是一座活火山，老普也一样。在他的《自然史》中，他把维苏威山描写成那不勒斯山水风景中令人心旷神怡、不会产生灾害的组成部分，参见Sherwin-Withe，1966）。甚至在他到达斯塔比亚的庞波尼亚努斯的住处时，仍然没有意识到这场灾害的规模到底有多大，既不了解其形式也不了解其确切的后果。他无动于衷地说山上肆虐的火焰只不过是农民们留下的篝火。确实正如小普所解释的那样，他这样说是为了安抚其同伴的恐惧。但后来他真的就去睡觉了，而没有意识到自己有被火山灰掩埋的危险，如果不是有人把他叫醒的话。当他最后明白过来无处可逃和情形确实很危急时，已经太迟了。他死得极快，因为他有哮喘病，就像一些评论者所透露的那样。

在重新细致地研究这个单纯的故事时，人们就会产生这样一种印象：这个故事的主人公是一位很自恋的、视野狭隘的罗马船长；他完全没有能力应付局势（简而言之，这位“有能力”的营救者不仅没能帮助任何人，而且还让船队在正需要当地军事部门高效配合的时候失去了指挥官）。小普没有掩盖任何事情；如果塔西佗愿意，他可以推断出跟我们现在正在推出的完全一样的真实故事（或许他真的这样做了）。但是，我们所感兴趣的不是那个“实在”的塔西佗，而是为小普的信件所设计的收信人，也就是我在别的地方称为的文本的标准读者的人（Eco，1979a）。

小普的信跟其他文本一样，不是经验地写给一位经验的收信人：它利用话语策略建构一种类型的读者，这种读者须得跟作者合作，以便实现标准作者（也就是客观的文本策略）所要求的文本。我们可以拒绝出演标准读者的角色，正如我们现在正在做的那样。但是我们必须承认存在着这么一种读者。文本不仅预设了他，而且通过运用给定的语言策略造就出了他。

在元文本的层面上解读小普的话语把戏，就意味着认识到文本是如何对标准读者进行恰当指导以便让他知道怎样去实现某种说服的效果。这封信不仅旨在说明某些“真实”的东西（用一种断言的方式）；它还想让塔西佗（或者其他任何可能的读者）相信老普是英雄，并让塔西佗把他写成英雄。这就是格雷马斯所说的模态（modalities）：使相信（faire croire）和使做（faire faire）。也就是说，如何以言行事。

为了促使他的读者产生“正确”的合作，小普使用了一系列复杂的话语手段，主要是时间上的换进与换出——用格雷马斯的术语来说就是接合（embrayage）和脱离（débrayage）——以及在言语行为的主体和叙事话语的主体之间的故意混淆（叙述行为突然介入叙述内容中去）。不仅如此，我们将会看到，故事不仅关系到事件的世界，还涉及人物的认知世界（或是命题态度），而这些认知世界不断地与所设想的标准读者的认知世界交叉重合（不同的命题态度在同时也因此被聚焦）。最后的结果是读者弄不清（当然条件是他或她不作元文本分析）在某个时刻是谁在言说（关于语态的辩证关系，参见Genette，1972）。

8.2 作为年老记者的小普的肖像

在这封信的开头（第一段），有一个隐含的*我*（写信的主体）。他很显然是一个个体，即小普林尼，这封信的作者，据推测是在公元一〇四年。让我们把这个普林尼称作 P_1，在 t_0 这一时刻，在被规约性地当作实在世界的世界 W_0 中写这封信。这种过度简单化是因为有这样一个事实：我们假定这封信不是虚构的东西而是具有“自然”叙事性的东西（像报纸里的一篇文章）。如果它是一篇虚构的东西的话（像小说《克拉丽莎》或《危险关系》里的信那样），我们就要假设存在另一个主体 P_0，P_0 是这一言语行为的经验生产者，而这段话语中的*我*则是一个虚构的主体，不能把他等同于作者本人。在其他情形中（如用第三人称写的虚构故事），言语行为的主体就可以作为半虚构主体干涉话语，这个*我*评论事实，既可以也可以不把他等同于经验作者（例如，在《汤姆·琼斯》和《约婚夫妇》中由作者菲尔丁和曼佐尼用第一人称所作的评论）。

在我们的例子中，可以假定“历史”上的普林尼和从信的第一节说到第三节的*我*是同一个人，即信的发出者，其收信人是塔西佗。

但是，从第二节开始，P_1 为塔西佗讲述了关于 P_2 的故事，也就是二十五年前，即公元七九年八月二十四日在米塞努姆发生在他身上的事情。因此，我们有一封在 t_0 这个时间写的讲述另一个时间的信，或是一系列如下所记录的时间状态：

t_{-3} = 八月二十四日，下午，此时云彩出现，老普决定出航；

t_{-2} = 从老普出发到他死去之间的时间推移，或是一系列时间状态（二十四日的晚上和第二天，即二十五日）；

t_{-1} = 八月二十六日，小普收到事态的最新消息。

P_1 把时间切换到故事（t_{-3}）中的时刻是以从现在时到未完成时态的转换标示出来的。叙事语式也是通过插入时间性的词语以及引入属于先前的时间状态的人物（叔父、母亲）的方式来加以强调的。所有这些语法手段很清楚地标示出了从小普以 P_1 的身份讲述的引言部分到显性或隐性的我为 P_2 的第二部分之间的过渡关系。

在这个图示（图 8.1）中必须注意的是嵌入第二个方框的第三个方框。它并不一定就是代表着相对于话语层次的故事层次。实际上，P_2 的故事仍然是用话语形式讲述的，必须由配合的读者从话语中推断出来。

文本

P_0 作为言语行为主体的历史上的小普林尼（陈述主体）	P_1 叙述者。在 t_0 中作为叙事话语主体的小普林尼。被陈述的陈述或被说出的言语行为	P_2 同以下人物一起作为叙述中的人物之一： E 老普林尼 M 母亲…… 都在 t_{-3} 到 t_{-1} 中

图 8.1

读者所推断出来的东西是同一个叙事序列的不同的状态，也就是同一个叙事世界的不同状态。根据我本人（Eco，1979a）提出的定义，从一个状态过渡到另一个状态时，这个世界里的人物改变了他们的一些偶然属性，然而本质属性没有变化。因此，在对应于时间 t_{-3} 的叙事状态中，老普是一位活着的罗马船长，在时

间 t_{-2} 中他还是同一位体验不愉快经历的罗马船长，而在时间 t_{-1} 中他是一位因遇险而丧命的罗马船长。

然而，令我们感兴趣的不是对同一个叙事世界的不同状态进行比较（这个叙事世界，根据我们所知，正巧与由我们的百科全书所记录的“实在”世界重合）。令我们感兴趣的是，作为时间 t_0 中叙事话语主体的 P_1 同（作为其标准读者的）塔西佗一样都具备关于老普之死的知识。同时，当向塔西佗讲述在时间 t_{-3} 中所发生的事时，P_1 赋予了老普和他自己以不同的知识。

我们因此涉及两个认知世界：由 P_1、塔西佗和我们这些当代读者所共有的信念世界 W_0；以及由作为叙述者的 P_1 赋予所叙述事件中的人物的知识所构成的世界 $W_{N_c t_{-3}}$——P_1 讲述的是关于他自己和他的那位二十五年前看到奇怪的云彩并且相信 p（p 为认知世界 $W_{N_c t_{-3}}$ 的内容）的叔父。

用简单的话说，在公元一〇四年，小普知道在公元七九年八月二十四日那一天他自己和他的叔父不知道的东西，也就是，巨大的云团来自维苏威火山的喷发，并且当中含有有毒的灰尘和其他有害物质。对于 P_2 来说，云团是一个壮观的现象（对于 E 来说也一样），而对于 P_1（以及塔西佗）来说，它简而言之意味着死亡。

这意味着故事讲述的是给定的叙事世界 $W_{Nt_{-3}}$ 中的某些人物的情况，这些人物包括 P_2、E、M，连同 C（云团）和 V（维苏威火山）。这个世界至少还包含一个次世界 W_{N_c}，代表着故事中人物的信念（因为当时小普、老普和母亲共有同一个认知世界）。在这个次世界中，云团还没有同火山联系在一起，令人叹为观止，但并不会造成伤害，更重要的是，它不代表会杀死老普的元素。

相反，P_1 和其标准读者的认知世界在时间 t_0 中包含着同样的人物，却被赋予了相差甚远的属性：E 是一位死去的科学家，云团源自火山，维苏威火山是灾难的起因，灾难（或维苏威火山本身）是罪魁祸首。

坚持这些世界之间的区别很重要，因为在 t_{-3} 中，老普相信云团是无害的，并不怀疑维苏威山与他眼前的现象有什么关系，也不知道自己会死——所有这些因素都使得他的决定没有在知道事态将会如何向前发展的情形中那么英勇无畏。

我们假设所面对的是两个叙事世界：$W_{N_c t_{-3}}$ 是由 P_1 所讲述的故事中的人物的被叙述信念构成的世界——为了节省篇幅，我们只考虑老普的信念，他的信念与小普和其母亲当时的信念一致。相反，$W_0 t_0$ 则是由 P_1 和塔西佗所知晓的故事构成的世界。

从这个角度来看，我们可以把这两个世界看成是根据 S-必要属性（Eco，1979a）构成的世界，也就是通过严格的文本相互依存性把故事中的个体人物联结起来的世界，于是每个个体必须经由另一个人物定义。

于是，我们就可以用下列的个体以及他们的 S-必要属性勾勒出两个世界的矩阵，在其中

E = Elder（老普）

C = Cloud（云团）

V = Vesuvius（维苏威火山）

cRe = 用来把云团定义为 t_{-3} 中老普所实际认识的云团的关系

cRv = 用来把云团定义为由维苏威火山的爆发所引起的关系

vRe = 用来把维苏威火山定义为老普之死的罪魁祸首的关系

结果所形成的矩阵由图 8.2 所示。

$W_{N_c t_{-3}}$	cRe	cRv	vRe
C_1	+	−	
E_1	+		−
V_1		−	−

$W_0 t_0$	cRe	cRv	vRe
C_2	+	+	
E_2	+		+
V_2		+	+

图 8.2

接着人们会意识到第一个世界的个体中没有一个跟第二个世界中的同一个个体具有相同的 S－必要属性。因此，虽然指代个体的名称相同，但是实际上它们并不相同：第二个世界的云团是老普眼中的云团，同时也是由维苏威火山产生的云团，而在第一个世界里，要不是碰巧有一团云具有由维苏威火山爆发引起这一属性，它将不会跟 C_1 是同一个云团，如此等等。

两个可能的叙事世界虽然具有 S－必要属性不同的个体，但并不是在叙述上无法理解的。同样，讲述名为耶稣但不是圣父之圣子的人的事迹的异端福音书，跟正经福音书所说的不是同一个神学人物。在 P_1（和塔西佗）的认知世界与 P_2（和老普）的认知世界之间所存在的区别也是一样。

8.3 作为年轻信息提供者的年老小普的肖像

现在，我们可以回过头来看看由 P_1 讲述的 P_2 的故事的话语表层结构。值得注意的是，P_1 应该清晰地表明 P_2 和老普具备同样的认知世界 $W_{N_c t_{-3}}$。一个对他或她的人物以及现实和幻象之间的辩证关系感兴趣的好的叙事者应该坚持这个差异。(联想一下索福克勒斯花在描述被一系列命题态度所遮蔽的俄狄浦斯身上的气力，这些命题态度并不对应于过去事件的真正进程，参见 Eco，1979a。)

相反，P_1 的话语策略是哪一个呢？在第一节中，在 t_0 言说的我提醒塔西佗后者应当很清楚的东西，即老普死于这场值得铭记的灾难，也正因为这样老普的名字才会成为永恒的记忆。为什么要坚持这则百科性的信息呢？小普显然是要让他的标准读者根据 $W_0 t_0$ 来认识老普。

在第二节中，小普使用了一个时间切换：时态的改变——姑且这样说——一个闪回把标准读者置于同一个世界先前的状态之中。但是在这同一个世界的先前状态中，人物抱持的命题态度无法与标准读者的命题态度相抗衡。小普乍一看很诚实。他说（二十五年前的）他和他的叔父都不知道云团是从哪里来的。但是他随即就开了个括号，提醒塔西佗云团来自维苏威火山：这个括号标志着在时间和认知上的切换（一种接合，返回到 t_0 中），这是通过使用不同的时态表达出来的。虽然这种切换从语法上讲是正确的，但是从语义和句法的角度讲，其语用效果大相径庭：它把 P_1 和塔西佗的认知世界引入了 P_2 和 E 的认知世界的核心。毫无疑问，这个云团就是标准读者所要知道的作为 cRv 的那个云团(他也知道 vRe）。

接下去的举动非常有趣：P_2 和 E 在观察“有时看起来是白的，有时看起来有污斑”的云团，这也确实是 cRe 的偶然属性，

即老普在 t_{-3} 中亲眼见到的云团。但是，小普（他在这一情形中似乎是我 P_2，但实际上他突然切换成了 P_1）说云团是根据它所携带的尘土和灰烬的多少才看起来如此的：这一属性不能判给 C_1，因为它是 C_2 的典型特征，而 C_2 则是 P_1 后来的认知世界中的云团，是从维苏威火山飘来的危险的云团，是现在（在 W_0t_0 中）每个人都知道作为后来灾难的神秘罪魁祸首的云团。

这次小普没有用括号表示他的切换；相反，他进一步地搞混了时态，用过去完成时来衬托周围话语的未完成过去时。他于是强调一个明显的事实，那就是（从事件发展的逻辑角度）尘土和灰烬的出现早于云团的散开。这从故事的角度讲是正确的，而从 P_2 的认知世界的角度讲却不正确，因为 P_2 是后来才知道所有这一切的。P_1 在讲述他的真理，而这个真理也正是读者的真理，但不是 P_2 和他的不幸的叔父的真理。读者如果愿意的话，便能够意识到这一细微的机巧。但是既然读者被热情地引领着去忽视这个突然的接合和脱离，他或她又如何顾得上产生这样的意愿呢？

此刻，对于一位愿意合作的读者来说很难不去相信 t_{-3} 中的老普正在勇敢地面对昭然的厄运。姑且说切换的双重游戏已经把百科全书所确定记录下来的未来投射到一面镜子或屏幕上：标准读者是唯一能够看到那面镜子的人，但他觉得老普也在跟他一起看①。

因此，对于 P_1（总是扮演着 P_2）而言很容易说出既然雷克蒂娜被“吓坏了”，老普“决定做一个英雄而不是只顾满足自己的好奇心”（翻译者陷入了文本的陷阱，在译文中强调“英雄”）。

---

① 很自然，小普所预设的标准读者是天真或衍义性读者（参见 3.4）。

人们想必会觉得，在老普收到雷克蒂娜的求救信息时，就已经知道了 cRv。但无论如何，他都不会知道 vRe。文本却厚颜地说：老普“向着危险之地直航而去”，毫不畏惧（即将落在他头上的死亡！）。而同样是这个老普，根据 P_1 的描述，在到达后安然上床入睡！标准读者被两面闪烁的镜子弄糊涂了，分不清两个认知世界是如何在镜中碰撞而又彼此消失于对方之中，对这位英雄的崇高决定肃然起敬：让我们继续前进，我不在乎我的死亡！

P_2 也有诚实的瞬间，他这时免不了会说出真相：老普全然没有意识到即将大难临头，他上岸的庞波尼亚努斯的住处仍然相对安全……但是读者知道这里就是老普的殒命之地。老普从 $W_{N_c t_{-3}}$ 航行到 $W_0 t_0$，好像知道那个世界的情形一样，好像他是越过赫拉克勒斯之柱的尤利西斯。

这个充满着时间切换的故事也是一个当中不断进行着快速的聚焦转换的故事。就好像有一个光源交替把光线投射到两个不同的认知世界中，使人意识不到被聚焦的是哪一个世界；或者就像玩三牌猜一牌一样，设局者把玩手中的牌，其速度之快让受骗者再也分不清哪一张牌在哪里。这是决定了在故事层面上的推断的话语操纵的典型例子。实际上，小普林尼（或者说他的文本）是在以言行事。

对塔西佗所作的最后说明（在 t_0 重新移入之后，见第三节）是虚伪的杰作。“我不再赘述”，我停止代表 P_2 和在 t_{-3} 中的老普，就像我迄今为止一直在做的那样，（这真是一个弥天大谎！）让我回到现在，注意，我亲爱的塔西佗，直到此刻我们还是在另一个世界，让我们回到从未干涉过那个世界的我们自己的世界里吧（这实际上就是“我不再赘述”的修辞功能）。我，作为 P_1，到目前所讲的只是在当时我所亲眼见到的，只是我当时所知道的，只是当时和我的叔父一起所相信的，是我从掌握第一手信息的人那里所听到的（这些人显然，请让我加一句，知道的比老普在 t_{-3} 所知道的稍微多一些）。现在，塔西佗，到了你必须把我诚实的报告转化成一座文化丰碑的时候了。因为在给朋友写信和为后人写史之间存在着差异。实际上，我们都清楚地知道，这封信一开始就是为后人而写，但是为了效果（它实际上也达成了这种效果）它必须把目的隐藏起来不让标准读者知道。

幸运的是，每一个文本，或多或少地总是有意识地为两种标准读者设计的。第一类应该参与合作实现文本的内容；第二类应该能够描述（和欣赏）第一类读者被文本建构的方式。我们不禁要问，小普林尼是想让读者接受他这篇记录光辉历史的作品（为老普树碑立传），还是想让读者意识到他写的作品光芒万丈（为小普树碑立传）。

第九章　乔伊斯、衍义和符号学

9.1　引言

在过去的几年里，很多批评家试图用符号学的工具分析乔伊斯，并且取得了有趣的结果（Bosinelli & al，1986）。但是我相信，如果能够看到过去二十年里关于乔伊斯的所有参考书目，就会发现那些批评家尽管人数众多，但是占比并不大。对理论符号学、叙事学和文本语用学的完整书目所进行的同步调查也会得出同样的结论：尽管有着很多有趣的例外，只有一小部分理论符号学家引用了乔伊斯作品中的例证。在符号学的“前辈”中，巴特细致地分析了巴尔扎克；格雷马斯仔细地研究了莫泊桑；雅各布森对波德莱尔和莎士比亚进行了敏锐的分析；还有其他人分析了福克纳、贝克特和博尔赫斯。文学符号学几乎没有留下什么未被涉足过的领地，但是乔伊斯所据守的领域只有一些勇敢的开拓者才敢冒险前往。

当然，这种沉默也是有原因的。第一个原因就是很多传统的乔伊斯批评在研究一位质疑语言结构和一切叙事规则的作家时，即使对符号学理论并不感兴趣，也早已对诸多符号学方面的澄清做出了显著的贡献。只举一个例子，伊瑟尔关于隐含读者的理论是建立在对乔伊斯批评的研究之上的。

第二个原因是，符号学在发展的最初阶段通常分析的是孤立的句子、对话、新闻报道和通俗文学。即使在抱着美学目的去探究文本时，它也喜欢研究更加传统的叙事作品。之所以这样，原因是文学符号学首先感兴趣的是确认规则、符码和规约系统。为了分析像乔伊斯这样质疑规则、符码和规约系统的作品，首先就需要对被质疑的对象有着清楚的认识。换句话说，似乎要想建立先锋派的符号学，必须先建立传统的符号学。

9.2 乔伊斯作品中的符号学问题

相反的是，我认为乔伊斯的所有作品都是进行符号学研究的最佳场所。

既然语言学是对合乎语法的句子和不合语法的句子进行抽离和分析，乔伊斯能够提供背离语音、词法、句法和叙事规则的无数例子。

比如，文本符号学就是对一个给定文本的连贯性和内聚力规则感兴趣。很难说出约翰回家很晚，拿破仑死于圣赫勒拿这则表达中有什么错误。这类文本常常被看作是语法上正确，而从文本整体上看却没有连贯性。当然，语言学家和符号学家知道，如果类似的文本被看作一个更大的文本环境中的一部分，而这一环境在某种程度上使得约翰的迟到和拿破仑的死有关联的话，那么它就变得连贯了。但是，文本符号学的难题在于确定一个语境是通过什么策略表达其主题或相关性的。这样一来，《尤利西斯》中的每一则意识流例子都是进行这类分析的最佳场所。

在文本语用学中，学者们对隐喻和象征的不同真值感到困惑。隐喻很容易被这样来看待，原因是如果从字面义理解它的话，它说的就不是真的（因为阿喀琉斯是头狮子不是真的）。与此相反的是，当一个文本描述从字面上可以理解的行为、物体和事件时，由于语境没能合理说明它们的出现而使读者从语用的角度感到它们难以解释，就是象征模式的具体表现。对象征模式的具体表现所作的标准反应是读者感到的一种不安，因为他看到了某种语义上的浪费，一种——就会话或叙事的简练原则而言——不应该出现在此的东西所表达的可能但依然含糊的意指冗余。于是，在乔伊斯的早期作品以及整部《尤利西斯》中每个顿悟（epiphany）的实例都是研究这种文本策略的源泉（Eco，1962b & 1984）。

关于乔伊斯的双关语有大量的文献论述，关于修辞学的符号学再审视也有大量的文献论述。在《普通修辞学》一书中，比利时列日大学的符号学研究团队（Groupe μ）通过区分四种类型的操作扩展了修辞格的领域。这四种操作常常出现并作用于符号系统的表达（能指）层面和内容（所指）层面，也作用于词汇单位和句法链之上。因此，像头韵、词尾音脱落和音位转换这些修辞格都是词形变异（metaplasm）的例子。作用于内容的隐喻则属于义素变异（metasememes）：像换置或逆序法这些在表达的句法结构上作文章的修辞格属于横组合段变异（metasyntagm），而像反讽这样的思维上的修辞格则属于理念变异（metalogism）。（见图 9.1）

	单位	横组合段
内容	义素变异	理念变异
表达	词形变异	横组合段变异

图 9.1

《芬尼根守灵夜》中所有的双关语都属于具有义素变异效果的词形变异，在其中语言表达的结构被改变，目的是为了也在内容层面上产生变化，跟隐喻的情形类似。隐喻用一个表达替代另一个表达，旨在产生一种语义层面上的知识扩展（或是“压缩”）。但是乔伊斯的双关语所获得的类比效果是通过两种新的程式实现的。一方面，它改变了表达的基本结构：像 scherzarade 这样的双关语产生了在英语词汇中从未有过的单词。另一方面，它又产生了一个就地取材式的隐喻，因为它并没有取消一个词语从而用另一个取而代之，而是通过某种词语的变形（即词形变异）把先前存在的三个词语——scherzo（诙谐曲）、charade（猜词游戏）、Scheherazade（山鲁佐德）——联结起来。这样一来它迫使我们看到在玩笑（scherzo）、谜（charade）和叙事活动（Scheherazade）之间存在的相似性和语义关联。

9.3 双关语和无限衍义

在《读者的角色》中，我试图说明《芬尼根守灵夜》（以下简称 FW）生成的隐喻都是可理解的，因为如果从不同的方向阅读整本书，它实际上提供了使隐喻得到合理解释的换喻链。我用 FW 中最为基本的元素——双关语——验证了这一假设，要知道双关语历来被看作建立在换喻的次级链上的一种特殊形式的隐喻。这种换喻链被文本预设为一种背景知识，其基础是预设的文化邻近性和心理联想网络。但与此同时，是文本本身通过一个相互交织的双关语网络促使文化背景得到识别。我于是建议把 FW 看成整体语义场的压缩模型。

让我们对 Neanderthal 这个词项（它没有在文本中出现过）进

行一番考察，看看是什么机制促使作者把它改成 meandertale。当然，我们也可以进行逆向思考：在文本中选出一个双关语，寻找它的原始的组成部分。但是，我们能够构想出两条可能路线的事实表明，在这种情形中，两个时刻相互重合；之所以能够创造一个双关语是因为它能够被读懂；语言作为文化基础应该允许这两种操作存在。还要注意的是，由于一种简单的操作规约，我们将要先从这个双关语的一个构成单词着手以便推断出另一个，反之亦然。

我们的试验因此有着双重意义：首先，站在乔伊斯的语言世界之外的某一点看看我们是否能进入那个世界；然后，从那个世界之内的某一点出发，看看我们是否能像在小径分岔的花园中那样通过许多绵延不断的路线连接起所有其他的点。接着就是要确定这个入口和这一可通行性是否基于简单的邻近性。然而就目前来讲，我们将设法用“联想”（语音的或是语义的）的词语进行推理——尽管对这些词语的解释不尽完美。

让我们看看 Neanderthal 这个词。在这图示（见图 9.2）中我们会注意到这个词项是如何通过语音联想生成了其他的词项——meander（蜿蜒曲折）、tal（德语中的意思是“山谷”）和 tale（故事）。

但是，在这个联想过程中，中间模式从出现在 FW 文本中的所有的词语中自我生成了出来。这里的联想既可以是语音的也可以是语义的。可以发现，这里提到的所有的词项只是那些能在 FW 文本中找到的。同样的心理语言学试验可以在另一个主体中产生其他同样合理的反应。在这里我们只局限于这类反应，不仅仅是因为它是涉及乔伊斯的（在这种情况下， 试验只是为了理解双关

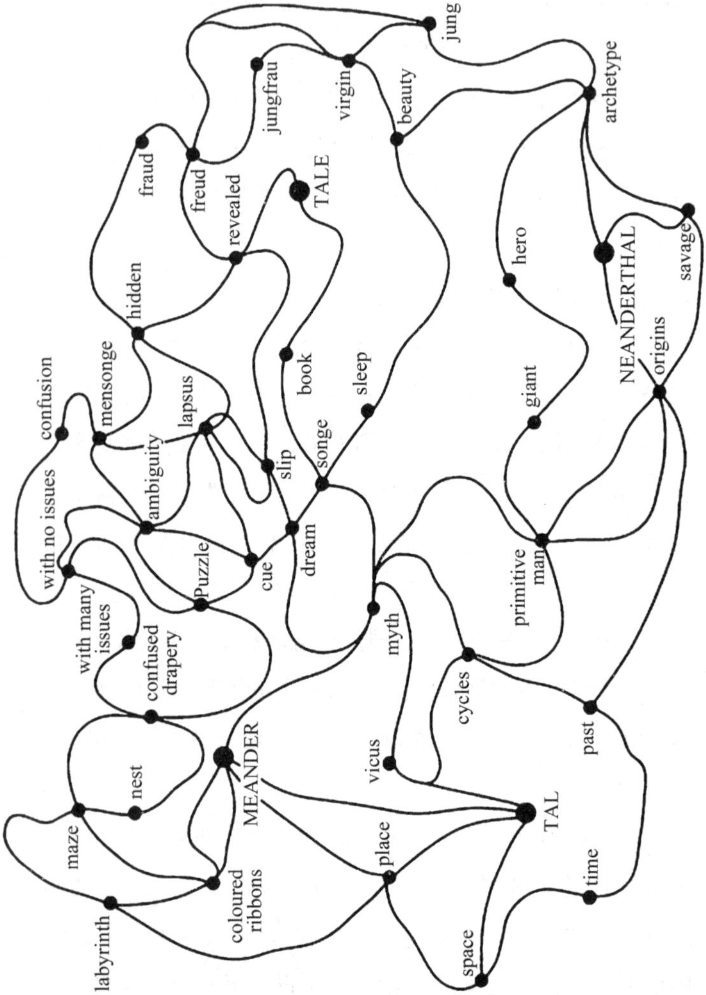
jung
archetype
savage
NEANDERTHAL
origins
hero
giant
primitive
man
past
time
jungfrau
virgin
beauty
fraud
freud
revealed
TALE
hidden
book
sleep
confusion
mensonge
lapsus
ambiguity
slip
songe
with no issues
dream
Puzzle
cue
with many
issues
myth
confused
drapery
cycles
MEANDER
nest
vicus
maze
TAL
place
coloured
ribbons
labyrinth
space

图 9.2

语如何产生，而不是它如何被解读），而且还是为了节省篇幅；另外还因为FW的读者由于受到文本的控制而被引领入一个联想的游戏之中，而这些联想已经被上下文预先暗示（也就是说，每一个文本，不管它有多么的“开放”，都不是作为所有可能性的场所，而是作为定向的可能性的场所被构建的）。

并且，这些相互关联表明了每一个词项都可以反过来成为一个联想系列的原型，而这个联想系列迟早又会与另一个词项的联想终点合并。整个图表有着纯粹的定向价值，也就是说它不论在数量还是维度上都限制着联想：当词项与相关的义素接触时，二维图表就无法再现由此产生的相互关联的游戏。我们不仅要把在整个真实语言的语义系统中所产生的相互关联的游戏看成多维度的，还要把人造领域产生的游戏也看成多维度的。这个人造领域就是文学作品和文本（在FW的情形中，文本对互相交织关联比其他文本更加包容，因此也就更适合作为试验的对象）。

如果我们从图表转到乔伊斯的文本，就会发现所有这些联想是如何发展起来的。它们实际上产生了定义这本书的双关语。这本书是一位slipping beauty（因此也是睡美人①，在睡梦中由于语义失误或记忆缺陷等种种状况而胡言乱语），是jungfraud's messongebook②，是一个精神分析的谎言，是一个少女的恶作剧，是一则年轻的信息、一个梦和一场混乱，如此等等。它是一个迷宫，在其中可以找到一个巧妙地藏在错综复杂的帷幕组成的八卦

① 在这里，slipping可通sleeping，故而产生双关义。——译注
② jungfraud's messongebook为通过词形变异获得的双关词，jung通荣格，fraud音谐弗洛伊德，jungfraud在德语中则为“少女”之意；messongebook中音谐mes songes，在法语中意为“我的梦境”，荣格和弗洛伊德都进行过关于梦的研究。——译注

阵中的词语，就像躲在填满彩带的窝中的田鼠，因此它也是一个meandertale。

meanderthaltale 这个双关语-词项在最后成了一种隐喻性的替代物，用来替代有关这本书的一切，以及通过图表中的联想链所表述的一切。

所以，要研究乔伊斯，符号学就必须把一部作品当作一个对象语言的标本来研究，而这部作品只不过是语言本质的元语言再现的具体例子。乔伊斯的全部作品就是由无限衍义的规则所统辖的文化世界的活生生的例子。FW 似乎具象化了诸如“无限回归”和“无限系列”的概念，以及作为“真理的火炬传至其手中的又一个再现”的诠释（Peirce，1934）。

无限衍义的世界跟乔伊斯的 meandertale 特别相像。可以这样说，整部 FW 只不过是对衍义世界的隐喻，或者衍义世界的理论只不过是对 FW 的隐喻。如果只是这样的话，无限衍义的符号学理论仅仅描述了文学开放作品范畴中的一个特定的世界，而 FW 正是属于这一世界。这类作品的目的是刺激那些患理想失眠症的理想读者，让他们自由自在、不受控制地进行无限的解读。但是问题要比这严重得多。在人工智能方面的最新研究表明，即使得到了恰当的驯服并为了试验的原因被简化成局部可控制的程式，无限衍义的模型依然是唯一能够解释语言如何被生成和被理解的模型。

9.4　乔伊斯和百科全书

今天，有两种语义模型争相解释人类是如何生成和理解文本的：词典模型和百科全书模型。根据词典模型，一门语言是一系列由精确的定义所解释的条目，通常是由一套有限的语义规则组成，不能够再进一步分析。从这个角度讲，man 的意思是“成年人类雄性”。这些条目可以根据一套有限的句法规则加以组合。于是诸如“这个人是头猪”的句子被认为是无意义的。词典模型无疑具有相当人造的特性。但是很多语言学家和分析哲学家长久以来都相信，既然它描绘了一般智力的人的能力，那么至少能够为智能机器提供语义指令。但不幸的是，人工智能领域的研究证明，即使具有词典般能力的机器也赶不上一个蠢笨的人。要想理解文本，一台机器就必须配备百科全书格式的信息。

百科全书模型的建立基础是假定语言中的每个条目都必须由其他可能的语言条目来诠释——后者根据一些先在的文化规约能够与前者相关联。每一个符号都能被另一个符号所诠释，后者充当前者的解释项。语言条目 man 的解释项可以是它的同义词、一句简单的定义或是一段长长的解释——涉及人的生物本性，我们这个物种的历史，与人类的过去、现在和未来相关的每一条信息，以及从对人的观念中推出来的所有推论。由人工智能提出来的第一个也是最有影响的模型就是罗斯·奎利恩模型（Q 模型）。我在《符号学理论》中广泛地使用过这个模型，目的是说明我们的文化能力应该如何被假定。奎利恩的模型建立在由各类联想关系交织联结而成的节点之上。对于每一个词项的意义来说，在其内存中必须有一个把待定义的词语作为其“鼻祖”的节点，在这里被称为类型。类型 A 的定义预见着一系列作为个别符被囊括其中的其他词项，用来作为它的解释项。这个词项的意义结构是通过与各种个别符之间的联系的多重性构成的，而这些个别符中的每一个又接着成为类型 B，也就是囊括很多作为个别符的其他词项的新结构的“鼻祖”，其中一些词项也是类型 A 的个别符，并且可以把类型 A 作为个别符囊括进去。像生长这样的个别符可以成为新的分支（或平面）的类型，在其个别符中包括很多与植物相关的个别符（比如， 空气或水，当然也包括植物本身）。于是，一个完整内存的理想结构将会形成一个庞大的平面集合，其中每一个平面完全由除“主节点”之外的个别符节点构成。

这个模型是建立在无限衍义过程之上的。从一个被当成类型的符号出发，可能从中心到外围渗入整个文化单位的宇宙，每一个文化单位又继而成为中心，创造出无限的外围区域。

类似的模型当它的其中一部分被考查时仍然可以获得二维图表结构（并且可以理解的是，在其机械的模仿中，由于包括其中的个别符数量有限，所以可能赋予它一个能够描述的结构）。其实，并没有一个图表能够完全展现它的复杂性。它必须以一种具有拓扑属性的多维网络的面目出现，在其中，所覆盖的距离或被缩短或被拉长，每个词语都通过捷径和直接联系与其他词语接近，同时又根据不断变化的关系同所有其他的词语保持联系。

我们可以把所有文化单位设想成装在一只盒子里的大量的玻璃弹球；通过晃动盒子我们可以在弹球之间形成不同的联结和关系。这只盒子将会构成一个具有高熵的信息源，于是构成了在自由状态下语义关联的抽象模型。

但是，我们应该考虑到有磁性的弹球，它们建立了一个吸引和排斥系统，因而一些弹球相互吸引，另一些却没有。同样的磁化也会减少相互关联的可能性。所幸，我们仍然可以把这整个语义世界的每个文化单位都看成是能够发出一定的波长，从而使它同有限（虽然可能数量巨大）的其他单位协调一致。只是，我们必须承认波长能够根据新发出的信息而改变，因此排斥和吸引的可能性也在改变。实际上，这个模型预设系统可以被新的信息所充实，更多的数据也可以从不完整的数据中推导出来。

体现《芬尼根守灵夜》的读者能力的迷魂阵般的结构到头来跟奎利恩的模型很相似——也同由所谓的新联结主义提供的最先进的模型相类似。如果有人想提供一台能够同我们的思考和说话的能力相媲美的机器，他就得把一个文化世界构想成《芬尼根守灵夜》的结构，而不是由词典和句法算法构成的语法。

如果我们百科全书式的模型是一个巨大的解释项网络，从其中的每一个单独网点都能抵达其他任何一个网点，那么人们就可以把乔伊斯的整部巨作当成一次庞大的假设尝试，当成它自己的阅读符码和一部百科全书去重新阅读。

衍义百科全书的最初灵感是通过颓废派的遗产降临在青年乔伊斯身上的，就好像这部百科全书是只有这位诗人才能从先前的混乱中重新复活的东西。百科性大致是指关于一系列事件的观念，顿悟会把这些事件以不同的方式联系起来，从闻所未闻的关联中发现新的意义。沃尔特·佩特教导乔伊斯说，现实是一连串一旦出现就即刻消失的力和元素，是一个由不连贯的、稍纵即逝的和不稳定的印象组成的世界。将顿悟事件分离出来意味着把最规约性的实体分解成一个新的关系网络。诗人本人“能够把他周围的生活纳入其中，再在飘忽不定的音乐中把它抛出去”（《斯蒂芬英雄》）。艺术活动在于在经验的“根茎”元素之间设定新关系：“艺术家如果能够从典型的环境网络中把一个意象的微妙声音最为精确地梳理出来，为它在新的位置中选择一个最为恰当的艺术环境，在其中把它‘重新体现出来’，那么他就是一位了不起的艺术家”（《斯蒂芬英雄》）。意识流手法的发明可能源自乔伊斯的以下观点：现实具有多种多样的形式，经验永远不是有限的也永远不是完整的，而是像一个悬挂在意识房间里、用最细的丝线编成的巨大蜘蛛网，捕捉着落在它表面的每一个颗粒。

但是，从早期的小说到《尤利西斯》，这种百科全书的观念发生了巨大的变化。如果说在早期的作品中这张蜘蛛网只是一种介乎我们的心理活动和形而上结构之间的不精确之物（某种介于无法触及的“现实”结构和同样无法触及的创造性想象网络之间的东西），那么在《尤利西斯》中，它则更加明白清楚地指涉一个如现代科学所描述的实在世界的假定结构。

《芬尼根守灵夜》明确完成了这个衍义过程，事件的组织已经变成了语言实体的组织。潜藏在《芬尼根守灵夜》之下的百科全书是纯粹的语言或符号的百科全书，是一个无限衍义的世界，在那里词语（连同它们的意义）“通过自相矛盾的巧合重新聚合成无法分辨的身份”（《芬尼根守灵夜》）。

9.5 早期的耶稣会符号学

为了阅读和理解《芬尼根守灵夜》，“受理想失眠症影响的理想读者”似乎应该具备由语言表达的所有知识的完整索引。有趣的是，人们会注意到百科全书的索引观念在十七世纪已经由一位巴洛克隐喻修辞学家阐述过。他就是意大利修辞学家泰绍罗。乔伊斯大概从来没有读过他的书。然而，我们不能低估如下事实：泰绍罗是一名耶稣会教士，以及寻找元素的多种组合、炼金术和全套百科全书的观念在巴洛克时期和之后的时代一直困扰着许多耶稣会教士（比如，首先就是阿塔纳修斯·基歇尔，也包括加斯帕尔·肖特和其他很多人）。我不知道是否有人仔细研究过乔伊斯文化背景同那一脉耶稣会文化主流之间的关系。

泰绍罗写过一篇关于隐喻的论文，名为《亚里士多德的望远镜》，在其中他似乎意识到在伽利略之后，人们对宇宙的看法早已发生了变化。但是，泰绍罗想表明亚里士多德的隐喻观念仍然代表着一种用来求知的有效工具（望远镜），并且用它去了解的对象不是由实在事件构成的世界，而是由人类的语言和语言蕴涵着的创造和求知的可能性构成的世界。

在这里我们不会论及这些琐碎的细节或作者所具有的热情。他利用这种热情把隐喻机制引入视觉幽默、绘画、雕塑、行为、铭文、座右铭、格言、断句、只言片语的信件、神秘的文字、象形文字、字谜、密码、暗语、勋章、纪念柱、船舶、嘉德勋章以及虚构的怪物中。乔伊斯同他一样对名单和目录都兴味盎然。令我们感兴趣的是，泰绍罗非常清楚隐喻并非借助神思产生，而是要花费功夫，掌握它需要练习。首先要练的是阅读目录、文集、象形文字的集粹、勋章、反面图案和徽章：这可以说是对互文性和对“已说物”的模仿的明确邀请。但是第二种练习则以对组合模式的理解为前提。

泰绍罗谈到了用文件和表格制成的范畴索引，这也是一种有组织的语义世界的模型。这由亚里士多德的范畴出发（实体、数量、性质、关系、地点、时间、姿态、状态、动作、遭受），接着各部分把能够按范畴分类的一切都收集起来，并且与它们一起被系统化。有人需要关于侏儒的隐喻吗？他可以沿着数量这个标题下的范畴索引往下查找，于是他会找到“小东西”这个概念，在那里找到的所有微小条目都能够被分解成各种语境下的选项：天文、人的机能、动物、植物等等。但是实体范畴的索引就应该同第二类索引融合在一起，于是每个实体都被分析到极小的微粒，因为是这些微粒决定了被研究对象显示自身的方式（在数量范畴中，人们应该找到“多大”“多重”和“由哪几部分组成”这些问题的答案；在性质范畴中会有“是否看得见”“是否看不见”等问题的答案）。这显然是被组织进百科全书的实际而又真切的内容系统。说到这里，有人会说，如果用几何级数衡量侏儒的矮小，未免大材小用了。

泰绍罗不仅用这种范畴索引创造和诠释隐喻，还用它创造和诠释新词和真正的双关语。他从一个语言发明出发，推演出无数的其他语言发明。他展示出一个人如何从一个巧妙的发明出发，到达完全无限的其他发明。泰绍罗的《亚里士多德的望远镜》实际上就是用来阅读《芬尼根守灵夜》的手册。就事实而言，《芬尼根守灵夜》则是一个运用范畴索引的具体例子，就相当于一台计算机被输入了所有能够获得的知识，接着输出在知识的各元素中间实现的新的联结。《芬尼根守灵夜》（甚至在艺术形式上而不是在理论形式上）是一种运作中的百科全书的再现。

9.6　解构主义的诱惑

到目前为止，受理想失眠症影响的乔伊斯的理想读者似乎就是一位最为标准的解构主义读者，对于他来说任何文本都是不可穷尽的噩梦。对于这种读者来说任何真正的诠释都是一种富有创造性的误读，而一个文本的解读只能是真正的创造性的解读。对于这种读者来讲，不存在对《芬尼根守灵夜》的批评性解读，只存在无限的原创性重构。

我认为恰恰相反，《芬尼根守灵夜》之所以成为无限衍义世界令人满意的意象，正是因为它是具有自身价值的文本。一个开放的文本总归是一个文本，可以引发无限的解读，但也会不允许某个特定的可能解读。说出对文本的最好的诠释是什么是不可能的，但是说出哪些诠释是错误的则是可能的。在无限衍义的过程中，当然能够从任何一个节点到任何其他节点，但是路线受到被我们的文化史合法化的连接规则的控制。

每一条短回路都隐含着一个文化网络。在这个网络中，每一个关联、换喻、推论关系都可以被展示出来并得到证明。无限衍义的过程通过让说话者自由地建立大量的连接从而创建他们的文本。然而文本是一个有机体，是一个内在关系系统，能够实现某些可能的关联而阻断其他的关联。在一个文本产生之前，每一种文本都可能被创建。在一个文本产生之后，有可能让这个文本说很多东西——在某些情况下可以潜在地说无数的东西——但是不可能，或至少从批评角度是不合法的，让它说它没有说的东西。比起作者想要它说的东西，文本常常能说更多的东西，但是要比许多无节制的读者想要它说的东西少。

独立于作者所声称的意图的是文本的意图。但是一个文本只是作为一个实在的对象而存在，作为一个线形文本表意而存在。可以说文本的意图只是一部分读者猜测的结果。读者的主动性基本上在于对文本的意图进行猜测。一个文本是为了造就其标准读者而构建的工具。这一标准读者并不是那个得出唯一正确猜测的读者。文本可以预设一位有权尝试无限猜测的标准读者。但是无限的猜测并不意味着任何可能的猜测。

如何证明一个给定的诠释猜测即使不是唯一正确的猜测也至少是一个可以接受的猜测呢？唯一的办法就是看它是否同文本协调一致：对文本的某一部分进行的任何诠释如果被同一文本的其他部分认可了，那么就是可以接受的，反之则必须摈弃。从这个意义上讲，文本的内在一致性控制着读者难以控制的漂移。

9.7　关于乔伊斯的最后一点八卦

在著名的《守灵夜小通讯》（一九六四年十月）中，菲利普·格雷厄姆提出《芬尼根守灵夜》中记录的最近的历史事件是德奥合并。鲁丝·冯·普尔反驳说对最近历史事件的影射是一九三八年九月三日签署的《慕尼黑协定》。对德奥合并这件事的引述是通过 Anschluss 这个词的出现得到证明的，而对《慕尼黑协定》的引述则是一个聪明的猜测。但是，认为作者既能够引述德奥合并同时也渴望引述《慕尼黑协定》并不矛盾。

在一九六五年十月的《守灵夜小通讯》中，贝森·哈尔珀认为对《慕尼黑协定》的猜测可以基于对乔伊斯所用词语的精确分析予以质疑，但他并没有表达赞成还是反对的明确立场。尽管这样，他还是提出乔伊斯或许是根据习惯上而非政治性的意义使用 Anschluss 一词的，并且对其进行的政治解读得不到后续语境的支持。如果对 Anschluss 一词的振振有辞的猜测被削弱，那么对《慕尼黑协定》的虚弱的猜测就会遭到严峻的挑战。为了证明在乔伊斯的作品中有多么容易找到一切事物，哈尔珀以贝利亚（Beria）为例：

> 贝利亚，一九三八年十二月九日（源自“berial”，415.

31）。在“蚂蚁昂特和蚱蜢格雷斯霍珀的故事”开头出现过“苏维埃（So vi et）！”这个词。它与公社制的蚂蚁社会相关。再翻过一页就提到了 berial。它是 burial 的变体。似乎乔伊斯没有什么理由使用这个词（而不用 burial），除非他对那个社会还别有所指。这次指的是苏联的一位官员，拉夫连季·贝利亚。他在十二月九日被任命为苏联内务部人民委员之前，还不为西方世界所知。在这之前，他只不过是一个普通官员。乔伊斯不会知道他的名字的。即使他知道也不会认为使用这个名字有什么意义。况且这一天，他的手稿已经送进印刷厂了。但在这种情形中，这不是一个短处，反而是一个好处。我们知道他总是在校样中增增补补。我们会觉得他的一些最后时刻的思绪是当时历史事件的结果。他在校样中填加的是最近的历史事件，这并非没有可能。剩下所要做的就是核对这个词第一次出现的时间。它没有出现在一九二八年三月发表在《过渡》杂志第十二期的版本中（虽然“苏维埃”出现了）。但是，它出现在一九二九年八月“山姆和肖恩所讲述的故事”中。我的分析有一个漏洞，甚至比冯·普尔夫人或格雷厄姆先生的更为严重。berial 指的不是贝利亚。提问：有谁能告诉我为什么乔伊斯要用这个特别的拼写呢？……有一种理论说乔伊斯有着先知先觉的能力。因而，berial 虽然早出现了十年，它指的的确是贝利亚。我认为这是胡说。如果我们同意这种预知，就不可能找到一个“最近的历史事件”。

在一九六五年十二月的《守灵夜小通讯》中，冯·普尔再次回应，这次却是同意哈尔珀的慎重做法：

关于berial（415. 31）一词的拼写。“蚂蚁昂特和蚱蜢格雷斯霍珀的故事”的确部分涉及集权社会，正像哈尔珀强调的那样，在它的开头出现过“苏 维 埃！”这不仅指涉俄国马克思主义，还指涉专制宗教团体的“阿门”（Amen）。在紧跟着“berial”的语境中出现的还有另一个政治性引述：蚂蚁昂特（Ondt，在丹麦-挪威语中的意思是“邪恶”）说他“不会去参加在跳动者家举办的聚会”——跳动者指的是跳蚤——“因为它既不属于我们的社会阶层，也不属于Ba的berial……”各种政治影射都是对宗教意义的寓言；这则寓言的主旨是蚱蜢格雷斯霍珀诚惶诚恐地对专制宗教的末世论及其所规定的救赎仪式的拒绝，以及形式、仪式（即德行）和神恩（即信仰）之间的冲突——蚱蜢格雷斯霍珀所依赖的是后者。

要被埋葬的Ba是死者的灵魂；在埃及神话中是鸟首人身。在415. 35-36，用读《亡灵书》的方式祈祷完之后（同时也预示着故事的结尾明确无误的对埃及的影射），蚂蚁昂特说：“如同Beppy的疆土那样，我广袤的王国也一样繁荣！”Beppy是约瑟的意大利语爱称。在这里蚂蚁昂特把自己同约瑟做比，而berial可能暗指约瑟曾被象征性地埋过两次，一次是在深坑中，一次是在监狱，但是仍然爬起来成为管理埃及的宰相。在埃及，他生了以法莲（《旧约·创世记》46. 20），后来以法莲生了比利亚，Beriah的意思是“遭祸”，之所以取这个名字是因为“家里遭祸”（《旧约·历代志上》，

7.23)。约瑟的兄弟亚设也生了个儿子叫比利亚（《旧约·创世记》，46.17）。这两个“遭祸”的人把地下的berial同Ondt（邪恶）和Amongded（埃及的葬礼仪式）联系在了一起。可能指的是阿蒙神，也有可能指的是Amen，而Amon是它的变体。在约瑟家族的后代中，琐法有个儿子名叫比利（《旧约·历代志上》，7.36），意思是“井中之人”，显然暗指的是约瑟和那个深坑，一口干涸的井。（这个把身份和家族后代混淆的特点是托马斯·曼《过去之井》的主题，《过去之井》是《约瑟和他的兄弟》四部曲的第一章。在一九三三年，曼开始写作这本书，向我们展现儿子认同父亲并且与之和解的古老愿景，这也是《芬尼根守灵夜》的基本主题。）

就这样，Beria又被清算了一番——在他死后。上下文使对《圣经》的影射获得了特权。我喜欢这种讨论。所有的参与者都机敏异常，做出机巧的诠释，但是归根结底两个人都非常审慎，承认他们精彩的影射都不能被上下文所支持。他们取得了这场游戏的胜利是因为他们让《芬尼根守灵夜》赢得了胜利。

这个把文本作为由内部的统一性制约的系统予以尊重的例子对我来说似乎是个很好的结论性寓言。为了进入理想的失眠，乔伊斯的理想读者必须总是保持符号学上的清醒。

第十章　乌克巴尔的试推法*

10.1

如果我们同意侦探小说理论家的文章中的观点（例如由范达因制定的规则），那么博尔赫斯和卡萨雷斯的《伊西德罗·帕罗迪的六个谜题》就完全成了“异端”。据称其中的故事是对切斯特顿的戏仿，而后者又对从爱伦·坡以来的经典侦探小说进行了戏仿。巴黎的乌力波最近确定了一套以前构想的侦探小说情节矩阵（谋杀者=男管家，谋杀者=叙事者，谋杀者=侦探，等等），并且发现把谋杀者构想成读者的书尚没有写出来。我问自己这种构想（向读者揭示他们，或更确切地说*我们*就是杀人凶手）是否真的从未出现在任何一部伟大的作品中——从《俄狄浦斯王》到博尔赫斯的短篇小说。但是一九四二年博尔赫斯和卡萨雷斯确实在侦探小说情节的元素周期表中发现了一处空白：侦探是蹲在监狱里的犯人。这位侦探并不是从外面破一起（发生在密室的）案件，而是被锁在密室里，侦破发生在外面的一系列案件。

一名侦探根据其他人提供的零星线索依靠自己的思维破案，这个构思是侦探小说传统的一部分：看看雷克斯·斯托特笔下的尼禄·沃尔夫。助手阿奇·古德温带给他情报，但他本人从没有离开过住处半步，只是从书房懒散散地走到种着兰花的温室。但是像伊西德罗·帕罗迪这样的侦探，不能离开囚室，并且只能通过那些无法从所目击的事件中理出头绪来的白痴获得情报，无疑是为人称道的叙事绝技的产物。

读者会产生这样一种印象，就像伊西德罗取笑自己的客户一样，比奥赫斯（比奥伊·卡萨雷斯和博尔赫斯这样命名他们杰出的二人组）也取笑他们的读者——并且这一相似之处（也唯有这个相似之处）是这些短篇小说的趣味所在。

这些短篇小说的源起早已为人们所熟知。埃米尔·罗德里格斯·莫内加尔在他的博尔赫斯的传记中做了很详细的记述。但我们还是听博尔赫斯本人来说说：

> 在这种情况下，人们会想当然地认为长者为师，幼者为徒。在一开始可能确实如此。但是几年之后，当我们开始一起工作时，比奥伊是在暗中真正的良师。他和我进行了各种冒险。我们编选阿根廷诗集、奇妙故事集和侦探小说集；我们写文章和序言；我们为托马斯·布朗爵士①和葛拉西安②的作品注释；我们翻译比尔博姆③、吉卜林、威尔斯和邓萨尼勋爵④的短篇小说；我们创立了《背时》杂志，不过只办了三期；我们写电影剧本，但无一例外都被拒绝了。我喜欢忧

* 本章作为《伊西德罗·帕罗迪的六个谜题》德语版（1983 年）后记首次发表，非学术化地解释了皮尔士的试推法观念被通俗化的原因。

① Sir Thomas Browne（1605—1682），英国医生、作家。——译注

② Baltasar Gracián（1601—1658），西班牙哲学家、作家。——译注

③ Max Beerbohm（1872—1956），英国漫画家、作家。——译注

④ Lord Dunsany（1878—1957），爱尔兰剧作家、小说家。——译注

伤、格言和巴洛克风格，比奥伊却喜欢平静和庄重。如果让我用一句话概括，那就是比奥伊逐渐把我引向了古典主义。

我们在四十年代初期开始合作写作——直到那个时候我都认为这是不可能的创举。我想出一个我们都认为值得写一篇侦探小说的绝妙情节。一个下雨的早晨，他告诉我我们应该试一试。我勉强同意了。在那个早晨稍晚些时候，一切发生了。一个名叫奥诺里奥·布斯托斯·多梅克（Honorio Bustos Domecq）的人出现并且接手了一切。

长期以来，他用一根铁棒统治着我们，让我们感到愉悦，后来却使我们感到沮丧，他开始变得完全不像我们了。他有他自己的怪癖、他自己的俏皮话，以及他自己的细腻写作风格……布斯托斯·多梅克的第一部作品是《伊西德罗·帕罗迪的六个谜题》。在写这部书期间他还未失控。卡拉多斯创造了一名盲人侦探；比奥伊和我更进一步，把我们的侦探困在监狱里。这本书同时也是对阿根廷人的讽刺。很多年来布斯托斯·多梅克的身份从未被揭示。当我们最终说明真相时，人们认为既然布斯托斯是个玩笑，他的作品也就很难让人认真看待了。①

除此之外，阿根廷公众还有其他感到失望，至少是有些困惑的原因。这本书中甚至有一篇其中人物——蒙特内格罗——写的序言。一个人物不可能给赋予他或她生命的书写序言。但更让人匪夷所思的是，每次蒙特内格罗出现在这本书的故事中时，都显

① 参见博尔赫斯《自传随笔》。

得像个傻子。当他热烈地用褒扬的、华丽的、充斥着学究气的辞藻赞扬他的作者时，读者怎么会当真呢？在这里，我们遇到了克里特岛悖论：埃庇米尼得斯说，所有的克里特岛人都是说谎者，但我们怎么能相信他呢？他本人就是克里特岛人，因此也是一名说谎者。（顺便提一句，圣保罗——不是博尔赫斯笔下的人物——在写给提图斯的一封信中引述了埃庇米尼得斯这句关于克里特岛人欺骗本性的话，认为它是靠得住的，因为既然说这句话的人来自克里特岛——他也因此了解克里特岛人——那么我们就得相信他……）

10.2

但是，《伊西德罗·帕罗迪的六个谜题》令阿根廷人不解的原因并没有就此说尽。在这些故事里我们发觉自己正面对面地遭遇另一场游戏。这场游戏注定会在翻译过程中失去力量，无论译者有多么好。前来探望监狱里的伊西德罗的人物所说的话像烟花般五彩缤纷地展示了当时阿根廷知识阶层的日常习语、文化口头禅、媚俗的弱点和习气。即便译者尽力而为（但他们甚至无法把这种西班牙语翻译成得与在拉瓦耶、科连特斯和博卡区所讲的语言有所不同），各种讽刺性的指涉必定会丧失殆尽，因为读者无论在什么情况下都是不同的：他们说的是另一种语言，并且也不是一九四二年的那些阿根廷读者了。因此，读者必须努力想象早年间的布宜诺斯艾利斯，以及这本书所体现出的刻薄的戏仿；在这本书里，（如莫内加尔所说）“阿根廷口语的严肃性，以及它各种各样的变体（包括工人阶级的俚语、伪知识分子法语化的语言、西班牙人说的难懂又过时的西班牙语，以及意大利语黑话），通过与其说是叙事者还不如说是修辞手法的人物展现出来。这是在阿根廷首次有意地尝试通过对叙事形式和言语的戏仿进行叙事，并且取得了成功”。

这使人想起了一个词源学游戏。我提到这一点，但并不向塞维利亚的伊西多尔、海德格尔或者德里达式漂移的迷恋者们保证什么：伊西德罗·帕罗迪的姓是 Parodi 这一事实不会令人感到惊奇，因为 Parodi 是一个非常常见的意大利姓氏（源自利古里亚大区），而在阿根廷没有什么比意大利姓氏更为常见的了（甚至有一则关于阿根廷人去意大利的笑话，他在那里惊讶地发现意大利人都用阿根廷人的姓）。无论怎样，在 parodi 和 parody（戏仿）之间基本上没有什么距离。这难道是巧合吗？①

然而，既然如此，似乎便没有什么理由在今天重新阅读这些故事了。很难领会其中口语化的指涉，也很难去欣赏只是模仿真正侦探小说的侦探小说……还能怎样呢？去阅读第一手的侦探小说佳作（或是伪侦探小说），如像《死亡与指南针》这样的虚构故事不是更好吗？

实际上，接触伊西德罗系列故事的读者得到的第一印象，除了不可理解的俚语和文化上的影射，就是书中人物的闲聊都是愚蠢的。唯一的诱惑是快速把那些没完没了的独白略过，将它们视为音乐评论，以便马上到达结尾，去伊西德罗（站不住脚的）解谜中找到快乐。因此，读者会怀疑这些故事是为了取悦人而给一些伪谜题设置谜底，就像下面这则著名的笑话中讲的那样：

① 我明白这种解读方式有悖于我在这整本书中所宣扬的要求在诠释上保持谨慎的主张。但是正如我在第三章中所讲的那样，使用和诠释之间的界限常常很难分清。请见谅。

问题：一艘船有三十米长，主桅杆有十米高，并且有四名水手。那么船长有多大？

答案：四十岁。（对这一答案的解释是：我知道，因为是他告诉我的。）

但并非这样。这六个故事都遵循一个基本的侦探小说规则：侦探用来破案的所有线索读者都能得到。人物的闲聊中充斥着重要的情报。

与经典侦探小说的不同之处在于，在重新阅读经典侦探小说时，因为知道了答案，我们会自问："对，是这样。我怎么就没有注意到这个细节呢？"但是在重新阅读伊西德罗的故事时，我们不禁会产生疑问："我为什么会注意这个细节而忽视其他细节呢？为什么伊西德罗把注意力集中在这个事件或这则情报上而认为其他的无关紧要呢？"

比如重新阅读第四个故事《圣贾科莫的预见》。一天傍晚，吃完饭后，指挥官声称在他书桌的第三个抽屉里有一尊美洲狮（pumita）陶土像。普米塔（Pumita）感到很惊奇。本没有什么理由把这件事看作重要细节。一个名叫普米塔的女人很自然会对pumita这个词表现出好奇。后来伊西德罗从另一位知情者那里（读者也获得了这一信息）获悉指挥官的抽屉里有一尊陶土蛇像。是什么授权我们（也授权伊西德罗）认为指挥官拥有的实际上是陶土蛇像而不是陶土美洲狮像？他为什么就不能有两尊陶像呢？但让我们试想正是这条线索令伊西德罗认为指挥官那天晚上撒了谎（声称有一个美洲狮像而实际上是蛇像）。又是什么令伊西德罗认为指挥官之所以撒谎是为了弄清普米塔有没有翻过他的抽屉呢?

伊西德罗的故事中充斥着这类线索，这说明了两件事情：一、人物的闲聊并非无关紧要，并不纯粹只是语言上的戏仿，它在结构上有着重要意义；二、为了知道如何“解读”这些人物的闲聊，伊西德罗必须使用一把“钥匙”，或者一个非常有力的假设。是一把什么样的钥匙呢?

你会马上发现，基于上述提到的原因，阅读伊西德罗系列故事既富有挑战性又趣味盎然。读起来有趣这一事实就足以支撑我们花功夫去阅读。请原谅我的结论在美学意义上的粗浅；我是那些仍然（或再次）坚持认为乐趣是阅读一篇小说的原因的人当中的一员。但在这里我们遇到的是一个不同的问题。

伊西德罗系列故事的机制预示了博尔赫斯后期许多小说的基本机制，或许是他的所有小说的基本机制。我将称这种机制为*病态的斯宾诺莎世界中的猜想机制*（在后文我将细致地予以说明）。

10.3

博尔赫斯似乎阅读过一切书籍（甚至更多，如果将他评论过不存在的书籍这一点也考虑进去的话）。尽管如此，我还是设想他从未读过《皮尔士论文集》。我可能会搞错，但我相信莫内加尔，皮尔士的名字从未出现在莫内加尔所著的博尔赫斯传记后的姓名索引中。即使我错了也不单是我一个人搞错。

无论怎样，博尔赫斯是不是读过皮尔士的著作对我来说无关紧要。假定书籍彼此对话似乎是典型的博尔赫斯式方法，所以作家也就不必了解彼此的作品（作家用作品来说话——母鸡是一只鸡蛋用来生产另一只鸡蛋的工具）。这一事实仍然存在，那就是很多博尔赫斯的短篇小说都绝好地体现了推理艺术，皮尔士称之为试推法或者假设，事实上这种推理只不过是猜测罢了。

皮尔士声称我们根据三种模式推理：演绎、归纳和试推法。让我们利用皮尔士的例子来理解这三种模式，而不是用逻辑和符号学术语来总结，以免令读者感到乏味。

设想桌子上放着一个装满白色豆子的袋子。我知道它里面盛满了白色的豆子（假定我是在一家商店里买的，我很信任店主，他卖袋装的白色豆子）；于是，我可以假设一个规则，即“这个袋子里的所有豆子都是白色的”。一旦知道了这个规则，我就可以创造一个实例；我闭眼从袋子里抓一把豆子（之所以闭眼是因为不需要去看），就可以预知结果：“我手里的豆子是白色的。”从一个（真实）规则利用实例进行的演绎完全确定无疑地预知了一个结果。

不过，除了少数的公理系统之外我们很少能够进行安全的演绎。我们现在再来看归纳。我有一个袋子，但我并不知道里面装的是什么。我把手伸进去，抓出一把豆子，发现它们都是白色的。我再次伸进手去，抓出的还是白色豆子。这个过程我重复了x次（测试的次数取决于我有多少时间，或者是为了建立关于袋子里豆子的科学规律我从福特基金会那里能拿到了多少钱）。经过足够多的测试之后，我进行了以下估计：测试的所有结果都是一把白色的豆子；我有理由归纳出所有这些结果都是同一规则的实例——那就是，袋子里的所有豆子都是白色的。从一系列结果中归纳出它们都是同一个规则的实例，我就获得了这个（可能）规则的归纳公式。我们都知道，只要有一次测试中从袋子里抓到的豆子中有一颗黑色的，我的整个归纳努力就会化为泡影。这就是为什么认识论者会对归纳表示怀疑。

实际上，既然我们无法知道需要多少次测试才能把一个归纳看作成功的归纳，所以我们也就的确不会知道一个有效的归纳是怎样的。十次测试够吗？九次怎么样？八次呢？为什么一次不行呢？

至此，归纳让位，给试推法留出了空间。谈到试推法，我遇到了一个奇怪而又解释不清的结果。还是我们之前的那个例子，桌子上有一袋豆子，近旁，也是在桌子上，有一把白色的豆子。我不知道它们是怎样被放到那里的以及是谁放的，甚或是从哪里来的。让我们把这个结果看成是一个奇怪的实例。现在我需要找出一个规则，如果这个规则是正确的，并且这个结果是那个规则的实例，那么这个结果就不奇怪了，而是相当合理的。

至此我做出猜测：我建立了一个规则，即袋子里装着豆子，并且里面的所有豆子都是白色的，我把眼前的这个结果看作该规则的一个实例。如果袋子里的所有豆子都是白色的，并且桌上的豆子都来自那个袋子，那么这些豆子是白色的就显得很自然了。

皮尔士观察到试推法的推论是所有“革命性”科学发现的典型特征。开普勒从前人那里得知行星的轨道是环形的。后来他观察处在两个不同的位置的火星，发现它们触及的两点（x 和 y）不可能是同一个圆的两点。这个实例看起来很奇怪。但如果假定行星轨道可以用另一种曲线（非圆形）来表示就不奇怪了。因此开普勒必须找到一个不同的规则。他可以想象呈抛物线形或是呈正弦曲线形的轨道……至于他为什么会想到椭圆形轨道（这有他的充分理由）对我们来说（在这篇论文里）并不重要。于是他做出了他的试推：如果行星的轨道是椭圆形的，被发现的火星的两个位置（x 和 y）是这个规则的实例，那么这个结果就并不奇怪了。自然而然地，在这一点上他必须借助一个新的演绎来验证这个试推。如果轨道是椭圆形的（至少火星的轨道是椭圆形的），那么在椭圆曲线上的另一个点 z 就能等到火星。开普勒等到了。从理论上讲，这个试推得到了证明。现在必须验证这个假设不会被推翻。当然，我对这个发现的各个阶段进行了简化和概括。事实上科学家们要进行上万次的归纳验证。他想出一个假论，可能会很大胆，相当于一场赌博，然后就对其进行验证。一旦验证的结果是肯定的，他就赢了。

现在，一个侦探所做的也没有什么不同。把福尔摩斯的方法宣言重新读一读，人们就会发现，在他（同柯南 · 道尔一起）谈论演绎观察法时，实际上所想的与皮尔士的试推法并无二致。①

奇怪的是皮尔士竟然用了“试推法”这个术语。他将其同演绎和归纳进行类比（也参考了亚里士多德的一些术语）。但我们不能忘记 abduction 这个词在英语里也有“绑架”的意思。如果我在某个尚未研究过的现象领域发现一个奇怪的结果，并且在那个领域找不到规则（一旦有这么一个我并不知道的规则，这个现象也就不奇怪了），我必须从别的地方“绑架”或是“借”一个规则。你可以说我必须通过类比进行推理。

让我们分析一下对白色豆子所进行的试推。我在桌子上发现了一把豆子。在桌子上有一个袋子。是什么告诉我需要把桌子上的豆子同这只袋子联系起来呢？我可能会问自己豆子是否来自袋

① 关于皮尔士的试推法、福尔摩斯的方法、科学方法和文学诠释学之间的关系方面的研究，可参见 *The Sign of Three*. Bloomington: Indiana University Press，1984。

子，还是有人把它们带过来然后又离开了。如果我把注意力集中在袋子上（为什么要集中在袋子上呢？）是因为我的脑海中出现了一种貌似真实的想法，如“说豆子来自袋子是合逻辑的”。但是没有什么能保证我所做出的假设是正确的。

尽管如此，很多伟大的科学发现都是以这种方式发生的，而很多调查发现以及医生为了了解某种疾病的本质或病灶所做出的假设也一样（这也同样发生在语文学家为了了解原稿不明或包含有空白的文本而做出的很多假设上）。重读（或阅读）伊西德罗的第二篇小说。在乘坐泛美号火车时发生在蒙特内格罗身上的每一件事都是奇怪的、令人目瞪口呆的、不合逻辑的……伊西德罗解决了谜题（他所知道的线索构成了一个结果），推断出这可能是一种非常特别的规则的实例，也就是舞台规则。如果发生在火车上的一切都是一场戏剧演出，在其中没有人是他或她表面上看起来的样子，那么接连发生的事情就不会显得如此神秘了。所有的一切都会很清晰、很简单（亲爱的华生）。事实也就如此。蒙特内格罗是个傻瓜，用下面这句话把伊西德罗的破解据为己有："冷漠的推测智慧证实了艺术家的杰出直觉。"尽管他是个说谎的骗子，但仍然说出了一句真理。在科学发现中有艺术性的东西，而在那个傻瓜所谓的"艺术家的杰出直觉"中也存在着科学性的东西。他们所共有的是恰当的试推法。

但是为了以"恰当"的方式在蒙特内格罗的故事中选择相关的线索，就有必要准备好一个猜测：这件事的每一个细节都要被当作是从一场表演中直接提取出来的。伊西德罗为什么要进行这样的猜测呢。如果我们能够成功地解释清楚，那么我们就会明白试推法和博尔赫斯的形而上学的技巧了。

存在着三个层次的试推法。在第一个层次上，结果是奇怪的和难以解释的，但是规则已在某处存在着，有可能与谜题存在于同一领域之中，人们只是必须发现它，发现它是最为可能的那一个。在第二个层次上，规则难以确认，它存在于某个地方，而人们必须猜测它可以被延伸到这个现象领域（这是开普勒的情形）。在第三个层次上，规则不存在，而人们必须把它发明出来：这是哥白尼的情形，他确信基于对称性和“良好的形态”宇宙并不是以太阳为中心的。

我们再一起看看科学史、侦探推理史、文本诠释史、临床医学史（以及其他领域的历史），说明第二种和第三种试推法是如何以及以哪种实例干预其中的。但是在所有这些例证中，当侦探或科学家或批评家或语文学家做出试推时，他们必须敢保证他们所找到的答案（他们的假定性想象构成的可能世界）与真实世界相对应。为此他们必须进行其他的测试和实验。

但在从柯南·道尔到雷克斯·斯托特的侦探小说中，这些测试是不需要的。侦探想象出答案，然后用好像它就是真理的口吻说出来；华生、在场的杀人者或别的什么人就会马上对这些假设予以证实。他们会说：“事情就是这样发生的！”侦探对他自己所作的猜测也确信不疑。在侦探小说中作者（他充当着上帝的角色）保证侦探所想象的可能世界与真实世界相对应。而在侦探小说之外试推法更加危险，总是免不了会失败。

在这里，博尔赫斯的小说是对侦探小说的戏仿，因为伊西德罗不需要有人告诉他事情就像他所想象的那样。他完全确定，博尔赫斯-卡萨雷斯跟他一样确定（读者也跟他们一样确定）。这是为什么呢？

10.4

要想保证侦探的思维对一系列的事实和规则如其所是地进行了重构，那么就必须相信斯宾诺莎的一个深奥的观念："观念的秩序和联系与事物的秩序和联系是一回事。"我们从事调查的头脑运动也遵循真实世界的规则。如果我们想进行"有效的"思维，就必须遵循将事物彼此联系起来的规则。侦探如果像凶手一样思考，就会不由自主地与凶手做同样的事。在这个斯宾诺莎式的世界里，侦探还会知道凶手明天要干什么，他会去下一个犯罪现场等他。

但是如果侦探能这样推理的话，凶手也会这样推理：侦探既然会去他的下一个犯罪现场等他，那么凶手也会去，但是他下一次罪行的受害者将会是侦探。这种情形就发生在《死亡与指南针》中，实际上在博尔赫斯的所有小说中，或者说至少是在更加令人不安和着迷的小说中都出现了这种情形。

博尔赫斯的世界是一个各式各样的思维不由自主地通过图书馆所表达的法则进行思考的世界。但这是一座巴别图书馆，其法则不是新实证主义科学的法则，而是悖论式的法则。思维与世界的逻辑（同样）都是非逻辑性的。只有这样，皮埃尔·梅纳尔才能重写"同一部"《堂吉诃德》。但是，唉，也就只有这样，同一部《堂吉诃德》才会是不同的《堂吉诃德》。

博尔赫斯的世界拥有什么严格意义上的非逻辑性？是什么允许伊西德罗用严格意义上的非逻辑性去重构同样也是非逻辑的外部世界呢？博尔赫斯的世界是根据表演或虚构的法则运行的。

再回过头来看看伊西德罗的六个故事。在每一个实例中我们没有遇到会自行展开的故事，就像（我们相信）在生活中会发生的那样。伊西德罗总是发现他的当事人所经历的是一系列由另外一个人的思维设置的事件。他发现他们已经在这个故事框架中行动，而根据讲述故事的规则，他们是一出由别人写好的戏中的无意识的角色。伊西德罗发现了这个“真相”，既是因为他有着想法层出不穷的大脑，也是因为他所调查的对象都是按照虚构的规则行动这一事实。

这对我来说似乎为阅读博尔赫斯的其他小说提供了绝好的钥匙。一个人从来不会遭遇偶然或命运：一个人总是处于由另一个人的头脑根据异想天开的图书馆逻辑设计好的（宇宙的或是情景性的）情节中。

这就是我在用“病态的斯宾诺莎世界中的猜想机制”想要表达的意思。自然，“病态”指的是斯宾诺莎，而不是博尔赫斯。就博尔赫斯而论，这种侦探和凶手总是在最后一刻相遇的世界，由于二者都是根据同样的非逻辑的异想天开进行推理，反倒是最为健康也最为真实的世界。

如果我们相信这一点。伊西德罗·帕罗迪的推理方式在我们看来就不再是悖论了。伊西德罗是博尔赫斯世界的最佳居民。同时，被关在监狱里的人能够破解所有案子也是正常的了。观念的混乱以及非关联性与世界甚至事物的混乱以及非关联性是一回事。

一个人是在尘世中研究事实进行思考，还是被关在牢笼里研究愚蠢的观察者无意识的错误推断，这并不重要。相反，监狱要比尘世好：思维在不受外界“噪声”的影响下运行得更好。沉静中的头脑与事物合而为一了。

但此刻的事物是什么呢？与这些事物相关的文学又是什么呢？

啊！诸位好心的读者，你们问的太多了。我只想告诉你们博尔赫斯的伊西德罗是博尔赫斯的人物，因此就值得反思他的方法。博尔赫斯不是在开玩笑，他是通过帕罗迪（戏仿）在“严肃地”说话。

难道世界真的是这样运行的吗？我相信博尔赫斯听了这个问题会一笑置之。用维利耶·德·利勒-亚当[①]的话说，现实是乏味的，就让我们的仆人代替我们去生活吧。

① Villiers de l'Isle-Adam（1738—1889），法国诗人、剧作家、短篇小说家。——译注

第十一章　皮兰德娄的笑*

11.1

在一九〇七年，皮兰德娄开始发表一系列以他所谓的“幽默（umorismo）”为主题的文章和演讲。后来在一九〇八年，他把这些文章集成一部文集出版，在一九二〇年再版，并且就克罗齐提出的反对作了辩论性的回应。

因为克罗齐曾经一劳永逸地对幽默和喜剧下了定义，于是他轻易地消解了皮兰德娄的努力。在克罗齐看来，幽默是一种心理机制，可以用来定义人的某些处境，而不是一个需要定义的美学范畴。正像我们所了解的那样，克罗齐是一位通过把问题定义为伪问题的方式来消解问题的大师，这样就使他能够只提出那些自己早已找到答案的问题。

显而易见，这种做法一点也不适合皮兰德娄，因为皮兰德娄常常只提出那些不可能有答案的问题。通过提出幽默的问题，皮兰德娄实际上对自己感到颇为满意。在他看来，喜剧的问题——幽默理所当然是它的属类或变体——的优点是总会令那些试图给它下定义的哲学家们感到尴尬。

在研究这个问题的过程中，我们可以说幽默和喜剧的每一种哲学定义都有下列共同特点：

一、我们正在体验的是一种非常不明确的经验，以至于这种经验有着各式各样的名称，诸如喜剧、幽默、讽刺等。我们从来无法肯定它是一个涉及不同经验的问题，还是基于一个基本经验的一系列变体的问题。我们在一开始相信这种经验至少有一种生理表征，那就是笑，结果却发现存在着许多并不伴随着笑的喜剧形式。

二、每一种定义的不明确性致使对喜剧和幽默所进行的每一项研究最终都包含有常识告诉我们不是喜剧而是悲剧的体验。自相矛盾的是，喜剧的其中一个组成部分是悲悯，或是眼泪。

三、在创作喜剧的人中没有人可称得上是喜剧作家。在他们中间我们没有发现阿里斯托芬或卢奇安，莫里哀或拉伯雷——甚至也没有发现格劳乔·马克斯。然而，我们遇到了下面这些人：

1. 作为严肃的思想家的亚里士多德，他首先提出了喜剧是对悲剧最为精确的最终解释。由于历史的偶然，《诗学》中有关喜剧的那一部分佚失了。这难道纯属偶然吗？不管怎样，让我提出一个“幽默”的假设：作为思想家，亚里士多德很清醒地决定丢掉一篇他在其中并没有做到像平常那样清醒的文章；

2. 一位挑剔、爱道德说教、严肃的哲学家，比如康德；

3. 另一位同样严肃、乏味、一点也不喜欢说笑话的哲学家，比如黑格尔；

4. 一位浪漫、忧郁、唉声叹气——尽管有足够的理由感到绝望——的诗人，比如波德莱尔；

---

* 本章于1968年12月28日在科罗拉多州丹佛市现代语言协会举办的皮兰德娄研究会分组会议上首次发表。

5. 一位郁郁寡欢、因存在而痛苦的思想家，比如克尔恺郭尔。

6. 一些几乎没有什么幽默感的心理学家，比如德国人立普斯；

7. 法国所有当代哲学家，不是像阿兰那样和蔼可亲又健谈的人，而是像伯格森那样的形而上学者和拉罗那样的社会学家；

8. 还有精神分析学之父，西格蒙德·弗洛伊德，是他揭示了隐藏在我们潜意识底层的悲剧特征和死亡欲望。

还有很多，但以上清单所列举的已经足够了。皮兰德娄并不是孤军奋战。我们会同意，如果人类的存在像皮兰德娄所描述的那样，就没有太多的理由一笑置之。果不其然，这就是皮兰德娄关于幽默的论述。

要想明白他为什么这样做，我们所需要做的就是回过头来看一看波德莱尔的定义：笑从深层意义上讲是人性的，因此也是邪恶的。天使不会笑（而是站在数不清的立柱顶端忙忙碌碌），但是魔鬼会笑，后者有大把时间可以浪费，有一整个永恒的时间用来表达他们的不安。现在，确切地说，正是那些对喜剧进行理论性阐述的人们所表现出的不安使我们倾向于认为喜剧从某种程度上讲是与不安相关联的。

四、那些讨论喜剧问题的人的最后一个特点：他们要么没能给出包含所有可能表征的定义（如弗洛伊德和伯格森），要么就是给出了内容太多的定义，以至于超过了一般常识所认为的喜剧内容，这种情况就发生在皮兰德娄身上。他的题为《幽默》的文章成了一篇形而上的论文，可以被称为一切（但又不是其他任何东西）。如我们将会看到的那样，这篇文章所没有定义的唯一一件事物就是皮兰德娄的幽默。

我们于是面对着一个存在着歧义的文本。起初它似乎是想给幽默下定义，而接下来却涉及喜剧和讽刺的定义，到头来给出的是广义艺术的定义，或者至少是皮兰德娄的艺术，并因此成为作家的诗学文本，或者像我随后将要表明的那样，最终揭示的真正本义是一部皮兰德娄创作的话剧或戏剧，只不过被他错误地采用了论文的形式。让我们用三种不同的方式把这篇文章读三遍：

一、 作为对幽默下的不精确和不充分的定义；

二、 作为对皮兰德娄自己诗学的阐述；

三、 作为一出关于不可能的定义的荒诞戏剧。

11.2 幽默的定义

在文章的第一部分中，皮兰德娄考察了为人所熟知的理论，并且企图把它们运用到对意大利文学中的幽默的分析上。这一部分给人的印象是他总是没有击中目标。他开始时讨论的是幽默，而给出的是喜剧的定义，最后却以反讽作结。在第二部分，他试图对理论进行系统化。就在他似乎快要完成的那一刻，他却放弃了，原因是——我们之后会看到——他在给其他东西下定义——也就是广义的艺术和生活。

让我们尝试着把皮兰德娄对幽默的解释确认为一种美学体验，把它看作幽默作家的态度进入艺术创作过程中的方式。

艺术是通过想象生成的，想象对其视域进行组织，赋予生命以和谐的整体感。如果（因为传统、语言和文化而）存在着什么规则或先在的结构的话，想象会摧毁它们，并用某种不可分析的冲动重构它们。这个重构之物跟活生生的生物一样拥有新的、原创性的、和谐的形式。这一整个过程被皮兰德娄所谓的“良知”或“反思”伴随和制约。就像镜子一样，反思可以折射出想象自身过程的批评性影像，帮助它控制它自己的运作。在幽默作家的创作过程中，反思占据上风，它直接干预创作过程本身，它清晰和活跃地控制着想象，把它的运作支解成很多部分——学究气地、细微地和分析性地。换句话说，反思不断地阻截想象，好像在告诉它，看看，你认为你创作的东西跟你想象中它们的样子是一致的——这再好不过了。但它们也会完全不一样。反思亦步亦趋地跟着想象，向它表明一切都可能与其貌似的样子相反。当在这个过程中出现“对反面的感知”时，就有了皮兰德娄所谓的喜剧。

在这一点上讲，他的观点落入喜剧经典理论的套式之中。对于亚里士多德来说，喜剧的产生是因为发生了异常，就像是在一连串的事件中出现了一个改变正常秩序的因素。对于康德来说，当我们到达一种让我们始料未及的荒唐境地时就会发出笑声。但是要为这种“错误”发笑，还需要我们不牵涉其中，这样我们就会对别人的错误产生优越感（因为错误不是我们犯的）。对于黑格尔来说，喜剧的本质因素是发出笑声的人——不管是谁——对自己的正确性确定无疑，以至于在看到其他人身上的矛盾时就会体验到一种优越感。这种使我们对那些发生在低我们一等的人身上的不幸发笑的正确性是邪恶的，在这一点上波德莱尔已说了该说的一切。这种类型的喜剧最为典型的例子是《吹牛军人》中的士兵趾高气扬地走着，却踩在一块香蕉皮上滑倒了；我们本来是期望他会做出什么其他的行为；我们没有滑倒，我们感到高兴，又幸灾乐祸地感到吃惊，于是我们大笑起来。

皮兰德娄举了一个老态龙钟的老妇人的例子。她用化妆品把脸涂得乱七八糟，穿得像年轻女孩。他说，我注意到一位上了年纪的妇人本应该打扮得受人尊重，但这位老妇人反其道而行之。这件事就打破了正常的期望次序，而我所体验到的优越感（因为我发现了别人的错误）使我笑了起来。

但是至此皮兰德娄又补充说，“对反面的感知”也会变成“对反面的伤感”。反思（艺术意识）在这里又经历了新的发展：它试图理解这位老妇人为什么会把自己掩藏在重获旧日青春的假象下。这个人物不再与我相隔离，事实上，我想进入这个人物的内心。这样做之后我就不再有优越感了，因为我把自己当成了她。我的笑声里夹杂着同情，它变成了微笑。我从喜剧转向幽默。皮兰德娄很清楚地看到，为了走出这一步，就必须不再置身事外，并且放弃优越感——这两点都是喜剧的经典特征。皮兰德娄最好的例子就是塞万提斯的例子：堂吉诃德所做的一切都是喜剧性的。但是塞万提斯并没有让自己局限在只是嘲笑把风车错当成巨人的疯子上。塞万提斯让你知道他也会是堂吉诃德——实际上他就是：像堂吉诃德一样，他同土耳其人打过仗，相信过他现在所怀疑的理想；他失去了一只手，也失去过自由，但没有获得过荣耀。所以，《堂吉诃德》是一部伟大的幽默小说。而《疯狂的奥兰多》则不是，因为一旦阿里奥斯托向我们展示阿斯托尔福骑着骏鹰飞翔——一个英雄式童话的情景——也就把自己局限在“对反面的感知”上，在夜晚，阿斯托尔福会从骏鹰身上下来，在一家客店过夜（英雄的反面是庸常；例外的反面是普通；游侠骑士的反面则是旅行推销员或商人）。

如果我们想要改进皮兰德娄的定义，或许可以这样说：我们处于一种喜剧情景中，我们对其进行反思，并试图理解为什么原先的期待没有实现，这时我们就获得了幽默；或者我们处于还算不上是喜剧的情景中（《吹牛军人》中的士兵还在趾高气扬地走着，并没有摔倒），我们期待这其中潜在地含有喜剧性，以便提醒自己他每走一步路都有可能打破我们的期待系统。

因此，幽默就是在戏剧之前或之后进行的反思，维持着反面的可能性，但是剔除了我们的置身事外感和优越感。如果我们不是置身于一个喜剧事件之外而是置身其中（我们本人滑倒），那么我们的反应就不是笑声而是眼泪了。就此看来，幽默应该总是关涉我们的过去或我们的将来。但是怎么会有人说它也关涉我们的现在，就像皮兰德娄的作品所要表明的那样呢？可能需要做的是用以下所述使皮兰德娄的定义更加完整：通过言及我们作为悲剧体验的当下事件，幽默重新引入置身事外之感和优越感，就好像这个事件已经发生或是就要发生——不管怎样，就好像它与我们无关。至少在这篇文章中皮兰德娄没有说到这一点。但在他的作品中做到了。有趣的是，这一皮兰德娄式过程的理论家不是皮兰德娄而是布莱希特：这是所谓“间离效果”问题。我必须表现得好像发生在我身上的事情没有发生在我身上，或是好像并非是真实的，或是好像发生在别人身上。那么现在，皮兰德娄会在他的作品中做些什么呢？他把人物与演员混同，他让真实事件发生，但同时又说它们只不过是演员表演的一部分，或者他让演员演一个角色，但同时又暗示人们怀疑他们所表演的正是实际上发生在他们身上的事情。

至此，就有必要求助于精确的分类，而这正是皮兰德娄所缺少的，同时有必要比他更好地区分幽默和喜剧的几个类别，从而揭示出皮兰德娄式幽默的类别并没有被皮兰德娄自己讨论透彻：

喜剧：与事物的自然秩序相反的事情在发生，而我之所以笑是因为它与我无关（间离），而且它让我产生优越感。例如，化了浓妆的老态龙钟的老妇人。

幽默1：没有具有喜剧色彩的事情正在发生，但我明白它很有可能会发生。我看见一个漂亮的妇人，我幽默地反思这一事实：再过三十年，她很有可能变成浓妆艳抹的老妇人。与我的期待相反的这桩可能发生的事情不仅与这个妇人有关，而且还与我以及我自己的未来有关。他人的喜剧情景是我本人陷入喜剧情景的可能性的一面镜子。反思给我的想象展示了其瞬间幻觉的反面。

幽默2：具有喜剧色彩的事情正在发生，但是我放弃了自己的置身事外感和优越感，这时我试图了解那个看起来可笑的人的感受（我理解那个老妇人；我理解堂吉诃德，他不是疯子，而是幻觉的牺牲品，这个幻觉如此令人肃然起敬，连我自己都笃信不疑）。

幽默3：我发现自己处于一个悲剧情境中。我是一个被人背叛的丈夫，一个绝望的父亲，一个嘴里叼着花的男人。我试图把自己看作别人。我“使自己陌生化”。我把自己当作扮演我的角色的演员。我把反思当作一面镜子，而现实则是反思的镜子，映照另一个镜子的镜子的镜子的镜子。一方面，我置身于这种情境中，因而即便把它看作喜剧性的，我还是用幽默来思考它。另一方面，我没有置身其中，而且在某种程度上我远离它，并且有着优越感，就此而论，我可以把它当作喜剧来描述。

在他的文章中，皮兰德娄并没有很明晰地给出这第三个幽默的定义，原因大概是他没有发现其中潜在的幽默。就他用几面镜子打的比方来看，皮兰德娄是以给广义的艺术——以及生活——下定义告终，而不是给幽默下定义，尤其没有给他自己的幽默作品下定义。

11.3 皮兰德娄的诗学

皮兰德娄在文章的第一部分把幽默——在嘲弄传统文学主题的流行诗中可以看到——作为用来反对修辞准则的工具。从对意大利文学有着深厚影响的传统观点来看，修辞是一种规范，是一个规则系统。就传统形式而言，幽默是如何运行的呢？它通过拆解、扰乱和分离，从古老的传统主题和素材中创造出了新的形式。

但是在文章的第二部分，同样的区别不再用于修辞和幽默，而是用于新旧艺术。传统艺术的本质特征是什么？皮兰德娄问道。传统艺术在试图塑造充满捉摸不定、难以定义的事件流的生活时，将其固化（或具体化）为固定的、主题化的形式。在这个方面，传统艺术跟逻辑犯了同样的错误，那就是试图给非理性的、与任何一劳永逸地使之僵化的形式相悖的事物提供理性的解释。

“艺术，”皮兰德娄说道，这里显然指的是在他之前的艺术，“常常进行抽象和综合，捕捉和表现事物以及人类的独特本质。”要是艺术真的像这样运行的话，那么它注定要变成修辞，因此就这样一次又一次地形成一套成文的规则系统。在另一方面，幽默是如何运行的呢？幽默——这幸运的堕落——如今被当作后皮兰德娄的艺术，旨在打破规则；它用意想不到的方式看待事物，摘去逻辑和类型的面具，揭示出隐藏在面具下的生活的矛盾和多姿多彩。

如果对于柯勒津治来讲，艺术是“对怀疑的悬置”，那么我们可以这样说，对于皮兰德娄来讲，幽默——对他来说代表着所有新的真正的艺术——暗示着“对怀疑的悬置的悬置”。于是幽默消除了由对怀疑的悬置带来的信任，引入了新的怀疑：艺术是一个不断“置疑”的过程；它置疑所有的规范，因此也置疑生活和世界；它对我们说：“看，皇帝没有穿衣服。”

但是确切地说，这是艺术的定义，而不是幽默的定义。这是我们这个时代的诗学给予艺术的定义：作为歧义性的艺术（从燕卜逊到雅各布森）；作为它所提供的信息的同义词的艺术（因此也是作为一个楔子，仅对早已约定俗成的所有“礼貌”规范系统）；作为瓦解业已建立的语言规则的楔子的艺术；扰乱所有期待系统的艺术——当它瓦解它们时也在思索为什么要这样做——因此艺术所提供的不仅仅是由接下来的混乱所导致的喜剧效果，还有对被引入的混乱背后的原因所作的批评性反思。

皮兰德娄对幽默下的定义在他自己看来是对艺术下的真正的唯一的定义。我们会问，在我们对“幽默”的常识性观念的定义中还剩下什么？在这一点上，这篇文章成了关于形而上学和（或）存在主义哲学的论文。就此我们来到了第三点，也是最后一点。

11.4 作为一出关于不可能的定义的荒诞戏剧的文章

原则上讲，我们谈及生活的唯一方式就是幽默，因为幽默是对期待秩序的不断破坏，生活本身就是喜剧性的。但是如果人们理解了这个原则，就只会赋予生活以形式，从而重复艺术一直在犯的错误。对于皮兰德娄来讲，幽默作家（以及广义的艺术家）所特有的东西就是他不再知道置身何处。就像他自己说的那样，他的独特之处在于他本人的迷惘和良知的犹豫不决：“幽默作家当然对现实大为不悦！一旦他稍稍喜欢它，他的反思将马上干涉这种愉悦的体验并且破坏它。”但这一皮兰德娄式的定义也可以这样表达：“幽默作家不可能把生活定义为幽默。一旦他要把它定义为幽默，他的反思将会立刻干涉这种定义并且把它破坏掉！”

对于反思，皮兰德娄说，“它会潜入每个地方，打乱一切：一切形象、一切情感”。那么，幽默为什么不也是这样呢——作为“对反面的伤感”（也作为“理解”、“嘲笑自己的思想”以及“嘲笑自己的痛苦”的能力）的幽默？但首先，对于皮兰德娄来说，什么是生活？我知道不应该提出这种愚蠢、幼稚、浪漫的问题，这或许与在卡杜奇的诗歌中可怜的吕德尔提出的问题相呼应。我必须说这个错误不是我犯的，而是皮兰德娄犯的，因为这个问题是在他的文章中提出的（当然不是在他的戏剧中，在其中他观察正在试图给生活下定义的另一个人）。不管怎样，让我们看一看为什么生活似乎是为了证明幽默所提供的方式是正确的而构建的。

一、 现实是虚幻的，并且我们自己同我们应该或想要成为的人不同；

二、 社会生活从我们身上强行索要伪装和虚假；

三、 生活常常强迫我们以违背我们意愿（意志）的方式行事；

四、 即便我们不受制于社会力量，仍然会受制于我们潜意识的力量，后者击败了我们理性和逻辑的预设；

五、因此，我们并非仅仅有一种思维和一种个性，而是有很多；

六、之所以这样是因为生活不断变化；是因为我们逻辑的概念形式只是企图在决定性的时刻阻止这种变化，而它们始终把握不住时机，反倒揭示了它们自己的真实面目——不过是面具而已。

请原谅这些陈词滥调的哲学陈述。皮兰德娄在阐述这些观点时似乎要拼凑一个文集，并在不知不觉中模仿了至少四分之三的当代哲学。即使在风格层面上，他的文章也呼应了从沃尔特·佩特的《文艺复兴研究》到米可施泰德鲜为人知的《雄辩与修辞》中的语句。尽管如此，生活就是这个样子。那么，艺术家能做什么呢？他必须求助于幽默，让幽默在打破成规和揭去面具时，作为一种元语言习语，针对我们通常用来表达和解释生活的僵化习语发挥作用。由于我们常常被逻辑和道德的面具遮住，幽默向我们揭示相反于我们自以为所是的样子，所以具有纯粹的喜剧性。

但是当我们发现自己身处一个喜剧性的情景中时，并没有大笑的理由，因此当艺术把我们从这一情景中“间离”开来时，甚至连微笑的理由都不存在了，因为艺术让人兼作演员，让演员兼作人。你可以笑，如果你选择这样做的话，但是你笑的理由也足以让你哭。之所以这样是因为幽默向我们揭示了生活的机制，却没有告诉我们为什么会是这样。于是，幽默和喜剧不可能存在，即使存在也与悲剧不谋而合。

通过其反面来给幽默下定义，这当然也是幽默。皮兰德娄在文章的开头引用了拉伯雷的话，“因为笑是人的本质”，但没有意识到拉伯雷其实引用了中世纪经院哲学的传统主题。所谓本质是按物种和种类添加在定义上的特征，以便更清晰无误地指认一个给定物种的成员。比如人是所有动物中的一种，他是有理性的动物，但是他有着笑的能力，这是他的本质——没有其他什么动物——即使承认其中有一些具有理性思维——会笑。

皮兰德娄在向我们展示人是多么非理性的动物的同时，本该证明人是不会笑的。然而，他写这篇关于“幽默”的文章恰恰是为了证明在所有动物当中，人确切地讲是能够笑的那一种（就像他自己经常会笑那样）。虽然采取的是无意识和自相矛盾的方式，整篇文章旨在证明唯一会笑的动物，正是因为自己的非理性和在试图使自己理性化的过程中不断受挫而毫无理由发笑。用更清楚的语言来表述，一个人只是，也尤其是为了非常严肃的原因发笑。

或许这就是为什么人会让别人笑他。但是如果这就是我们读了皮兰德娄的文章后所得出的结论的话，我们就必须同意这篇文章与其说是给幽默下定义，还不如被视作皮兰德娄创作的“幽默”戏剧中的又一部作品——或许是第一部作品。

第十二章　伪造品与赝品*

似乎用自然语言来讲的话每个人都知道伪造品、赝品或伪造文件是什么。一个人至多会承认很难识别像这样的赝品，而是要依靠专家，也就是依靠那些能够识别赝品的人，这仅仅是因为他们知道如何区别伪造品和真品。

实际上，诸如“伪造品”“赝品”“伪经”“篡改”“摹本”“仿造”“以假乱真”“假冒者”“杜撰”等这些词的定义众说纷纭。有理由怀疑给这些词语下定义的种种困难是因为难以说清楚“原本”或“真品”的概念。

12.1　初级定义

12.1.1　现行的定义

下面列举了从《韦氏新国际英语词典》中摘录的一些定义：

forgery：“伪造、编造或假冒生产的行为；尤指欺诈性地制作、伪造或篡改任何文字、记录、文书、注册、笔记等旨在欺骗、误导或欺诈的犯罪行为；像文件或笔迹的伪造。”

fake（动词）：“用任何欺骗手段使（某物）看起来像真的、令人满意等等；通过仿冒或篡改（某物）实施欺骗；伪造（口语）。”

fake（名词）：“复制品或相似物。”

facsimile：“复制品或相似物。”

spurious：“不合法的、劣质的……假的；假冒的；伪造的……在植物学中：假的，外形相似但结构或功能不同的（假羽或假翮：某些鸣鸟刚长出的或非常短的外部初级飞羽）。同义词：counterfeit，fictitious，apocryphal，false，adulterate，bastard。”

pseudo：“虚构的，假装的，假的（如 pseudonym）；假冒的，以假乱真的，如 pseudepigrapha；非常或欺骗性地近似于（某特定之物），如 pseudomorph；不对应于现实的，虚幻的……”

apocryphal：“作者身份不明或真实性值得怀疑的任何杜撰文字作品……假冒的。”

在其他语言领域进行短暂的考察不会提供任何更加令人满意的答案。况且，apocryphal 这个词（其词源上的意义：秘密的，神秘的）指的是在基督教初期那些被排斥在《新约》之外的非经典性书籍，而 pseudoepigrapha（《圣经》的伪仿作品）则是被错误地归为《圣经》人物所著的作品。对于新教徒来讲，apocrypha（次经）总体上讲是《圣经 · 旧约》希腊文译本中被认为非经典的十四部经卷。但由于天主教徒在罗马正典中接受了这十四部经卷当中的十一部，把它们称作 Deuterocanonical（次经），而把剩下的

---

* 本章于 1986 年作为开幕词在慕尼黑德国历史纪念馆举办的“中世纪的伪造”研讨会上首次发表。

三部称为 apocrypha（伪经），于是对新教徒来说天主教的 deutrocanonical books 经书常被称作 apocrypha，而天主教的 apocrypha 则被称作 pseudoepigrapha。(Haywood，1987)

很显然只有当人们恰当地把这些词语诠释为“假的”“欺骗性的”“误导的”“虚构的”“虚幻的”“不对应于现实的”“伪装的”“欺诈性的”“搀杂的”而相对于“真实的”“真正的”“令人满意的”和“相似的”等等时，这些定义才起作用。其中的每一个词语很明显对符号学理论来说都很重要，它们都取决于一个“令人满意的”对真与假的符号学定义。

但是，似乎很难给真与假找到一个定义（即使是在对东西方哲学的历程进行了数千页的回顾之后），以便对赝品进行“令人满意”的描述。唯一的办法就是给予/赝品/和/伪造品/权宜性的和常识性的定义——以期质疑我们关于真与假的一些定义。

12.1.2 基本概念

为了勾勒伪造品和赝品的临时性定义，我们必须把诸如像似性（similarity）、相似性（resemblance）和像似论（iconism）这些概念作为基本概念。(Eco，1976)

我们将要作为基本概念看待的另一个概念是同一性（identity，作为事物认同的标准，而不是词语、概念或名称的认同标准）。让我们从莱布尼茨的“不可分者同一性原理”开始：如果有两个物体 A 和 B，对 A 为真的一切也对 B 为真，反之亦然，这样如果在 A 和 B 之间没有可辨识的差异，那么 A 就等同于 B。由于很多“事物”对任何 A 和 B 都为真，也就是说无数“性质”都可以被断言为同一个物体所具有，那么让我们假定我们的兴趣所在是对关键的“偶然”性质的断定，而不是对亚里士多德所提倡的实质性质的断定（《形而上学》：“质料从形式或数值上为一的事物和本质为一的事物据称是一样的”）。这个关键性的“偶然”性质是：两个被认为不同的事物如果成功地在同一时间占据了同一空间那么就会被发现是相同的。(关于时空同一性，参见 Barbieri，1987；关于泛世界同一性，参见 Hintikka，1969；Rescher，1973； Eco，1979)

但是，这一试验对研究赝品还不够，因为我们在谈到赝品时往往是说某物被当作原品来展出，而真品（如果有的话）则在别处。于是人们就不能够证明两个相异的事物在同一时间占据着两个不同的空间。如果有人恰好处于能够同时观察到虽然相似但并不相同的物体的位置，那么他肯定会发现它们都与自身同一，而它们之间有着难以识别的微妙不同，但是没有认同标准来帮助指认真品。

所以，即使从以上基本概念出发，我们也必须制定出区别真品和赝品的附加标准。由这一努力引发的很多问题将会引起对当前哲学和符号学观念的令人不安的怀疑，例如独创性和真实性，以及有关同一和差异的概念。

12.2 物体的可复制性

从以上给出的当前的定义看，似乎赝品、伪造品等涉及两种情况：要么存在着一个实在物体，因为它与另一个物体的像似性可以被误认为是这个物体；或者一个给定的物体被错误地归属于据称曾制作过类似物品——或是曾经有能力制作类似物品——的作者。然而，这些错误究竟是由于某人有意欺骗还是在偶然和不经意中造成的（参见 12.3），还需要予以公平对待。在这层意思上讲，赝品不是利用物体撒谎的实例。至多，如果一件赝品看起来是被当作真品呈现并且有着明显的欺骗意图（而不是一时失察）的话，只能说存在着关于那个物体的谎言。

谎言的符号学无疑有着重要意义（Eco，1976），但是涉及赝品和伪造品时并不会直接与谎言相关。我们首先涉及的是把一个物体错当成另一个物体的可能性，因为它们有着一些共同特征。

在我们的日常经验中，因为像似性而错认的最为常见的情形是我们难以区分两个同类的个别符，就像在一场晚宴中我们把酒杯放在某处，靠近另一只酒杯，过后就难以辨认出来了。

12.2.1 复本

让我们把一个具有另一个实体个别符的所有特点的实体个别符称作复本（double），至少从实用角度讲可以这样做，只要两者都具备由一个抽象类型规定的基本特征。从这层意义上讲，同一型号的两把椅子或两张打印纸都是彼此的复本，并且两个物体间的完全同源要通过参照它们的类型来建立。

一个复本（在不可辨识性上讲）不与它的双胞胎等同，后者是说同一类型的两个物体在实体上讲相互区别于对方：不管怎样，它们被认为是可以互换的。

当两个物体 Oa 和 Ob 的物质支撑呈现出相同的（在分子排列结构上）实体特征并且形状相同（数学意义上的“全等”），两个物体就是互为复本。被认作相似的特征取决于类型。但是由谁来判断像似性或相同的标准呢？复本的问题似乎是一个本体论的问题，但是更可以说是一个实用问题。由使用者决定“描述”，在描述中根据给定的实际目的，某些特征被考虑用来决定两个物体是否“客观上”相似以及最终是否能互换。只要看看工业生产和商业上买得到的赝品就够了：复制品并不具备原件的所有特征（所用材料的质量可能更差，形状也并不是和原件一模一样），但是购买者在评价原件的基本特征时表现出一定的变通，认为——无论从节约、虚荣心的角度，还是无所谓的角度——这个复制品满足他的需求，无论是消费之需还是炫耀之需。对复本的承认是一个实用问题，因为它取决于文化设定。

12.2.2 伪复本

在有些情形中某类单一个别符对于一些使用者来说拥有特定的价值，原因有以下一种或几种：

一、时间上的优先性。在一家博物馆或狂热收藏者眼中，由福特生产的 Model T 汽车的第一个个别符比第二个更为重要。令人渴慕得到的那个个别符与其他个别符并没有什么区别，它的优先性只能由外部证据来证明。在某些情形中，存在着由难以察觉（或不相关）的特征造成的形式差异，例如，当一部著名的古版书只有第一版或早期几个版本受到奇怪的排印瑕疵的影响，而这些瑕疵由于后来被纠正过来，反倒证明了这几个版本的时间优先性。

二、法律上的优先性。试想有两张序列号相同的一百美元钞票。很明显，其中一张是伪钞。假定我们见证的是“完美”的伪造案（在印刷、纸张、色彩以及水印方面没有可以辨识的差别）。那就需要确定哪一张是在特定的确切时间由授权制造者生产的。假设两张都是由造币局在同一时间、同一地点生产的，其中一张是替政府制造的，另一张是为私人和欺骗的目的制造的。矛盾的是，销毁其中一张，把法律上的优先性指定给剩下的那一张，就足够了。

三、 明显的关联。对于善本收藏家来说，“留念本”是由作者题字或名人加注的本子（显然，这些证据会遭到仿冒）。一般来讲，同一面值的钞票在普通人那里被认为是可以交换的，但是如果一张特定的标有序列号 x 的钞票是在银行劫案中抢来的，那么这张钞票对意在证明某人有罪的侦探来说就变得很重要了。

四、 未经证实的关联。一个个别符因为据称与一位名人有关联（但没有实物证明）而变得有名。一只高脚杯在表面上看与其他高脚杯并无二致，但由于它是耶稣在最后的晚餐中使用的而成了圣杯，成了无休无止追寻的唯一目标。如果说圣杯只是传奇，那么各式各样拿破仑睡过一晚的床则是真实存在的，并且在各地都有展出。

五、 伪关联。在这种情形中，一个复本看起来像是一个伪复本。大量属于同样工业生产类型的个别符（不管是手袋、衬衫、领带还是手表等等）之所以令人梦寐以求是因为它们都带有著名生产商的标志。每一个个别符自然都可以与同类的其他个别符互换。然而，另一家小公司可以制作出同一类型的完美个别符，无论是形式上还是材料上都看不出差别，仿造的商标也与正品别无二致。任何差别只会引起律师的注意（这是一个法律优先权的典型案例），但是当很多顾客意识到自己购买了“错误”的个别符时会大失所望，好像他们拿到手的是一件系列产品而不是独一无二的产品。

12.2.3 具有不可复制性特征的独一无二的物品

有些物品在质料和形式上都极其复杂，以至于任何复制的企图都不可能复制出所有公认的必要特征。对于一幅在特定的画布上用特定的颜色绘制的油画来说，色彩的明暗、画面的结构和运笔的笔法，所有这些在欣赏一幅作为艺术品的油画时必不可少的特征都不可能完全被复制出来。在这种情形中，独一无二的物品就成了它自己的类型（参见12.5，以及亲笔艺术和代笔艺术之间的区别）。认为艺术品不可复制和独一无二的现代观念赋予了作品的独创性及其形式和质料上的复杂性以特殊地位，这些特性一起构成了作者真实性概念。

一般来讲，在收藏家的具体收藏行为中，时间上的优先性比不可复制性更为重要。因此在雕塑艺术中，虽然有时可以仿制具有原作所有特征的复制品，但是时间优先性还是起着关键作用，即使原作有可能已经失去了其中的一些特征（比如，鼻子被打碎了），而复制品同原作的原貌一模一样。在这类情形中，可以说艺术拜物教压倒了美学趣味（参见12.4，以及雅典的帕特农神庙和纳什维尔帕特农神庙之间的区别）。

12.3 伪造和错误认同

从法律角度看，即使是复本也能伪造。但是当赝品涉及不可复制的物品和伪复本时，它们就在符号学、美学、哲学以及社会学上有了相关性，只要不可复制的物品和伪复本至少具备一个外在或内在的“独一无二”性质。从定义上讲，一件独一无二的物品没有复本。因此，它的任何复制品要么被老老实实地视作它的摹本，要么被错误和难以辨识地等同于它的原型。于是赝品更为狭义的定义可以这样表述：任何一个被生产——或业已生产、使用、展示——的物品，目的是使某人相信它难以辨识地等同于另一个独一无二的物品。

为了讨论赝品，说一个给定物品看起来与另一个（独一无二的）物品完全相似是必要的，但还不充分。自然力量雕琢了一块石头，使它变成米开朗琪罗所创作的《摩西》的完美复制品或难以区分的摹本，这种情形可能会发生；但是，没有人会自然而然地把它说成赝品，除非有人断言这块石头才是“真正的”雕塑。

因此，赝品的必要条件是，实际或假定存在着物体 Oa，是由 A（不论是人还是别的什么）在特定的历史环境 t_1 中制作的；另外有一个物体 Ob，是由 B（不论是人还是别的什么）在环境 t_2 中制作的，它在某个描述中呈现出与 Oa（或者 Oa 的传统形象）强烈的像似性。而赝品的充分条件则是，有人声称 Ob 难以辨识地等同于 Oa。

目前关于赝品的观念总体上暗示了仿造者的特定意图，也就是预设了恶意欺诈。尽管如此， Ob 的制作者 B 是否真的恶意欺诈并不相干（即使 B 是人）。B 知道 Ob 并不等同于 Oa，他或她并不一定就是为了欺骗而制作它的，有可能是为了实用或开玩笑，甚至是纯属偶然。我们更加需要关心的是任何声称 Oa 等同于 Ob 或是可以用来代替 Ob 的人——当然尽管这样声称的人有可能碰巧是 B。

无论如何，声称者的恶意欺诈并非不可或缺的，因为他或她也可能真的相信自己所断定的同一性。

所以，一件赝品永远只会对于外部观察者——评判者——来说是赝品。后者知道 Oa 和 Ob 是两个不同的物品，明白声称者不论是出于恶意还是诚心诚意的相信都是进行了错误的认同。

据一些学者看来，《君士坦丁的赠礼》（大概是西方历史上最为著名的赝品）起初并不是作为假宪章而是作为修辞练笔炮制出来的。正如在接下来的几个世纪中发生的那样，它与其他类型的文件混杂在一起，罗马教会幼稚的或有欺骗图谋的支持者逐渐把它当起真来（De Leo，1974）。它对于前者来说不是赝品，对于后者来说则是赝品，就像它对于在后来开始质疑其真实性的人来说是赝品一样。

有些东西不是因为其内在的性质才成为赝品，而是因为对于同一性的声称。因此，赝品的问题首先是一个实用问题。

自然，评判者、声称者和两件物品的制作者都是抽象的角色，也就是行为体，并且会出现同一个人在不同的时间扮演所有这些角色的情况。例如，画家 X 以制作者 A 的身份制作了物品 A，接着通过制作物品 B 仿制了他的第一件作品，于是声称物品 B 就是物品 A。后来 X 承认了他的欺骗行为，于是又作为赝品的评判者证明了物品 A 才是绘画原作。

12.4 错误认同的实用主义

我们应当把以下情形从错误认同的拓扑学中排除出去：

一、使用假名。使用笔名意味着（用语言）对一部给定作品的作者身份撒谎，而不是要表明两部作品的等同。笔名现象区别于伪经鉴定（参见 12.4.3），在伪经鉴定中声称者把一部给定的作品 Ob 说成是一位著名或传奇作者所作。

二、抄袭。在制作完全或部分上仿冒 Oa 的 Ob 时，B 会试图掩盖两个物体之间的像似性，而不会证实它们之间的同一性。当有一位声称者说这两个物体等同时，他或她这样说并不是为了欺骗，而是想揭穿 B 的伎俩。然而，在 B 明确宣称他或她对 A 的作品的依赖性的情况下，就不存在抄袭了，而是戏仿、模仿、致敬或互文引用——这些都不是赝品的实例。这些伪抄袭的例子的变奏是那些按照……所作的作品（参见 12.4.3）。

三、异常解码（Eco，1976）：当文本 O 是根据编码 C_1 写成的却被用编码 C_2 来诠释时。异常解码的典型例子是中世纪时对维吉尔的神谕式解读，或阿塔纳修斯·基歇尔对埃及圣书体的诠释。在这里人们所关心的不是两个物品之间的同一性，而是对单个对象的不同诠释。

四、历史赝品。在古文书学中，历史赝品和外交赝品之间存在着差异：后者属于赝品（参见 12.4.3.1），而前者则纯粹属于谎言。历史赝品发生在作者被授权去制作一份原始文件时，其中被断言的某事并不属实。历史赝品与报纸报道的假新闻没有什么不同。在这种情形中（参见 12.5），这些现象影响内容但不影响符号功能的表达。①

让我们看看三种主要的错误认同，也就是彻头彻尾的赝品、有限赝品和从无中创造的赝品。

① 在这层意义上，每一部小说，如果是根据原始手稿或书信集改写而成的，都可以被视为历史赝品。但是按照这个思路，每一部小说，只要是作为对真实事件的报道，就是历史赝品。通常阻止我们这样认为的是一系列或多或少可以被觉察的“体裁信号”，它们把假定的真实性主张转化为半开玩笑的陈述。

12.4.1 彻头彻尾的赝品

我们必须事先假定某处存在着Oa，它是独一无二的原件，并且Oa与Ob不一样。诚然，这一假定好像犯了本体论错误，但是在这一部分中我们讨论的是声称者所知道的东西，我们必须把这些东西视作理所当然。只有在第六部分中我们才能逃避这种本体论上的承诺，讨论由评判者使用的认同标准。

额外的要求如下：

一、声称者知道Oa存在，并且知道——或是基于一个模糊的描述假定知道——Oa看起来是什么样子（如果一位声称者偶然中看到《格尔尼卡》，接着就认为它是《蒙娜丽莎》——他或她从来没有见过《蒙娜丽莎》，并且对它一无所知——那么这就是一个简单的误称例子）。

二、声称者对话的接受者必须或多或少地具有对Oa相当的知识（如果一个声称者成功地使某人相信印有戈尔巴乔夫肖像的粉红色美元钞票是有效的美国货币，这不算是赝品，而是对智力障碍者的欺诈）。

这些要求如果都满足了的话，那么当声称者无论是出于善意还是恶意声称Ob等同于据知存在并颇具价值的Oa时，就出现了彻头彻尾的赝品。

12.4.1.1 故意的错误认同

声称者知道Ob只是对Oa的复制。然而，他或她意在欺骗地声称，Ob等同于Oa。这是较为狭义上的赝品——把《蒙娜丽莎》的复制品作为真品提供，或者让伪造的钞票进入货币流通。

12.4.1.2 天真的错误认同

声称者没有意识到两件物品并不相同。于是他或她真诚地把

Ob 当成了真正的原件。到佛罗伦萨的游客对旧宫外的米开朗琪罗的《大卫》雕塑复制品顶礼膜拜就属于这种情形（他们并不知道原作保存在别处）。

12.4.1.3　作者的复制品

在完成物品 Oa 之后，同一个制作者以同样的方式制作了毫无二致的复本 Ob，它在外表上与 Oa 无法区分。从本体论上讲，这两件物品在实物上和历史上是有区别的，但是作者——或多或少诚实地——相信从美学角度上讲它们具有相同的价值。在这里我们会想起关于对德·基里科画作的“仿作”的争论。这些仿作在很多批评家看来是由德·基里科本人所画。这类情形引发了对像拜物教般崇尚艺术品原件的批评性质疑。

12.4.1.4　对原作的改动

当 B 把 Oa 改成 Ob 时，就会发生上述情形的变种。原件被改变了，古老的珍藏本图书通过改动表明出处和所有者的标志、添加虚假的版本记录或是从后来的版本中抽出几页附加上去使不完整的初版本变完整。绘画和雕塑的修复也会改变原件；有违审查制度的某些身体部分被遮盖起来或被去掉；作品的某些部分被删除或多联画被分割为单独的组成部分。

这些改动既可能是出于善意也可能是出于恶意，这要取决于人们是否相信 Ob 仍然等同于 Oa，也就是说物品的改动是否依据作者意图。实际上，我们所看到的古代原始真品都随着时间的推移和人类的干预而发生了很大的变化：我们必须允许四肢的缺损、修补和颜色的消退。“白色”希腊艺术的新古典主义梦想就属于这一类型，那些雕塑和庙宇原本都是色彩夺目的。

因而从某种意义上讲，从古代流传下来的艺术作品都可以被当作赝品。但是按照这个思路思考下去的话，既然任何材料都会受到物理和化学变化的影响，每件物品从被制作出的那一刻起就可以被看作是它自身的即刻赝品。为了避免这种偏执的态度，我们的文化为决定一件物品的物理完整性制定了灵活的标准。书店里的一本书虽然被很多顾客翻过但仍是一个崭新的样本，直到它——按照大众的标准——被明显地撕破、弄脏或弄皱。按照同样的思路，也存在着决定壁画是否需要修复的标准——尽管目前对西斯廷教堂修复的合法性存在的争议表明人们对这些标准是多么意见不一。

这些标准的缺点在很多情形中会引发自相矛盾的局面。例如，从美学的角度看，人们常常断言一件艺术作品只要保持基本的完整性就应被看作真品，要是丢失了某些部分就丧失了它有机的完美。但是从考古和历史的角度看，人们会认为，即使一件艺术品丢失了其中一些形式特征，它还是原始真品，只要它的材料依据——或者至少是其中一部分——经过岁月洗礼仍旧保持不变。于是“美学的真实性”所依据的标准区别于确认“考古的真实性”所依据的标准。然而，这两种真实以各种方式交织在一起，经常还是以无法解决的方式相互干扰。雅典的帕特农神庙失去了颜色、许多原来的建筑特色以及一部分石头，但是剩下的部分——据称——跟当初建筑者们所建的并无二致。田纳西州纳什维尔的帕特农神庙是根据在全盛时期的希腊模型建造的，它在形式上是完整的，也许颜色也同当初期望建造的一样。从纯粹的形式和美学标准角度看，希腊的帕特农神庙应该被看作纳什维尔帕特农神庙的改造品或赝品。然而，矗立在雅典卫城的神庙的残垣断壁仍然被认为比美国的那座建筑更“真实”和“美丽”。①

12.4.2 有限赝品

同对彻头彻尾的赝品一样，我们假定Oa存在，或是曾经存在，同时声称者知道有关它的一些情况。接受者也知道Oa存在，或是曾经存在，但不一定对它了解得很清楚。声称者知道Oa和Ob不同，但是断定在特定情形中、为了特定目的它们具有同等价值。声称者并不声言它们等同，但是声言它们可以互换，因为对于声称者和接受者来说，等同和互换之间的界限非常灵活变通。

12.4.2.1 混淆的热情

声称者知道Oa不等同于Ob，后者是作为复制品在后来制作的，但对真实性问题并不敏感。声称者认为两个物品就它们的价值、功能或用途来讲是可以互换的，或者可以把Ob当作Oa来欣赏，因而就在暗中认可了它们的同一性。

罗马贵族从美学角度对一尊希腊雕像的复制品感到满意，要求在上面仿造原作者的签名。在佛罗伦萨的游客对米开朗琪罗的《大卫》的复制品顶礼膜拜而并不在乎它不是原件这一事实。在加利福尼亚州马里布市的盖蒂博物馆，雕塑和绘画原件被陈列在复制得很逼真的“原始”环境中，于是很多参观者对区分原件和复制品并不感兴趣（参见Eco，1986b）。

---

① 古德曼（Goodman，1968）说：“艺术品的赝品是虚假地声称具有这件艺术品原件（或其中一个原件）所必需的生产历史的物品。”于是纳什维尔的帕特农神庙是一件赝品（或至少是仿冒品），因为它没有跟雅典的帕特农神庙一样的历史。但这不足以对它进行美学评价，因为古德曼承认建筑可以被看作一种代笔艺术。如果从帝国大厦的精细平面图（类型）来看，建在曼哈顿中城的这个类型的个别符和建在内华达沙漠的另一个个别符并无二致。实际上，希腊的帕特农神庙之所以“美丽”，不仅仅是因为它的比例和其他形式特点（这些特点在过去的两千年中发生了严重的变化），也因为它的自然和文化环境、它坐落在山顶上的位置，以及它的文学和历史内涵。

12.4.2.2 对可互换性的公然声称

通常翻译作品就属于这种情形，至少从一般读者的角度来看。中世纪的手抄本也属于这种情形，抄写者通过压缩和审查原稿进行故意改动（但仍然自认为传达了“真实”的信息）。纽约城市博物馆的书店出售曼哈顿购买契约书的复制本，为了使它显得真像旧的一样，复制本被熏染了旧时香料的味道。但是这份以仿古字体签署的曼哈顿购买契约是用英语写成的，而原件则是用荷兰语写的。

12.4.3 从无赝品

让我们把这一类型分为按照……制作的作品、伪经，以及原创性赝品。(Haywood， 1987)

我们必须（通过暂时搁置任何本体论的承诺，参见 12.4.1）假定 Oa 不存在——或者，即便根据不确实的报告所称曾经存在，现在也无可补救地丢失了。声称者声称——无论出于善意还是恶意——Ob 等同于 Oa。换句话说，声称者错误地把 Ob 说成是某个特定作者所作。为了使这种错误的声称可信任，就必须知道系列 a 中的不同物品（Oa1，Oa2，Oa3……），这些都是由著名的、受人尊敬的 A 制作的。从整个系列 a 中可以生成一个抽象类型，它虽然并不把 a 中的个体成员的所有特征都计入其内，却呈现一套生成规则，并且据信是对 A 制作系列 a 的每个成员的方式的描述（如风格、质料的使用等等）。既然 Ob 看起来是根据这一类型制作的，于是就宣称 Ob 是 A 先前不为人所知的作品。当这种无中生有的模仿被公开宣告或承认——常常是出于致敬或戏仿——人们所说的就是一部按照……制作的物品。

12.4.3.1 古文书赝品

在这种情形中，声称者正好是制作者 B，并且有着两种可能：要么声称者知道 Oa 从来没有存在过，要么声称者真诚地相信 Oa 存在过但难以挽回地丢失了。在这两种情形中，声称者都知道 Ob 是全新的产品，但是他或她认为 Ob 具有 Oa 所具有的全部功能，结果就是把 Ob 当作真正的 Oa 展现出来。

一件历史赝品指的是正式有效的文书，它包含有假的或伪造的信息（如对假特权的真实认可），而古文书赝品则常常是对据信为真实的特权的假认可。具体例子是由中世纪僧侣伪造的文书，他们想提前宣称自己对修道院的所有权提前。我们可以假定他们之所以这样做是因为他们强烈地相信他们的修道院曾真正地收到过这种认可文书。中世纪作者看重的是传统而不是文件，有着对真实性的不同观念。他们具有的唯一可靠的文件形式是传统通告本身。他们只依靠过去的证据，而这个过去只有模糊的年代坐标。勒高夫（Le Goff，1964）称中世纪知识的形式是民间传说："在封建时代，真理的证明是'永恒'的存在"。勒高夫引证了一二五二年发生在奥利的巴黎圣母院分会农奴和教士之间的司法争论。教士认为他们之所以有权征收什一税，是因为"自来如此"；而这个地区最年长的居民曾就这个问题被问讯，他的答案是从一个没有记忆的时代开始，事情就是这样了。另一名证人是一位名叫约翰的副主教，他说在教士会堂见到过确认这一习俗的文书，而教士们通过笔迹把这些文书鉴定为真实的。没有人认为有必要证明这些文书的存在，更不用说调查它们的内容了，它们已经存在几个世纪的传闻就足够了。在这种文化中为了证实一个"真实"的传统而提供一份伪文件是绝对公正的。

12.4.3.2 从无中创造的赝品

声称者知道 Oa 并不存在。如果声称者碰巧就是作者 B，那么声称者知道 Ob 是新近制作的。无论怎样声称者不会相信 Oa 和 Ob 是一样的。然而，声称者即使完全意识到自己无权这样做仍旧声称这两个物品——一个为真，一个为假想物——是等同的，或者 Ob 是真的，这样做的目的是为了欺骗。现代的文书伪造、画作伪造（如本世纪由汉·凡·米格伦[①]所画的维米尔油画赝品）、为了表明无法证实的谱系而伪造的家谱，还有故意制作的杜撰作品（如希特勒的日记），都属于这种情形。（Haywood，1987；Goodman，1968；Barbieri 1987）

十三世纪的诗歌《论老妪》也属于这种情况，它被毫不犹豫地归在奥维德名下。人们会认为，在九世纪让《丢尼修文集》发行并且把它说成是圣保罗的门徒所作的那些人明确地知道这部作品是很久之后才完成的；尽管如此，他们还是决定把它当作无可置疑的权威著作。与 4.1.3 中所列的情形略微相似的是作者风格伪造现象，比如一位以自己二十年代作品闻名的画家在五十年代画了一幅画，而这幅画看起来像是他早期不为人知的代表作。

12.4.3.3 弄错的假归属

声称者并不是 B，也并不知道 Oa 不存在。声称者善意地声称 Ob 等同于 Oa（他是通过不确切的报道而认定有 Oa 的）。这种情形发生在那些收到《丢尼修文集》并且把它当作圣保罗的门徒所作的人们身上，也发生在曾相信并且仍然相信《以诺书》的真实性的人们身上，还发生在文艺复兴时期的新柏拉图主义者身上，

---

① Han van Meegeren（1889—1947），荷兰伪画制造者。——译注

他们不认为《赫耳墨斯文集》是古希腊作者所作，而是一位名叫赫耳墨斯·特里斯墨吉斯忒斯的神秘之人所作，据信他生活在柏拉图之前的埃及人统治时期，并且被推测为摩西。在本世纪，海德格尔写了一篇关于思辨语法的评论，他以为自己评论的作品的作者是邓斯·司各脱，但是不久以后人们发现真正的作者是埃尔福特的托马斯。同样地，把《论崇高》说成是朗吉努斯所作也属于这种情形。①

12.5 作为仿造符号的仿造物

前文所呈示的拓扑学暗示了一些有趣的符号学问题。首先，一件伪造品是符号吗？让我们先看看直接伪造（在这种情形中 Oa 存在于某个地方）。

如果一个符号——按照皮尔士的观点（Peirce，1934：2.228）——“对于某人而言在某些方面或某种能力上代表某物”的话，那么人们就应该说 Ob 对于声称者来说代表 Oa。如果像似符——依然根据皮尔士的观点（2.276）——“可以主要根据像似性代表它的对象”，那么人们就应该说 Ob 是 Oa 的像似符。

Ob 要是能够复制 Oa 的全部特征就可以成功地被错当成 Oa。莫里斯（Morris，1946）建议，“一个完全意义上的像似性符号”

① 参见伊恩·海伍德关于作为不同从无中创造的赝品构成的网络的施里曼的案例：“施里曼不仅没有揭示传说中的普里阿摩斯的城市（他发现的是更早的一座城市），而且最近所揭示出的事实表明施里曼发现传说中的珍宝这一世界闻名的事件是一场骗局……在真正古老这层意义上讲，大部分的珍宝是真的——但因为它们的来源是虚构的，所以这些珍宝是赝品。施里曼甚至把关于这起发现的虚构故事写入了他自己的日记——其中的某些部分是真实的，但是整体上讲是虚构的。施里曼虚构了真实性，捏造了一个语境。”（Haywood，1987）。

不再是一个符号，因为“它本身成了所指对象”。这意味着我自己的完全意义上的像似性符号将会跟我自己别无二致。换句话说，完全意义上的像似性成了不可辨别性或同一性，而对同一的可能定义就是“完全的像似性”。

在赝品中只有所谓的同一：Ob 拥有 Oa 的所有特性，除了它并不是 Oa 并且在同一时刻与 Oa 处在不同的地方。如果具有不完全的像似性，那么 Ob 可以被看作 Oa 的符号吗？如果可以的话，那么它就是一种特别奇怪的符号：只要没有人把它作为符号并且每个人都把它错当成其潜在的所指对象，那么 Ob 就成功地成了一个符号。一旦人们承认它是一个符号，Ob 就成了相似于 Oa 的东西——Oa 的摹本——但不能再混同于 Oa。实际上，摹本是像似性符号而不是赝品。

我们该如何定义一个只有被错认作它自己的所指对象时才起作用的符号呢？定义它的唯一方式是称它为赝品。这确实是一个特别的情况。赝品属于哪一种符号对象呢？

声称者在面对 Ob 时所问的问题不是“它意味着什么”而是“它是什么”（会产生错误认同的答案是“它是 Oa”）。Ob 被当作跟 Oa 一样是因为它是或者看起来像是 Oa 的像似符。

用皮尔士的话说，一个像似符还算不上符号。仅仅作为一个图像，它属于第一性。只有像似性的再现体或亚像似符（hypoicon）才算得上符号，也就是属于第三性的具体实例。虽然这一点在皮尔士那里很有争议，但我们可以在单纯的像似符不能作为符号来诠释这层意义上理解差异所在。显然，Ob 为了被认作与 Oa 相似就必须能从感知上被诠释。但是一旦声称者理解了它，他或她就会把它等同于 Oa。这属于感知误解的情形。

存在这样一种衍义过程，它使得感知识别某个所发出的给定声音，将其理解成某个词语。如果有人发出 fip，接受者理解成 fi：p，显然是把 fip 错当成了词汇类型 fi：p 的个别符。但是我们不能说发出的 fip 是预期的 fi：p 的符号。整个情形都与语音混淆有关，或者就两个发音都是单词来讲，是从表达-物质实体到表达-物质实体的错认。同样，当 Ob 因为像似性原因而被错当作个别符 Oa（以及在彻头彻尾的赝品的情形中，Oa 是属于它本身类型的个别符），那么我们所面临的是从表达到表达的误解。

在衍义过程中还存在着有人对个别符的表达而不是内容的物质特征更感兴趣的情况——比如，在听到一个句子时对确定它是不是由某人发出的比对诠释其意思更感兴趣；或者在接受者为了确认说话者的社会地位而对说话者的口音而不是对他所说出的句子的命题内容感兴趣时。

同样，在错误认同中人们主要关心的也是表达。表达可以被伪造。符号（它所起到的作用是把表达和内容联系起来）可以最大程度地被错误诠释。

让我们回想一下由古德曼（Goodman，1968）提出的“亲笔”艺术和“代笔”艺术之间的区别，皮尔士对型符（legisign）、单符（sinsign）和质符（qualisign）所做出的区分（2.243ff），以及我们在前文对复制品的看法（Eco，1976）。有些符号的个别符可以根据它们的类型（如书籍或乐谱）被无限地产出；有些符号的个别符虽然是根据类型产出的，但具有某种质料上的独特性（如同一个国家的两面旗子可以根据其辉煌的年代来区分）；还有有些符号的个别符就是其自身的类型（如视觉艺术的亲笔作品）。根据这个观点我们必须在不同的赝品类型之间做出直接的区分。

我们主要来看彻头彻尾的赝品和从无中创造的赝品（有限赝品显然在某种意义上讲介于两者之间）。

彻头彻尾的赝品仅影响上述第二类和第三类符号。除非制作一出不同的悲剧或是编辑一个明显修改过的版本，不然不可能制作出《哈姆雷特》的赝品。但是制作出《第一对开本》的赝品是可能的，因为在这一情形中所仿造的不是莎士比亚的作品而是原始印刷商的作品。彻头彻尾的赝品不是符号；它们只是看起来像是其他表达的表达——只有我们把它们当成摹本的时候它们才成为符号。

相反，从无中创造的赝品似乎更具有衍义上的复杂性。当然有可能声称雕像 Ob 显而易见与由一位伟大的希腊艺术家制作的带有传奇色彩的雕像 Oa 相同（用了一样的石料、具有一样的形状、同作者的双手存在一样的原始联系）；但是也有可能把一份书写文件 Ob 的作者说成是 A 而并没有注意其表达的物质实体。在阿奎那之前，有一个从阿拉伯语翻译过来的——名为《起因论》——拉丁语文本据称是亚里士多德所作。没有人错误地认同了给定的羊皮纸或给定的笔迹样本（因为众所周知所谓的原件是用希腊语写的）。被（错误地）指认给亚里士多德的是内容。

在这类情形中，Ob 先是被看作某物的符号，为的是把这个某物认作可以完全与 Oa 互换的东西（在 12.4.2.2 中所讨论的意义上）。在彻头彻尾的赝品（以及在亲笔艺术的情形）中，声称者对表达的真实性、如实性或原创性做出了声明。在从无中创造的赝品中（这种赝品既涉及亲笔艺术也涉及代笔艺术），声称者的声明要么涉及表达要么涉及内容。

在彻头彻尾的赝品中，声称者——由于对两个表达的物质实体存在感知上的误解——相信 Ob 同所谓真实的 Oa 一样。在第二种情形中，声称者——为了把 Ob 等同于传说中的 Oa——必须首先相信（或证实）Ob 是真实的（如果它是亲笔作品的例子的话），或者 Ob 是对一个给定的内容表达，其本身又同传说中的亲笔表达 Oa 的真实内容相同。①

然而，在这两种情形中，人们会感到很奇怪。对赝品和伪造品的一种天真的看法使人相信赝品的难题在于想当然地认为或质疑某物同所谓的真品相同。但是，经过更为精确的研究，真正的问题似乎是决定人们使用“真实的物品”时的含义是什么。具有讽刺意味的是，赝品的问题不是 Ob 是不是赝品的问题，而是 Oa 是否为真，以及做出这一判断的根据是什么。

赝品符号学的关键问题似乎不是声称者的错误类型，而是评判者据以判断声称者是对还是错的一系列标准。

12.6 确认真实性的标准

评判者（如果有的话）的任务是证实或证伪声称者所做出的同一性指认。评判者基本上面对的是两种可能：

---

① 如果作者 B 抄袭了一部书 Oa，并且说：“这是 Oa，由作者 A 创作。”那么他或她说的是真话。相反，如果同一位作者 B 仿作了一幅画或是一尊雕像 Oa，并且说：“这是 Oa，由作者 A 创作。”那么他或她当然说的是假话。（如果两者都说 Ob 是他们自己的作品，他们就是在抄袭。）但是，仿作了 Oa 并且把它当作自己的作品的作者 B 难道就真的是在公然说谎吗？亲笔作品有属于自己的风格，对其进行完美的仿冒也会赋予赝品特定的审美特质。同样的情形也会出现在从无中创造的赝品上，比如一位作者 B 像汉·凡·米格伦画《以马忤斯的门徒》——被错误地认同为维米尔的作品——那样创作了一幅画，从伦理上及从法律上讲（至少从米格伦声称它由维米尔所作这一点上看），这无疑是一件赝品。但是作为一件艺术品，它是真正意义上的“上乘”绘画。如果米格伦创作这幅画是为了向维米尔致敬的话，它就可以被称赞为具有后现代性质的杰作。关于对立标准的复杂情形（参见 Haywood，1987；Frank Arneau，1961）：“允许的和不被允许的、模仿、风格抄袭、临摹、复制和赝品之间的界限仍然模糊不清。”

一、彻头彻尾的赝品。Oa 被广泛认为是存在的，而评判者所做的只是证明 Ob 不与它等同。为了这样做，评判者还有另外两种方式：要么成功地把 Ob 放在 Oa 的面前，表明它们不是不可辨识地等同，或者拿 Ob 的特征同 Oa 众所周知的特征作比较，表明不能错误地把前者当作后者。

二、从无中创造的赝品。Oa 的存在只是传说，没人见过。当关于某物的存在没有确凿的证据时，人们可以假定它可能不存在或者佚失了。但是新近发现的 Ob 被声称者拿来作为对 Oa 的存在有所期待的证明。在这种情形中，评判者应该对 Ob 的真实性证实或证伪。如果它是真实的，那么它就同所谓的佚失的原件 Oa 等同。然而，所谓与佚失的原件相似的某物的真实性只能通过证明 Ob 就是原件来证实。

第二种情形似乎比第一种更加复杂。在第一种情形中，为了证明 Ob 的真实性，只要表明 Ob 等同于原件 Oa 就够了，原件 Oa 代表一种毋庸置疑的参照物。在第二种情形中没有参照物。但是，让我们进一步看看第一种情形。

只有当一个人站在卢浮宫的原作前，拿出一幅完美的《蒙娜丽莎》的复制品，并（疯狂地）声称这两幅画完全相同时，评判者才能对 Oa 不等同于 Ob 确定无疑。但即使在这种不可能发生的情形中也会有疑虑的阴影存在：或许 Ob 是真的而 Oa 是赝品。

因此，我们在这里面临着奇特的局面。赝品是错误认同的情形。如果评判者证明物品有两个，并且对错误的同一性指认表示质疑，那么评判者肯定能够证明存在着赝品。但评判者还是无法证明这两个物品中哪一个是原件。只证明不存在同一性是不够的。评判者必须提供证实假定真品为原件的证据。

乍一看，第二种情形好像更困难，因为需要在假定原件缺失的情况下，证明被怀疑的赝品是原件。但实际上，第一种情形更为困难：当原件在场时，仍然必须证明原件就是原件。

说 Ob 之所以是赝品是因为它不具有 Oa 的所有特征是不够的。评判者用来认同 Ob 的特征的方式与评判者用来判定 Oa 的真实性的方法是相同的。换句话说，为了说明复制品不是《蒙娜丽莎》的原件，就必须研究《蒙娜丽莎》的原件，并且用和用来说明复制品不同于原件相同的方法确认它的真实性。现代文献学不满足于我们所说的达·芬奇在完成之时就马上把《蒙娜丽莎》挂在了卢浮宫里这个证据。此种声称必须要由文件来证明，这转而又对文件的真实性问题提出了质疑。

为了证实 Ob 是赝品，评判者必须证明与之对应的 Oa 是真的。所以，评判者必须把事先假定为真的油画当作文件进行考察，目的是判定其质料和形式特征是否支持其真正出自达·芬奇之手这一假定。

于是，现代学术研究是从以下假定出发的：

一、一个文件确认一个传统信仰，而不是相反。

二、文件可以是为了明显的交流意图而生产出来的物品（如文稿、书籍、墓碑、镌刻等等），在其中人们能够识别一种表达和一个内容（或是一个试图表达的意义）；也可以是并非主要旨在交流的物品（比如史前发现物、在远古和原始文化中的日常用品），这些东西被诠释成符号、征候和往事的踪迹；还可以是为了传达 x 这个明显意图而生产出来的物品，但是被看作是 y 的无意为之的征候——y 是对它们的起源和真实性进行推断而得出的结果。

三、真实意味着具有历史本源性。要证明一个物体是原创的意味着把它看作它自身本源的符号。

于是，如果赝品不是符号，在现代文献学看来，原件为了跟它的赝品相比较，就必须被当作符号来对待。错误的同一性指认是由误解和故意的谎言构成的符号网络，而为进行"正确"的真实鉴定所作的任何努力都是衍义诠释或是试推法的典型例子。

12.6.1 借助材料支持进行的证明

如果对一个文件的材料支持回溯不到它所声称的起源时间，这个文件就是伪造的。这类证明是相当晚近才有的。寻找更古老的东方智慧起源的希腊哲学家很少会有机会直接接触用原始语言写的原始文本。中世纪的翻译者翻译的一般都是与原件有相当一段距离的文稿。至于远古时期的杰作，中世纪的人们所了解的要么是破败的废墟要么是关于未知之地的模糊谣传。在中世纪早期对诉讼中作为证据出示的文件真实与否的判断，最多也只是局限在调查印章的真伪上。即使在文艺复兴时期，当《赫耳墨斯文集》的初稿被带到佛罗伦萨并被当作一位久远之前的作者的作品时，开始学习希腊语和希伯来语的学者并没有对他们所拥有的唯一实物证据——手稿——可以追溯到十四世纪这一事实产生怀疑。

如今，有了公认的测定介质（如羊皮纸、纸张、亚麻、木材等等）的物理或化学技术手段，而且这些方法被认为是相当"客观的"。在这种情形中，材料支持——也就是表达的物质载体——必须在其物理结构，亦即形式中得到验证（参见 Eco, 1976）。实际上，材料支持的类属概念必须进一步分析成次系统和次系统的次系统。比如，在一篇文稿中，文字是语言实体的替代品，墨迹是对文字表意的支持（被视为一种形式），羊皮纸是对墨迹表意的支持（被视为一种形式），羊皮纸的物理-化学特性是对其形式性质的支持等等。在一幅画中，笔触是对像似性表意的支持，它们转而又成了色素支持的形式表意，等等。

12.6.2 借助线形文本表意的证明

一个文件的线形文本表意必须遵守写作、绘画、雕塑等在它据信所诞生的时代的范式规则。因此一个给定文件的线形文本表意就必须跟一个给定时期的表达形式系统进行比较——还要跟被假定为其作者的个人风格进行比较。

奥古斯丁、阿伯拉尔、阿奎那都遇到过从语言特征这个角度决定一个文本可信度的难题。但是，奥古斯丁的希腊语知识微乎其微，也不懂希伯来语。他在一篇关于修订的文章中建议，在研究《圣经》文本时应该对一系列不同的拉丁语译本进行对比，目的是推测出文本的“正确”译文。他试图建立一个“好”的文本而不是“原始”文本。他还拒绝使用希伯来文文本的主意，因为他认为这是由犹太人伪造的。就像马罗（Marrou，1958）所说：“在这里又出现了古代语法……其他的任何评论都不涉及建立对文本进行批评性阐述的初步努力……没有准备性的工作，没有对手稿传统、不同证据的确切价值、它们之间的关系和演变的分析：圣奥古斯丁满足于在桌子上堆放尽可能多的手稿，并在他的评论中研究尽可能多的不同稿本的变体。”最后一句话涉及的并不是文献学，而是试图诠释的真诚愿望和对以这种方式传播知识的有效性的信任。直到十三世纪，学者们才开始询问转变信仰的犹太人以获得有关希伯来原文的知识（Chenu，1950）。

圣托马斯注意到了使用（他由此明白了一个给定文本所指向的时期的词汇用法）。通过研究言说方式，他认为在某些具体的段落中丢尼修和奥古斯丁使用了特别的词语，因为他们遵循柏拉图主义者的惯例。在《是与否》中阿伯拉尔认为人们不应相信声称是真迹的文本，如果其中词语使用的是其不寻常的含义，并且文本的变体正是伪造的迹象。但是惯例也会变化，至少在彼特拉克和早期人文学者之前是这样的。

早在十五世纪，瓦拉[①]就提供了对表达形式进行文献学分析的最早的例子（《〈君士坦丁的赠礼〉辨伪》，他指出某些语言表达的用法在公元四世纪初是完全行不通的。同样地，在七世纪初，伊萨克·卡索邦证明了《赫耳墨斯文集》不是古埃及文本的希腊语译本，因为它没有一点埃及习语的痕迹。现代文献学家证明神秘主义文本《阿斯克勒庇俄斯》不是——像人们先前认为的那样——由维克托里努斯翻译的，因为在维克托里努斯的所有文本中，句子都是以 etenim 打头的，而在《阿斯克勒庇俄斯》中这个单词十有八九都出现在第二位。

如今，我们借助于基于大量文化遗产知识的古文书学、语法学、画像学以及文体学标准。运用现代技术鉴定油画的典型例子是莫雷利[②]的鉴定学（Ginzburg，1983），这一分析法基于最为边缘的特征，如表现手指甲或耳垂的方式。这些标准并不是无可争议的，但为文献学推论提供了令人满意的基础。

---

① Lorenzo Valla（1407—1457），意大利人文主义者哲学家、文学评论家。——译注

② Giovanni Morelli（1816—1891），意大利艺术评论家，创建了绘画细节分析法。——译注

12.6.3 借助内容建立起来的证明

对于这些证明来说，有必要决定概念范畴、分类标准、论证方式、图像框架等是否同所声称的作者身处的文化环境的语义结构（即内容形式），以及作者（从他们的其他作品中推断出）的个人概念风格相一致。

阿伯拉尔试图确立什么时候词语的意义会因不同的作者而发生变化，并且建议使用语境分析——就像奥古斯丁在《论基督教教义》中所做的那样。但是这个原则受到和它平行的另一个建议的限制，那就是在产生犹疑时尊重权威的看法。

当阿奎那质疑人们把《起因论》错误地归在亚里士多德名下时，他（通过拿它同当时新近翻译的普罗克洛斯的《神学基本原理》作比较）发现所谓的亚里士多德的文本实际上带有明显的新柏拉图主义色彩。这种哲学态度无疑已是非常成熟，但是阿奎那通常不会问人们是否根据他们所处时代的世界观来思考和写作，而是问以这种方式思考和写作是否正确，继而提问这一文本会不会是从不犯错误的教义权威所作。

阿奎那再三使用 authenticus 这个词，但对于他来说（正如对于整个中世纪来说），这个词的意思不是“原本的”，而是“真实的”。Authenticus 指的是一个文本的价值、权威性和可信度，而不是它的本源：正因如此，《起因论》中的一些段落在这些方面是不真实的。但是原因是在这里文本与亚里士多德不相吻合。

如蒂罗（Thurot，1869）所说：“注释者不力求理解作者的所思所想，而是教授被认为包含在其中的知识本身。真实的作者，正如人们所说的那样，不会出错，不会自相矛盾，不会实施不完善的计划，也不会与其他真实的作者发生分歧。”

相反，在瓦拉那里人们可以找到处理内容形式的现代方法，他曾表明像君士坦丁那样的罗马帝国皇帝根本想不到《君士坦丁的赠礼》（被错误地认为是他所作）中所说的内容。同样地，卡索邦对《赫耳墨斯文集》的古老性持反对观点，认为既然在这些文本中找到了对基督教观念的回声，那么只能说明它们就是我们这个时代最初几个世纪的产物。

但是，即便在今天，这些标准（虽然是基于对盛行于不同历史时期的世界观的适当知识）很自然地在很大程度上依赖于假定和试推，而这些假定和试推很容易遭到质疑。

12.6.4 通过外部证据（指涉物）进行的证明

根据这个标准，如果一个文件所反映的外部事实在其产生时不应该为人所知，那么它就是伪作。为了运用这个标准，就必须展示适当的历史知识，但还必须认为说所谓的“古代作者有着先知的天赋”是理由不充分的。在卡索邦之前，费奇诺和米兰多拉就读过《赫耳墨斯文集》，却违反了上述原则：他们之所以认为赫耳墨斯的作品受到神启，只不过是因为它“预知”了基督教观念。

在中世纪，一些《君士坦丁的赠礼》的反对者试图重新构建事实，并且弃之为伪作，因为它与他们所知的过去相矛盾。韦泽尔，这位布雷西亚的阿诺德的追随者，在他于一一五二年写给腓特烈一世的一封信中认为《君士坦丁的赠礼》是伪作，原因是它与这一时期的其他见证相矛盾，这些证据表明君士坦丁大帝是在不同的时间和环境下受洗的。这种批判在人文主义时代早期变得更为激烈，例如，库萨的尼古拉在一三八八年所写的《世俗等级之间的对话》和《论天主教的和谐》中，试图通过仔细评估所有信息来源建立历史的真实。

瓦拉拿出了无可争议的历史证据，比如，他证实了《君士坦丁的赠礼》把君士坦丁堡说成宗主教区，而在其所推算的成书时期，君士坦丁堡并不是以此名存在，也还不是宗主教区。

近来对丘吉尔和墨索里尼之间的所谓通信的研究表明，尽管所用纸张是真的，通信仍不属实，应被看作伪作，因为里面的某些内容显然有悖事实：其中一封信是在丘吉尔当时已经几年没有住过的房子里写的，还有一封信涉及在发信之日后发生的事件。

12.7 结论

综上，我们的现代文化已经为证明真实性和错误的同一性指认勾勒出“令人满意”的标准。但是，所有以上提到的标准只有当评判者面对的是“不完美”的赝品时才有用。有没有能够经得住任何文献学标准考验的“完美的赝品”（Goodman，1968）？或者有没有这种情况，外在的证据找不到，而内部的证据又极富争议？

让我们设想下列情况：

在一九二一年，毕加索声称他画了一幅布斯托斯·多梅克肖像。佩索阿写到他见过这幅画，并且称赞它为毕加索所作的最伟大的杰作。很多批评家都在寻找这幅肖像，而毕加索却说它被人盗走了。

在一九四五年，达利宣称他在佩皮尼昂重新发现了这幅肖像。毕加索正式确认这幅画是他的原作。这幅画被卖给了现代艺术博物馆，题名为“巴勃罗·毕加索：布斯托斯·多梅克的肖像，1921”。

在一九五〇年，博尔赫斯写了一篇文章《巴勃罗的欧米伽》，在其中他认为：

一、毕加索和佩索阿是在说谎，因为在一九二一年没有人画过布斯托斯·多梅克的肖像。

二、无论如何，在一九二一年没有一个名叫布斯托斯·多梅克的人被画过肖像，因为这个人物是由博尔赫斯和卡萨雷斯在二十世纪四十年代杜撰的。

三、毕加索实际上是在一九四五年画的肖像，而错误地说成是一九二一年。

四、达利偷了这幅画，并且（惟妙惟肖地）对它进行了复制，紧接着他就把原件给销毁了。

五、显然，一九四五年的毕加索完美地模仿了早期毕加索的风格，而达利的复制品与原件难以区分。毕加索和达利用的都是一九二一年生产的画布和颜料。

六、因而，在纽约展出的这幅作品是对历史赝品（虚构地描绘了一个并不存在的人）的故意仿冒而形成的作品的作者本人的仿冒。

在一九八六年，人们发现了雷蒙·格诺的一篇未发表的文章，断言说：

一、布斯托斯·多梅克真有其人，只不过他的真名叫施密特。爱丽丝·托科拉斯在一九二一年不怀好意地把他当作布斯托斯·多梅克介绍给乔治·布拉克，而布拉克用这个名字（并非存心欺骗）给他画了幅肖像，模仿的是毕加索的风格（这则是存心欺骗）。

二、多梅克-施密特在德累斯顿大轰炸中丧失，所有关于他身份的文件也都被毁掉了。

三、达利确实是在一九四五年重新找到了这幅肖像，并且仿制了一幅。随后，他就把原件毁掉了。一个星期之后，毕加索又按达利的复制品复制了一幅，而达利复制的那幅也被毁了。卖给现代艺术博物馆的那幅肖像是毕加索模仿达利的赝品画的赝品，而达利的赝品又是模仿布拉克的赝品画的赝品。

四、他（格诺）是从发现希特勒日记的那个人那里获知这一切的。

所有与这个故事有牵连的人物都已经不在人世了。我们所能直接研究的物品就是悬挂在现代艺术博物馆中的那幅画。

显然，列在6.1到6.4中的文献学标准没有一个能帮助我们认定真实的情况。即使一位完美的鉴赏家有可能识别出达利和毕加索作品之间的微妙差别，或是能识别出不同时期毕加索作品之间的差异，他的断言也总会遭到其他专家的质疑。

这则故事并非像它表面上看起来的那样充满悖论。我们仍然在疑惑《伊利亚特》的作者和《奥德赛》的作者是不是同一个人，是否其中（至少）有一个叫荷马，以及荷马是不是一个单独的人。

现行的赝品观念是假定存在一个“真正”的原件，赝品要与之作比较。但是我们会发现用来确认某物为仿冒原件的赝品的标准恰恰就是用来确认原件是不是真品的标准。因此，原件不能被用作揭示赝品的参数，除非我们盲目而想当然地认为呈现在我们面前的所谓原件就是无可置疑的原件（但这与任何一个文献学标准相悖）。

利用材料支持进行的论证告诉我们如果用来支持的材料不能回溯到它所谓的起源时期，那么这个文件就是赝品。这种验证可以清楚地证明在十六世纪不可能使用机械织布机制作的画布，却不能证明在十六世纪生产的、上面涂有与当时生产的颜料在化学成分上相似的颜料的画布就一定是在十六世纪被拿来作画的。

利用线形文本表意进行的论证告诉我们，如果一个文本的线形文本表意不符合在其所谓出现时期的写作、绘画、雕塑等的范示规则，那么它就是赝品。但事实是，一个符合所有这些要求的文本并不就能被证明就是原件（这至多可以证明伪造者技巧高明）。

利用内容进行的论证告诉我们，如果它的概念范畴、分类标准、论证方式、图像框架等与所假定的作者所处的文化环境的语义结构（即内容形式）不相一致，那么这个文本就是赝品。但是并没有办法单单因为一个文本不包含基督思想就判定它写于耶稣诞生之前。

利用外部证据进行的论证告诉我们，一个文件所反映的外部事实如果在其产生之时并不为人所知，那么它就是赝品。但是也没有办法证明反映发生在其所假定的产生之时的事件的文本——单单就因为这个原因——就是最初的原件。

因此，研究赝品的符号学方法表明，我们判定真实性的理论标准是多么脆弱。

尽管如此，即使没有一个标准百分之百地令人满意，我们还是常常依靠建立在对各种验证的权衡评价之上的合理猜测。因此，只有当某个相反的证据动摇了我们已建立起来的认定，我们才会对一个物品社会公认的真实性表示怀疑。否则，人们每次去卢浮宫的时候都得检测一下《蒙娜丽莎》，要是没有这个真实性检测，就无法证明今天所看到的《蒙娜丽莎》同上星期所看到的是同一幅画。

但是这种检测对于任何同一性判断都是必要的。实际上，对我今天遇见的约翰是否与我昨天遇见的约翰是同一个人，并没有本体论上的保证。约翰也同一幅画或一尊雕像一样经历着物理（生物）上的变化。况且，约翰可以故意化装，使自己看起来像汤姆。

尽管如此，为了认出约翰、我们的父母、丈夫、妻子和儿子（还有，为了判定我今天看见的特朗普大楼跟去年看到的是同一座），我们所依赖的是主要基于社会共识的本能方式。这些方式之所以被证明可靠是因为我们人类已经生存了几百万年，并且已成为适应世界的生物。我们并不会怀疑这些方式，因为人或建筑物被伪造的可能性微乎其微（这个规则的罕见例外只是侦探小说或科幻小说感兴趣的主题）。但是，从原则上讲，约翰并不比《蒙娜丽莎》难以伪造；相反，成功地对人进行伪装要比成功地伪造《蒙娜丽莎》容易。

物品、文件、钞票和艺术品经常被仿冒，不是因为它们特别容易被仿冒，而仅仅是出于经济上的原因。然而，它们常常被仿冒这一事实迫使我们常常思考原件要符合什么样的标准才能被定义为原件——而通常我们不会费心分辨其他东西的真伪。

可是，对这些经常被仿冒的物品的思考告诉我们，我们用来辨认的一般标准是多么不可靠，也告诉我们真与假、真品与赝品，以及同一与差异是怎样循环往复地定义着对方。

第十三章　语义学、语用学和文本符号学*

雅各布森曾经说过，只从句法的角度上学习语言就像是把一节火车的卧铺定义为“通常是（被排列）在两节硬座车厢之间的车厢”。我想再补充说，只从语义角度学习语言对很多作者而言意味着把一节卧铺定义为人们可以在其中拥有一张铺位的铁路交通工具。这个定义似乎可以接受，但我不知道一个把这个定义当真的流浪汉会做什么。

我对语义学的观念可能太随意而失之夸大，但是我觉得有必要用“卧铺很昂贵”这条信息来充实我的词典条目。不幸的是，很多语义学家会提出反对意见，说所有的卧铺都是交通工具表达的是分析性真理，而所有的卧铺都很昂贵表达的是世界知识方面的事情，因而应该由语用学来研究。如果我想资助那个流浪汉，我就应该告诉他，为了避免麻烦，他应该学习语用学而不是语义学。由于他不需要辨别一节卧铺，所以他可以忽略句法学。我想如果我要把乘坐卧铺——至少在欧洲——是一种地位的象征这一明摆着的真理加进我的词典条目中去，一个不耐烦的语义学家会告诉我这是社会学的事情。

的确，我们有太多学科了。在一个连飞机场都关闭的浓雾弥漫的夜晚，富裕但疲惫的人们为了舒服地从米兰旅行到巴黎需要明白什么是卧铺，谁有资格乘坐它，如何在火车站识别卧铺车厢，以及如何乘坐欧洲快车而不是东方快车。上述能力有一个名字吗？我想，在这种情形中我们所面临的是一种普遍性的衍义能力，这种能力允许我们诠释文字和视觉符号，通过把它们提供的信息同背景知识结合得出推论。

13.1　对象和维度

查尔斯·莫里斯是第一位把符号学划分成句法学、语义学和语用学的人。这种对符号学领域进行特点划分的尝试既刺激也很有成效——但同时很危险。《符号理论基础》是在统合科学的百科全书的框架中写出的，语用学、语义学和句法学都是科学："语用学指的是关于符号与其诠释者之间关系的科学。"（Morris，1938）

因为每一门学科都有一个适当的研究对象，上述定义有些冒险，它把符号学转化成仅仅是三个独立学科的杂糅，其中每一个都对应着各自的对象。在这层意义上讲，符号学就像"自然科学"一样成了一个属类标签（莫里斯意识到了这种危险，参见Morris，1946）。

我们知道，或者我们有权利指出矿物学、动物学和天文学各自的研究对象，但是要给自然科学的对象下定义似乎并不是一件容易的事。不仅仅是对象，或者还谈不上对象，它——至多——可以被定义为一种方法，一种通过普遍的解释性规律了解我们的物质环境的某些方面的一种途径，这些根据相关资料推测出来的

* 本章于1985年在维亚雷焦国际语用学研讨会上首次发表。

规律可以通过某些实验加以证实或证伪。但是即使这样的方法存在，我们也知道为了了解猫的物种起源而寻找的资料同为了解释钻石的形成所收集的资料在类别和可获得性上大不相同。

如果莫里斯只说语用学是关于符号同其诠释者之间关系的科学，那么他的整个符号理论将会陷入困境之中。要把 x 科学的研究对象定义为 a 和 b 的关系，就意味着 a 的定义独立于 b 的定义。与此相反，莫里斯在《符号理论基础》中清楚地声称："某物之所以是一个符号仅仅是因为它被一个诠释者诠释成某物的符号……符号学于是就不再与特定的某类事物有关，而是与参与衍义活动的一般事物有关。"

如果与诠释者的关系对于符号的正确定义至关重要，并且语用学的研究对象就是作为一个符号本身特点的与诠释者的关系，那么语用学与符号学在什么意义上有所不同呢？

让我们假定符号学的这三个领域与其说是科学，还不如说是衍义现象的维度（或是一些可以借以切入衍义现象的描述）；同时也让我们假设，用皮尔士的话说，衍义就是"一种行动、一种影响，是或者涉及三个主体的合作，即符号、对象和解释项的合作，而这个三方面互相作用的影响无论如何也不可能转化成二元活动"（CP5. 488）。

从这个角度讲，符号学和它的三个领域之间的关系不再是作为属的自然科学与作为其种的动物学、矿物学和天文学之间的那类关系。这种关系更类似于科学哲学或普遍认识论同三个认识论问题之间的关系，即如何提出假论、如何收集相关资料以及如何证伪假论的科学解释。不言而喻，相关资料的观念只能在被接受的假论基础上建立起来，只有在试图判定被暂时作为相关资料的东西时才能建立假论，只有为了质疑一个给定的假论时才能设计一个检验解释的程序，通常证伪一个假论意味着证明人们所选择的相关资料并非如此。

按照同样的思路，语用学这门学科的对象不会与语义学和句法学的对象有什么不同。符号学的这三个领域所研究的都是同样的“学科对象”，但不幸的是，这个对象不同于自然科学的对象，如果后者有什么类别的话，那么就是*自然类别*。语用学的对象是句法学和语义学从不同角度研究的同一个衍义过程。但是像衍义这样的社会性——以及或许是生物性——过程永远不能被简化为一个，在不同的角度下的唯一一个。

平面几何是对物质现实的抽象再现。除了在艾勃特的《平面国》里，并不存在二维世界。三维世界中存在着实体，实体之间存在着关系。实体受到万有引力定律的制约，而平面几何中的图形则不受影响。我们可以用平面几何中的图形设计，比如说，力的平行四边形，从某种程度上体现某些依赖万有引力的现象，但是三维的实体会因为平面几何无法解释的原因下落。用来计算炮弹运行轨迹的力的二维平行四边形只能以图示再现一种平面几何必须视为理所当然的现象。

说语用学是符号学的一个维度并不是说它不存在对象。相反，这意味着语用方法涉及的是整个衍义过程，而衍义过程如果想要被全面理解的话就必须从语用的维度来研究。句法学和语义学在完全彼此隔绝时就会成为——如帕雷特（Parret，1983）所言——“反常的”学科。

13.1.1 语言 vs. 其他系统

莫里斯（Morris，1938）为了给语用学留出合适的领地，建议“语用学中的独特元素需要到那些不是严格意义上的符号学术语、不能用句法学或语义学来定义的术语中去寻找。”如果莫里斯所指的是那些连最为自由的语义学都不能预见的文本策略——例如，会话含义策略、对意图的影射——那么语用学这个领域就遭到了严重的削弱。如果他意在把这种现象当作指示或预设，我认为这些现象能够也必须从语义学的角度进行研究。如果他指的是言语行为理论的领域，我也认为很多言语行为也可以用句法学和语义学进行解释（因为，比如，命令可以采用句法上可以识别的祈使句形式，以及在 to promise（许诺）的意义的再现中也存在着施为的性质）。

然而，我怀疑莫里斯使用“严格意义上的符号学术语”，指的是在言语交流中起到一定作用的语境因素，如说话者/听话者的身体位置、面部表情、言语发出的时间和地点等等。不幸的是，这一假设与莫里斯的整个符号学相冲突。他的符号学不仅仅涉及语言现象，还涉及每一种符号系统。

研究言语交流的语用学方法必须考虑语言话语、动作、面部表情、身体姿势、语调声音、停顿、感叹词等之间的关系。但诸如副语言学、人体动作学、空间关系学等符号学学科已经发展起来，或正处于发展它们自己的句法学和语义学的过程中。对言语交流的语境的语用学研究不能借助非言语的语言的语义学而得到丰富。更不用说这一事实，即语用学本身并不只是专门用来研究言语交流的，因为还存在着许多用语用学方法研究戏剧、电影、绘画等的有趣的实例。

因此，即使沿着把语言同其他的非言语系统对立起来的轴线，语用学——不仅仅是一门有着自己独特研究对象的科学——也是一种更加普遍的符号学研究维度之一。

13.1.2 语义学和语用学：一个符号网络

符号学既研究表意系统（如言语语言、纸牌游戏、路标、图像编码等等）的抽象结构，也研究使用者为了交流实际运用这些系统的规则的过程，也就是去指涉可能世界的状态，或是批评和调整系统本身的结构。

人们不禁会说语义学主要涉及表意系统，而语用学研究的是交流的过程。尽管如此，表意和交流之间的对立并不对应于语义学和语用学之间的对立，而不如说是各种语义学理论以及不同语用学现象的特点。

13.1.2.1 三种语义学理论

莫里斯（Morris，1946）说，语义学是研究符号“表意”的符号学的分支。我们知道，莫里斯把被意含项（significatum）和被指项（denotatum）区分开来。因此，就必须区分所说的符号学是一种表意系统理论，还是一种指涉或言及行为理论——后者是交流的过程。所谓的结构语义学研究的是意义，因此也研究表意理论，而盎格鲁-撒克逊语言哲学就其用真值条件方法研究命题而言，涉及的是语义学。这两种方式必须仔细地加以区分，虽然两者都有可能被更为宽泛的语义学观念所容纳。

不仅如此，真值条件语义学包括两个问题或现象：依靠一套意义公设而成立的句子，以及依靠实际情况而成立的句子。于是，一方面

一、所有的单身汉都是男性。

二、所有的人都有两只脚。

根据一个给定的表意系统所假定的意义公设，这两句话都被认为是正确的（先不管这个事实——根据古老的传统——表述一是分析判断意义上的真，表述二是综合判断意义上的真）。在另一方面，

一、这是一支铅笔。

二、这支笔是黑色的。

当且仅当它们是在一个给定的环境中被发出时为真，在其中存在着被指示物铅笔，并且为黑色。

真值条件语义学有两个领域，其中一个领域研究的是一个命题为了在意义公设的基础上（逻辑地或语义地）为真或假所要满足的条件，另一个研究的则是一个命题为了在实际情况的基础上（事实性地）为真或假所要满足的条件。

于是我们发现至少有三种理论可以被贴上“语义学”标签，即

一、意义理论，或是语义能力的理论，以及认知语义学；

二、关于非指示性表达或永恒命题的真值的理论；

三、关于诸如言及行为的指示性表达的真值的理论（要了解更为细致的划分可参见 Eco，1976）。

以上三种语义学都不能避免语用维度。

关于理论三。当斯特劳森（Strawson，1950）说“言及或指称

不是一个表达所要做的事情，而是某人运用一个表达所要做的事情”时，我们必须同意他的观点。如果“指示性的表达把真值条件作为标准和自然的处理工具”（Gazdar，1979）看上去理所当然的话，那么下列说法看上去也同样理所当然，即指示性表达的真值依赖于说话时的环境、说话者和接受者（人称代词）以及被指示物的特征。因此，语用学的指示问题处在所谓最“反语用学”的语义学核心。结果就是，我们目睹了蒙塔古为了把真值条件方法延伸到包含指意性词语的形式语言中而做的尝试。

语义维度甚至也不能被新近严格的指称理论所忽视，这个指称理论之所以必须归属于理论三的名下，是因为它把使用一个专有名称的条件同该名称与自然物种的个体标本之间的原始指示关系联系在一起。如果严格的指称理论假定名称直接同它们所标识的自然物种的实质相联系，并把这一实质作为本体特征不受任何反事实威胁的坚固核心，它似乎坚决地排除了任何形式的语境知识。然而，为了恰当地使用这些名称，需要有一条文化链条，一条嘴传口授的信息构成的链条（这一理论对此的描述相当模糊），借助这根链条我们可以得到保证，那就是我们使用名称的方式仍然是在原初的洗礼仪式中建立起来的方式。唯一能使严格意义上的指称理论被人理解的方式——至少作为连贯的故事——就是把语用维度看作理所当然。但是为了解决它的语义问题，这一理论要确保语用维度的理论基础。如果这一理论先前就说明了所传达的实质是什么，它就可以忽略传达的过程。但是既然实质性的定义只有在传达的过程中存活下来才能被认定，这一理论至少应该尝试着描述这一过程。这是一个无可救药的恶性循环，这个理论既非语义的也非语用的，会如我所怀疑的那样继续作为一个迷人而又神秘的关于语言起源的传说而存在。

专有名称的因果理论只有在以下条件下才能成立：一个人理所当然地认为有可能通过直接明示教授和学习物体 x 的名称，以及这种直接明示所指的对象必须就在眼前，并且比命名者存活得更长久。于是，可以想象一个面对着珠穆朗玛峰的人告诉 b 我决定把此山命名为珠穆朗玛峰。接着 b 告诉了 c 这是珠穆朗玛峰，而 c 又把这个信息传达给了 d，就这样传了几个世纪……即使在这种情形中，使用指示性的特征以及发出者和接受者都必须直接处于面对这座山峰的情境中这两个必要条件都把语用因素引进了这个过程中。此外，这种解释把旅行者声称看见或听说过珠穆朗玛峰的情形排除在外。但不管怎样，仍然有可以说存在着决定名称传达的因果联系。但是要想给一位个人命名又会怎样呢，比如，巴门尼德？当巴门尼德死后这个因果链就断掉了。从这一刻起，说话者 w 在告诉听话者 y 有关巴门尼德的事情时，必须把具体的描述引入这幅图画（例如，这位哲学家主张虚无之运动或者这个人是某某的儿子，他昨天死了）。听话者 y 必须根据由 w 提供的一套语境说明学会使用巴门尼德这个名称，并且在每次想要确定这一名称是否用对了时求助于语境因素：巴门尼德，你说的是那个哲学家吗？确实，由 w 提供的这些说明“导致”了 y 的能力，但根据这一观点每一种语言理论都是因果性的。由于语言是习得的，无疑是每一位母亲“导致”了她的孩子学习语言的事实，以及每一本词典“导致”了其使用者学习如何使用词汇的事实。同样，美国宪法“导致”了每一位美国公民了解自己的义务和权利。正是这种非物质的和间接的因果联系要求对这一过程进行语用学的解释。

关于理论二。莫里斯（Morris，1938）在提出他的第一个语用学定义之后写道：

> 借助衍义……给定一个作为反应对象的符号载体，这个机制期待着诸如此类的情形，并且基于这一期待，可以部分地让自己提前为可能发生的事做好准备。因此，通过符号的中介对事物所进行的反应从生物角度上讲是同一个过程的连续，在其中距离感知在对更高级动物形式的行为控制上战胜了接触感知……按照这一取向，先前曾经使用过的某些词语又以新的意义出现。符号载体与其所指的关系是诠释者在借助对符号载体的反应诠释一组事物的行为中所要实际考虑的问题，需要被这样考虑的是所指。语义规则在语用维度上与诠释者在特定情形下使用符号载体的习惯相关联，反过来说，也与使用符号时期待的情形相关联。生成和转换规则对应于诠释者所使用的实际的符号组合和转接，或是对应于他为自己制定的符号使用规则，他在制定这些规则时所应用的方式同样也体现在他企图有意控制其他涉及人和物的行为模式中。从语用学的角度来考虑，一个语言结构就是一个行为系统：与分析性句子相对应的是对作为更具包容性的符号反应的符号反应之间的关系；与综合性句子相对应的是不作为部分与整体关系的符号反应之间的关系。

这些断言尽管是从它们的行为框架中推断出来的，但在我看来非常重要。它们表明语用学这个维度是同非指示性表达的真值条件语义学相互联系的。当莫里斯用语用学术语研究分析性和综合性句子的区别时，他确实是一位开路先锋。分析性观念被真值条件语义学用来作为强有力的论点，用以建立其自身独立于所谓的世界知识、背景知识、百科信息、语境以及情形等的地位。拿纯粹的词典或词汇知识反对其他任何种类的获得性能力的真值条件语义学会认为，“语用学把言语的意义诸方面作为自己的主题，而这些方面不能直接利用所言说的句子的真值条件进行解释”(Gazdar，1979)。

这个区别的弱点被奎因在其论文《经验主义的两个教条》(1951) 中绝妙地展示了出来：分析性真理还有综合性真理依靠的是一套文化假设系统，也就是说它们代表着更具抵抗性的——但绝不是永恒的——社会期待系统的核心。有趣的是，我前文提及的《符号理论基础》也用不同的话语提出了同样的主张。

关于理论一。本文的整个第二部分将表明从什么意义上讲一个意义理论不能避免语用维度。

13.1.2.2　表意与交流之间的语用学

语用学同样把很多依赖先前语义规则的元素视为理所当然，即使这些元素涉及符号和它们的使用者或诠释者的关系，并且与沟通的过程密切相关。以加兹达尔 (Gazdar，1979) 分析过的两个句子为例：

一、汤姆的小狗咬死了珍妮的小兔。(Tom’s doggie killed Jane’s bunny.)

二、汤姆的狗咬死了珍妮的兔子。(Tom’s dog killed Jane’s rabbit.)

英语的理想说话者-听话者会推断出表述一的作者要么是一个小孩要么就是假装成小孩的成年人，但是这种推断脱离了言说时的情景。尽管如此，任何声称把表述一和表述二之间的区别考虑进去的语义学理论都可以这样做，唯一的条件是，它能够在其语义学的装备中列举出某种程度上能描述一个给定的词项的理想发出者的地位（不论是年龄、性别还是社会角色）的标记。

我们应该考虑两种不同的语用学方法：表意语用学（如何在一个语义系统中再现语用现象）和交流语用学（如何分析在交流过程中发生的语用现象）。诸如文本共同引用、主题、文本连贯性、指涉一个虚构世界的文本所设定的一套个人言语性知识、会话含义等现象涉及实际的沟通过程，而且不能被任何一套表意系统所预见。其他现象，如预设、一般语境的预期、适切条件的规则等，都能够通过表意系统的编码研究来认识，在描述这些现象时，语义学和语用学方法从严格意义上讲相互关联、难以分离地交织在一起。

13.2　迈向语用学的语义学

在过去十年间最为有趣的语义学研究的典型例子体现在那些试图设计一个代表意义的百科全书式的模型的理论中。这些尝试不仅反对纯粹词典式的模型，而且反对把语义学的范围等同于真值条件语义学的范围。很显然，所有这些尝试不能仅仅靠把大量理想化的语用现象引入语义理论的框架中实现。

列文森（Levinson，1983）说，直到一九五五年人们一直在研究语用学，只不过不这么称呼罢了。从总体上讲，就像莫里斯

(Morris, 1938) 最早提出的那样，在符号的经典的定义中，一般都会涉及诠释者和诠释。希腊语和拉丁语修辞法，以及智者派的整套语言理论都可以被视作话语语用学的形式。但是即使在对表意的最为抽象的经典定义中也存在着语用元素：从亚里士多德到奥古斯丁，每一个对符号的定义都不仅会考虑表达与内容之间的关系，也会考虑表达与诠释者的思维反应之间的关系。阿伯拉尔仔细地论证了在给定的语境中意义的非歧义化问题，而且从奥古斯丁到培根，说话者的意图问题是中世纪符号理论常见的话题。奥卡姆提供了令人迷惑的关于像似性符号的诠释者的背景知识的言论（即如何在不知道雕塑所描绘的原型的情况下识别一尊雕塑的像似性）。如果洛克《论文集》的前几卷讲的是词汇和观念之间的关系，那么“词汇论”的那一卷讲的就是关于语言词汇的社会使用条件问题。

施莱本-兰格（Schlieben-Lange, 1975）不仅把皮尔士和莫里斯列入语用学先驱者的行列中，还纳入了米德、维也纳学派、日常语言学派、维特根斯坦、阿佩尔、哈贝马斯、克劳斯等马克思主义者、符号互动论者，更不用说奥斯汀、赖尔、格莱斯和塞尔了。

语义学讨论中的最后一个转折点，虽然拥有不同的——但基本上还是兼容的——尝试为百科全书式的意义再现提供模型的实例，但这并不代表一次科学范式的革命，而更像是一次朝向语言哲学最根本之处的回归。

所有这些实例都在某种程度上把语用元素引入语义学框架中。

为了理解语义学更为宽泛的概念，人们也必须更为宽泛地理解语用学的概念。让我们拿由巴尔-希勒尔（Bar-Hillel，1968）提出的一个概念为例，根据他的看法，语用学不仅涉及（符号的、句子的或文本的）诠释现象，或是指示性表达的现象，而且涉及“自然语言中的交流对以下几个方面的实质性依赖：说话者和听话者、语言语境和语言外语境、背景知识的可获得性、获得这种背景知识的准备以及在交流行为中参与者的诚意”。

巴尔-希勒尔所列举的现象或许也会被其他学科研究。然而，参考文献表明，其中很多，或许更多已经成为自由语义学理论以及通常被贴上文本或话语符号学标签的符号学新分支的研究对象。

13.2.1 诠释

自由语义学的第一个例子就是皮尔士的（作为直接对象的）意义和解释项理论。在皮尔士的无限衍义哲学框架中，

一、每一个表达都必须借助另一个表达来得到诠释，这样下去以至无穷；

二、只有诠释活动本身才是定义表达内容的唯一途径；

三、在这个衍义过程当中，表达的社会公认的意义经过它们在不同语境和不同历史情形中所接受的诠释而增长；

四、一个符号的完整意义只能是伴随着它的每一个语境实例所付出的语用劳动的历史记录；

五、诠释一个符号意味着预见——并且是理想化地——所有其可能被插入其中的语境。皮尔士的关系项逻辑把一个词语的语义再现转化成一个潜在的文本（每一个词语都是一个基本的命题，而每一个命题又都是一个基本的论断）。换句话说，一个义

素实质上就是一个文本，而一个文本就是一个扩展了的义素。

13.2.2 指示（系统）

必须补充的是，皮尔士表示，不仅可以为范畴性条目开发关系项（即语境，因此也就是以文本为中心的语义学）逻辑，还可以为像介词和副词这样的黏着词开发关系项逻辑。这个主张是首先由奥古斯丁《论教师》提出的，最近又由像利奇（Leech，1969）和阿普列相（Apresjan，1962）这样的当代学者重新加以考虑。

在《符号学理论》中，我提出了一个语义模型，用以代表实际指示的理想情形中的指示符的理想内容（不管这些指示符是单词、手势还是图像）。

13.2.3 语境和情形

以语境为主导的语义学常常以指令语义学形式出现（参见Schmidt，1973；Schlieben-Lange，1975）。根据格雷马斯（Greimas，1973）的看法，一个给定的语义单位如“渔夫（fisher）”在它的语义结构中是一个潜在的叙事程序：“渔夫，很显然，包含他所从事的活动的一切可能性，以及我们对他的行为所能期望的一切；他在话语同位素中的放置使其成为叙事中可用的主题角色……”。

在《符号学理论》中，我建议把语境（context）同情形（circumstance）区分开来。语境是一个给定的表达跟其他属于同一个符号系统的其他表达一起出现的环境。情形则是一个表达和其语境一起出现的外部情状。在《读者的角色》中，我把某种语义理论可以预测一个给定表达出现的可能性的一系列理想文本定义为语境，同时我为在实际交流过程中一个表达的实际环境保留了共现语境（co-text）这个名称。于是，我会说我命令你这个表达通常会出现在以下语境（或各类文本）中，即发出者的地位高于接受者，或者发生在以下情形中，即同样的社会关系仍然存在，并出现在某本小说的共现语境之中。

在《符号学理论》中，我勾勒了一个语义模型，旨在预测可能依赖于一般语境和情形的意义差异；在《符号学与语言哲学》中，我尝试了语境选择与主题相互作用的命题和副词的再现（语义理论无法预测，但是必须理想化地予以考虑的语境猜想）。

格雷马斯的著作（Greimas，1966）中出现的“类素”概念也是用语境选择来丰富语义学描述。

13.2.4 适切条件和言外之力

在生成语义学的框架中，很多学者感到有必要提供一个以语境为主导的描述。莱考夫（Lakoff，1975）就建议适切条件必须作为意义公设给出。比如：

$$要求(x, y, P) —— 企图(x, 引起[y, P])$$

还有其他很多适切条件可以用语义学的方式来记录。例如，在再现像斥责（scolding）这样的动词时，它应该并且也能够用以语用为导向的标记如“S > A”来表示，其中S为发话者，A为受话者，而 > 代表着社会地位高人一等的关系，或者是一个表示阶层差别的运算符。

13.2.5 语境角色

菲尔墨的格语法通过把施动者、目标、工具以及结果等格引入词语的再现之中，从而把对词项的诠释与从其最内部同现的语境联系起来，这个语境实际上是由对意义的系统再现给予的，因此并不依赖于纯粹的词语外部世界知识。换言之，世界知识的总体图式被看作词语信息的一部分。按照同样的思路，让我们对比尔沃思（Bierwisch，1970 & 1971）的语义模型做出评价。比如，对杀死（kill）一词的描述：

X_s 引起（X_d 变为［非生命的 X_d］）+（有生命的 X_d）

进一步的改进可以这种再现记录下"杀死（kill）"和"谋杀（assassinate）"的区别，方法是引入确立 X_d 政治角色的理想适切条件。

13.2.6 预设

预设长期以来都被看作不能用意义再现来考虑的现象。菲尔墨（Fillmore，1971）展现了通过判断性动词的语义再现记录预设的可能性。在维奥利和我的作品（Eco & Violi，1978）中，我们区别了三种预设：存在性的、共现文本性的和 p-项的预设。

就存在性的预设来讲这样坚持是荒谬的，即：

一、我遇见了玛丽的儿子。

"预设"在某个可能的世界里有一个名叫玛丽的人，而她有个儿子。这种所谓的存在性预设与表意系统没有关联。它们确实与交流的过程有关，因此可以用指称或言及语义学来考量，只要它们隐含地断言某事就是如此。说话者致力讲出实情，或至少讲出某事（不管是一件物品、一件虚构的事，还是一个想法），基于这样的对话前提，表述一假定玛丽和儿子在某个可能世界的存在，而听话者则尽力想当然地相信他们的存在，直到可以证实说话者所说并不恰当（地使用了不充分的陈述）的那一刻。而用表述二和表述三对表述一做出反应的可能性微乎其微：

二、但玛丽并不存在！

三、你没有遇见任何人，因为玛丽根本就没有儿子！

以表述四或表述五做出反应反而更有可能：

四、谁是玛丽？

五、你可能遇见了别人。玛丽没有儿子。

共现文本性预设是专门由一个给定的文本策略产生出来的，并且只在一个给定文本的范围内有效。

相反，意义理论可以对 p -项（在我们的分析中这些词语全部都是动词）进行说明，也就是说，可以说明那些预设就是其编码内容一部分的表达，而对这些表达的再现也可以预测否定测试的结果。我们认为我们的语义模型能够解释不同类型的动词（如判断性动词、叙实性动词、过渡性动词、命题态度动词以及含蓄性动词），而这些动词迄今为止一直根据非同质的标准被分析。再现 p -项的模型包含：

一、 主体运算符 S 可以以 $S_1 \cdots\cdots S_n$ 的形式出现，这个 S 可以是不同的施动者或角色，但不一定是不同的行为者；

二、一套语义学基本概念（它们应该由百科知识的不同部分从语义上进行定义）；

三、一个实在世界 W_0；

四、任何可能世界 W_j；

五、一个言语时间 t_0 和在言语之前或之后的临时情态 t_j（言语时间用 p-动词的时态来表示）；

六、对象 O 是由初级谓词执行的行为的对象，也就是主词需要做的、想要的或是应该意识到的等等。

例如，对 to manage（设法）的语义再现（至少是说明这个表达的预设特征的语义再现的一部分）差不多会是这个样子：

［S W_0t_{-1} 尝试（S W_0t_{-1} 引起［O W_jt_j 成为 O W_0t_0］）和困难的（O W_jt_j 成为 O W_0t_0）］S W_0t_0 引起（O W_jt_j 成为 O W_0t_0）

预设（p）：主词在其所处的实在世界中，在由 p-项的时态所表达的时间之前的临时情态，试图把一个他或她愿望中的可能世界的情态变为实在世界，而这一计划被认为是难以实现的。所断言的内容是同一个主体成功实现了这个计划。p-项的否定形式为：*I did not manage to take the train.*（我没能赶上火车。）它并没有否定这个预设，也就是说，主体想做一件困难的事。

这种预设不能够预测建立在违反规则的基础之上的共现文本策略，但是可以帮助理解某些交流的语用学现象是在什么意义上发生的。让我们假设一位妈妈想让她的儿子别再玩球，因为他可能会打破窗户。这个男孩没有在意妈妈的建议，最后还是打破了窗户。妈妈就说：你终于把它打碎了（You finally managed to break it）！如果男孩拥有着老练的语义能力和元语言技能，他会告诉妈妈她不适切地使用了动词 to manage，因为它的预设不对（也就是说，这个男孩并非是想打破窗户，这一行为也并不困难）。通常是妈妈获胜，因为通过她说出的句子，她理所当然地建立了这个预设，于是就使得儿子感到内疚。通过使用一个 p-项（尽管并不适切），她借助言前的策略迫使儿子不得不接受这个 p-项是被适切地发出的，于是就使他理所当然地把这个词所假定的整个预设接受下来。

如果说这种策略过于残酷的话（而贝特森并不这样认为），让我看一句典型的俏皮话。约翰说：Smith loved my paper（史密斯喜欢我的论文）。汤姆说：Oh，I sympathize with you（噢，我真同情你）。约翰用同情（sympathize）回答要么是预设了听话者经历了不幸，而这种情况并不适用，要么是接受了汤姆的修辞策略，并且明白他暗示史密斯愚蠢。这个暗含的意思之所以奏效是因为它假定了一个在交流中毋庸置疑的预设，而在一个给定的 p-项被适切使用的所有情形中，表意系统会对预设全盘接受。

13.2.7 背景知识

至于背景知识——它被巴尔-希勒尔当作一个语用现象大书特书——无疑存在着这样的文本诠释情形，在其中听话者的个人言语世界的知识不能被任何语义再现所预见。拿反讽的情形作为一种暗示的例子：为了保证一个反讽的表述 p 取得交流的成功，发出者必须假定听话者知道 p 不符合实际情况。这是一个典型的语义理论无法控制的交流现象的实例。然而，人工智能方面的研究已经令人信服地证明了存在着某些标准的框架、台本或目标，它们可以作为一个社会群体的平均能力的一部分被记录下来。在这层意义上讲，这些框架能够被一部理想的百科全书记录下来，实际上也能够作为一台智能机器语义能力的一部分被记录下来。（参见 Petöfi，1976a；Schank，1975 & 1979；Schank & Abelson，1977；Minsky，1974）

另一个企图把部分背景知识作为语义能力的一部分记录下来的观念是“刻板印象”观念（Putnam，1975），它后来又以更加成熟和更加雄心勃勃的方式出现（Petöfi，Neubauer & Petöfi，1980）。

我所简单且尝试性地列举的所有研究成果在某种程度上都是把语用学插入百科全书取向的语义学构架之中。不言而喻，就这一点来看，断言语义学是否在“吞噬”语用学是再愚蠢不过的了。这仅仅是一个唯名论问题，至多对于学术斗争和争取研究基金有意义。我只想说，我们正面临着一种崭新的、统一的符号学方法，以探讨表意和交流的辩证关系。

13.3　名称、物和行为：一个古老神话的新版本

把符号学人为地分成三个区域依我看是由于由来已久的亚当神话阴魂不散。如果说每一个科学都为有影响力的形而上学所主导，那么反常的语义学则已经和仍然在被简化了的关于语言起源的神话描述所主导。

根据这个神话，亚当（或者在希腊语中被叫作最初的 nomothètes，即“立法者”）在寻找物体并为其命名。这位人类的祖

先坐在树下，用手指指一朵花或一只动物，说这是雏菊，这是鳄鱼。而当第一批语言哲学家不得不决定这些东西的命名是约定俗成还是根据事物的性质时，这一喜剧性的情景变得更具戏剧性。选择 Nomos（译法）而不选择 Physis（自然）意味着对所有拟声的情形视而不见，更不用说句法像似性了。选择 Physis 而不选 Nomos 意味着对体现在大多数词语中明显的任意性视而不见。

正如本文所表明的那样，一种自由语义学用原子化的基本概念来分析表达只是作为最后的手段（extrema ratio）和为了和谐原则而使用的速记工具。像“老虎=食肉的哺乳动物或带有条纹的大黄猫”这样的定义只有在学术环境中才会被认真对待。只要把语用维度考虑进去，自由语义学也会提供框架和行动图式。

根据皮尔士的著名例子（CP2.330），锂不仅要用它在化学元素周期表上的位置以及原子数来定义，而且还应该用为了生产它的样本而进行的工序来定义。皮尔士的定义是以文本为主导的，因为它还预见了锂（lithium）这个表达常常出现的可能语境。如果我们鉴于神话故事承认亚当知道锂并且给它命名，我们就必须说他不只是赋予一个东西以名称。他把一个给定的表达当作悬挂一系列描述的木钉，这些描述连同他用锂和在锂身上所实施的一系列行为勾勒了一系列他期望在其中遇到锂的语境。

根据我对这个神话的修改版本，亚当并没有把老虎仅仅看作一个自然物种的个体标本。他发现了一些动物被赋予了某些形态特征，因为它们参与了某些类型的行动、与其他动物和它们所处的自然环境的相互作用。然后他声称主体 x 为了达到某个目的而常常与某个对立主体作对，也常常出现在这样或那样的情景当中，但它只是故事 p 的一部分——故事与主体不可分，而主体也是故事不可分割的一部分。只有在世界知识的这个阶段，行动中的主体 x 才能被命名为老虎。

参照这一神话版本，我们可以更好地理解柏拉图为了支持有理据的命名起源理论在《克拉底鲁篇》中列举的论点。他所举出的所有理据的例子都涉及词语再现——并非它代表的事物本身——行动的起源或结果的方式。以朱庇特为例。柏拉图说 Zeus-Dios 这个名称中主格和属格之间有趣的差别源自这个事实，即最初的名称是一个表达诸神之王惯常行为的语段：di' òn zen，即生命由他赋予。

同样地，人，ànthropos，也被看作先前语段意义能够对所见之物予以再次考量的个体的讹化形式。人和动物之间的区别在于人不仅会感知也会推理，可以对所感知之物进行思考。我们很想认真地看待柏拉图的词源学，而这时我们会记起阿奎那在面对把人看作理性的动物的经典的定义时，坚持认为"理性的"（把人从其他任何会死亡的动物物种中区别出来的区别性特征）不是一个原子偶然事件，就像人们通常所相信的那样。凭借我们给予一连串的行动或行为的名称，我们推断说人类具有独特的、不可感知的以及基本上未知的物质形式。我们之所以察觉人类是理性的，是因为我们通过人类认识、思考和言说的行动推断出这种特质的存在——就像通过通常的症状推断出原因一样。我们通过作为起源的行为的特质来了解我们人类的精神力量（Eco，1984）。

神话就是神话，但我们需要它们。我只不过是用一个好的神话来反对一个坏的神话，在这个好的神话中洗礼仪式不给事物命名，而是给语境命名——不是让个人经历其名称并不能反映的故事，而是根据这些故事，我们可以找到识别行为者的定义。

我希望我修改后的神话不会像我所批评的那些割裂的伪科学一样被认为是反常的。我只是想把我对语义学、语用学和文本符号学之间合作的呼吁放入可以被接受的叙述形式之中。

第十四章　预　设*

14.1　绪论：预设的问题

尽管近几年来在语言学界展开了为数众多的分析，但是预设的观念仍然是语言研究当中疑问最多的问题之一[①]。研究预设的困难似乎产生于两个不同的层面上：一方面是研究对象的界定问题；另一方面是对同一个现象存在着不同的解释。

关于界定问题，预设似乎是一个“模糊”的范畴，或是一个伞状的术语，在其下覆盖着各式各样的符号现象。在日常语言中，词语“预设”的用法要比它的技术含义更为宽泛。预设的技术概念仅限于某些种类的推论或假设，这些推论和假设都被特点鲜明地构建入语言表达式中，并且与一些特别的形式特征相联系。不仅如此，它们可以用一种特别的语言测试（传统上讲就是否定测试）分离出来。但是，即使这个词语的日常和技术用法之间的第一个区别界定了应用区域，把所有依靠一般世界知识以及共现文本信息的推论和暗示都排除在外（见下文），这个问题的精确定义还远未达到清晰可辨的程度。在文学当中，大量的句法特征和词项都与预设现象相关：

一、 确定的描述。自从弗雷格（Frege，1892）、罗素（Russell，1905）和斯特劳森（Strawson，1950）的经典著作面世以来，存在的预设就与指称和指称性表达的性质相关联，也就是说与专有名称和确定的描述词相关联：

约翰遇见了戴着红帽子的人预设有一个戴着红帽子的人。

二、 一些特定的动词：

a. 叙实性动词（Kiparsky & Kiparsky，1970）：

乔治很遗憾玛丽离开了预设玛丽离开。

b. 含蓄性动词（Karttunen，1971）：

玛丽设法离开预设玛丽曾试图离开（以及其他一些有关这一行动的困难或不可能性的预设；参见下文）。

c. 情态变化动词（Sellars,1954；Karttunen，1973）：

乔治停止喝红葡萄酒预设乔治一度喝过红葡萄酒。

d. 判断性动词（Fillmore，1971）：

约翰指责玛丽富有预设富有不好（或者约翰认为富有不好）。

三、分裂句（Prince 1978；Atlas & Levinson，1981）：

---

* 本章与帕特里齐亚·维奥利（Patrizia Violi）合写，初版时题为“预设的指令语义学”，1987年。

① 关于预设的参考书目非常广泛，参见 Sag & Prince，1979； Oh & Dinneen，1979。

是亨利开的门预设有人开了门。

四、强调成分（Chomsky，1972）：

玛丽写的这篇论文预设有人写了这篇论文。

五、特殊疑问句：

玛丽什么时候见到的约翰？预设玛丽见过约翰。

六、某些重复性的副词和动词：

昨天约翰又喝醉了预设约翰曾经喝醉过。

约翰回到了罗马预设约翰以前在罗马待过。

七、反事实条件句：

如果约翰娶了玛丽，他的生活将会是幸福的预设约翰没有娶玛丽。

八、时间从句：

在他来之前，晚会已经结束了预设他来了。

九、非限制性关系从句：

住在邻门的那个人是你的父亲预设一个人住在邻门。

这些现象在语言学理论中被定义为最为典型的预设。但是，应该指出的是，对预设现象的范围所做的任何界定都要严格地依靠一个人所使用的预设的定义。于是对上述所列举的各条并没有完全达成一致，这些例子中有的被一些学者排除在外。

鉴于这些现象非同质的特性，似乎有理由质疑预设的僵化观念，它们更多是语言理论炮制出来的产物（Dinsmore，1981a），而并非是语言表达的专有特点。就像卡尔图宁和彼得斯（Karttunen & Peters，1979）所讲，许多不同事物都可以聚集于这个单一的标签之下，而这个事实正是对如何分析预设争论不休的原因。

我们的目标是勾勒出预设问题的大致框架，然后再对上述某些现象进行更具体的分析。为了做到这一点，我们必须简单讨论一下迄今用以对预设进行过研究的不同理论。它们基本上可以分成两种主要路径：语义学的和语用学的。两者似乎都不足以充分说明我们有关预设现象的直觉感知。

预设的语义学理论致力真值函数方法的运用，关注一个预设被引入真值句子的逻辑条件。本文的基本前提就是真值函数方法不能在基于自然语言之上的实际交流过程当中捕捉到预设现象。

从语用学的角度，不同的解释针对各种预设提出来。两种基本概念参与其中：一方面，适切条件制约着表达的使用（因此同时也决定着句子语用的恰当性）；另一方面，交流过程中参与者的相互知识（让我们把这对合作者称作发出者和接受者，简称S和A）。语用学方法似乎看起来更接近自然语言交流中的预设活动的本质。尽管如此，适切条件观念并不完全适合表达词项和文本插入之间的完整关系。此外，当把预设描述为依靠S的知识或信仰、S赋予A的信仰以及S和A就一系列共同的背景信仰或假定所达成的一致时，粗糙的语用学方法只能说明发生了什么，而不是为什么发生。

大多数语用学理论的局限是缺乏文本视角：预设一般都是在那些专门设计的句子中进行测试，而这些句子脱离了任何发出时的语境。这种句子不属于自然话语，而且把一个语法理论建立在人工的例子上是难以令人信服的。我们认为处于文本语境中的句子的特性比那些抽象中的句子更能可靠地反映语法。我们说过预设是一个很模糊的范畴。这个术语似乎不能够定义一系列同质的语法现象，它更多是一个开放的范畴，我们认为它只能在话语理论内部得到解释。[①] 事实上，从话语功能的角度来分析预设的文本方法允许同质解释的存在，因为这一同质性不再处于形式结构的层面上，而是在话语功能的层面上，也就是根据它对接受者所产生的文本效果来陈述。

因此我们将假设信息在话语中的一般功能，它可以——总的来讲——解释所有不同的预设结构。这种文本解释比预设的语法理论弱一些。传统上被称作预设的语法结构体与一般的文本原则互相作用，于是预设可以被定义为语义规则和话语的结果。换句话说，我们认为预设结构被记录在词典中，或是以其他方式被编码进语言系统中，但是它们是通过一般的话语原则被激活或压制。我们所要特别论证的是，对于我们在这里所考虑的预设现象（p-项），文本效果依赖于意义的组织。于是文本理论必须同意义再现联系起来。本文因此致力讨论使 A 和 S 共享同样的假设或信仰的表意系统。这种表意系统应该具备指令语义学的格式，从而被构思成指导适当的文本插入或是对一个给定的词汇单位进行合理诠释的原则（参见 Schmidt，1976；Eco，1979b）。从这层意义

① 关于类似的方法参见 Dinsmore，1981a & 1981b； Soames，1979；Schiebe，1979。

上讲，它涉及的是内涵的方法，也就是说，预设依赖于一个表意系统，而不是在实际交流的过程中实行的具体策略。

此外，本文的另一个动机是我们对知其然并不太感兴趣，而是对知其所以然的文本策略感兴趣，也就是某人考虑到由一个表意系统所提供的可能性，成功地说服另外一个人相信情形如何的文本策略。为了实现这一任务，我们将尝试一种方法，旨在尽可能排除出现在现存文献中的令人印象深刻的大量的例子和反例，这使我们想起被库恩（Kuhn，1962）所谓的解谜游戏，他把它描述成一门等待（或尽可能避免）范式发生根本性变化的科学的最后阶段。

14.1.1 背景和前景

为了甄别可以被合理地贴上预设标签的现象，我们必须作一个初步的假论。我们假定话语最为一般性的特点是信息在其结构中的分层组织：信息诸元素在话语中并非都具有同样的地位和相关性。有必要把它们按照相关性的程度进行分级，并在不同的层级上组织起来。在话语中我们总是会发现迫使我们从一个给定的角度去看待文本中的事件、任务或概念的文本角度。

这一现象可以被描述成一种特殊的文本聚焦：信息中的某些元素比其他那些受到压制的元素聚焦化程度要高。也就是说，一些信息被设定成了话语的背景，而另外的信息处于焦点位置，是前景。一般来讲，前景是话语中相关性最强的部分。通常这种现象取决于这一事实，即不可能不在话语之上强加优先秩序；我们被迫把我们的思想“整理”成单词和句子的“线性”秩序。不仅如此，语言组织的句法层级允许我们——同时也是迫使我们——

将我们想要表达的内容整理成一个有组织的从句系统：主句、从句等等。从这个角度考虑，话语是一个多层级的系统，其分层组织严格地取决于功能上的考虑，也就是说，它是用来组织信息分发的工具。我们也说过，这是话语的最一般性的特点，体现在不同的文本组织层级之上，与不同的语法结构相关联。预设只不过是允许这种意义分层分发的语言工具之一。

根据这一判断，让我们假设存在着一种预设现象，当人们通过使用某些表达（如简单的词项或句子）给出一些信息时，同时传达了两种地位不同的意义。在如下的表述中：

一、约翰停止了吸烟。

二、约翰回到了纽约。

分别传达了两项信息：

一 a. 约翰不再吸烟了。

一 b. 约翰以前吸过烟。

二 a. 约翰去了纽约。

二 b. 约翰以前在纽约待过。

这些项目不属于同一个意义层级。凭借直觉，我们会说传统上被称作表述一和表述二的预设的一 b 和二 b 不是交流的焦点，焦点应当是约翰现在不吸烟了或约翰去了纽约。这种直觉实际上是由否定测试带来的，我们稍后再谈。

我们认为预设是一个文本所给出的信息中的一部分，须经说话者和听话者双方同意，是一种决定话语发展角度的文本框架。这一文本框架构成了文本自身的背景，与代表着前景的其他信息不同。在负载着预设的句子中，背景框架由S和A都视作理所当然的句子的预设意义组成，断言的意义则构成前景信息。从话语理论的角度讲，预设的直觉观念部分地由“新”、“旧”或“给定”信息等概念所捕获，但不能完全由它们解释。实际上，设想一个其中所表达的信息正是句子预设内容的语境并不困难。看看如下表达：

三、我们很遗憾地告知你，你的文章被退稿了。

在这个情形中，句子所传达的新的信息确切地说就是从句的叙实性，由叙实性词语遗憾预设。此外，背景框架的概念不同于旧的信息的概念，因为着重点不在已经为人所知的东西，而在于被参与者假定无可置疑的内容。

背景和前景之间的区别也应该同S和A的背景知识概念区别开来，因为背景框架是文本元素，是通过文本内部的具体特征产生的。对于目前的定义而言非常关键的是，背景信息和前景信息都是由同一个表达同时提供或传达的。在这层意义上，背景信息不应该同S和（或）A先前所拥有的任何的外在知识等同起来，而应该是S和A借助表达看作理所当然的东西。（所传达的背景知识同S和A先前拥有的知识之间的冲突将会成为被使用的表达所要面临的进一步挑战。）背景框架组织信息发布的文本视角，把一些信息置于S和A达成默契的区域中。从这个意义上讲，所有的预设都具有文本整合功能，把不同的信息安排在话语内部的不同层级（背景或前景）之上。我们的目的在于描述背景框架是如何依赖于一些特定的词项或语言表达，并为它们所激活的。

为了界定我们要作为预设来分析的现象的范围，现在要作一些说明。我们所谓达成默契的框架实际上是由不同的元素决定的，如句法特征、语言语调、文本推论等等。一般来说，如果不把某物放入达成默契的背景框架中并假设对方能够获得预设的知识，是不可能进行交流的。否则，每一个言语事件都会要求完整的重复陈述，结果就是来不及说或听任何东西。把预设当作一个句子现象显然是一个太大的延伸，因为即使是最简单的句子也可以在这层意义上预设整个世界。更进一步地说，在正在进行的话语中，一个序列当中的所有早期元素都以这个序列中的最后一个句子为预设。每一句说出的话因此都预设了先于它的信息内容。我们在这里不会讨论预设更为宽泛的意义，这层意义必须同句子预设区分开来。从这个角度来看，我们区分了与说话者的知识相关联的、包括上述所有现象的*说话者的预设*和由句子本身传达的*句子的预设*。在这里我们只讨论后者。我们假定，在所有产生背景-前景效果的现象中，有可能分离出一类现象，在其中背景-前景的区别依赖于句子结构和（或）意义组织。换句话说，存在着专门的语言构造，它们通常会通过它们的形式或意义与背景-前景机制联系在一起，而这些构造就是我们所谓的预设。我们把分析特别限制在两类预设上面。

第一类是由词项表达的预设，将被称作p-项，其预设能力取决于它们的内涵结构，亦即它们编码内容的一部分，不牵涉它们被使用的语境，可以在脱离语境的状态下被考量。在这里给出的所有p-项的例子都是动词，因为到目前为止，动词在研究文献中得到了连续一致的处理。我们并不排除识别其他类型p-项的可能性（比如，连接词、副词、介词），但这就是当前研究的局限性。

p-项的语义学描述同时也是对语义内容的解释和对这一词语所指涉的行动的描述。例如，如果p-项停止具有一个给定的预设（也就是，行动先前在进行着），停止这一动作只有在某事先前正在被做的语境中才能执行。这就意味着，我们是在理解这一动作的图式基础上理解这个词项。①

第二类是指那些依靠交流过程的预设。在交流的过程中没有编码的预设能力的词语被插入指称句中。这些预设将被称为存在性的。我们将研究涉及专有名词和限定摹状词的存在性预设，比如罗素（Russell，1905）和斯特劳森（Strawson，1950）探讨过的预设。从这层意义上讲，像约翰这样的专名和约翰的儿子这样的摹状词都不具备预设的能力，但是当插入句子中时就获得了这一能力。如果有人声称约翰的儿子生病了，这个人就是预设了（在某个地方）有个人是约翰的儿子。在本文的最后，我们将讨论另一类预设，即共现文本性预设，但只不过作为进行进一步研究的建议。

我们借助初步定义把一些现象从预设的范围之中排除掉了。

① 然而，有着很多复杂的情形。例如，说出像“指控（accuse）”这样的词。我们可以通过说“我指控你”或在一个给定的语境中说“是你做的”来指控某人。在后一种情形中，在词项层面上没有可以被描述为指控的东西。然而，如果在一个给定的语境中，那个句子就有着指控的言外之力。说话者在使用这个词时会做出和“我指控你”这个句子一样的预设。也就是说，对p-项“指控”的描述也就是对言语行为的描述。当然，当一项指控是用“是你做的”这样的句子表达时，这个句子的预设是由上下文来定义的，因为同样的句子在不同的语境中可能会是一种表扬行为。

比如，我们不同意把逻辑推断的结果定义为预设现象。说表述四预设表述五是有争议的：

四、耶鲁大学的所有文学评论家都喜欢解构。

五、耶鲁大学的一些文学评论家喜欢解构。

表述四不以表述五为前提，因为表述五并不会为了接受表述四而必须被理所当然地看成背景信息，也就是说A可能无法从表述四推论出表述五；推论表述五是潜在性地受到表述四的暗示，而不是被S说出的句子所清晰地传达出来。当对表述四进行否定测试，如果否定是外在的（耶鲁大学的所有文学评论家都喜欢解构是错误的），表述五是否被排除是不明确的。如果相反，否定是内在的（在自然语言中似乎是这样一种断言，即耶鲁大学的所有文学评论家都不喜欢解构），那么表述五就被排除掉了。我们知道，在自然语言中外在和内在否定的界限是非常不精确的，但正是因为这种含混性，我们有权拒绝给它贴上预设的标签。（要注意的是，在这里顺便提一下，本文的作者对实际情况并不感兴趣：实际上，耶鲁大学的大多数文学评论家都喜欢解构。）[①] 按照同样的思路，说“人”这个表达“预设”了一系列语义特征，即理性的、会死的、无羽毛的两腿动物，是荒谬的。这样一种表达直接地意味着这些特征（以及其他很多特征），可以被说出和理解，而并不需要有意地传达其中的大部分内容，并且它们都不必被视为理所当然——无论如何，应该把哪一个看成必然的并不确

① 在本文写作时情况是如此。

定。语言是人类的机能，目的是为了用少数可表达的表达传达很多东西（内容），而这个内容又受制于诠释的规律，于是每个词都会暗含一个命题，而每一个命题又都暗含一个论证（Peirce, CP2. 342-344）。因此，论及上述情形中的预设会使人们认为语言中的一切都是预设现象。这就意味着语言具有无限的可诠释性。说每一个表达都预设了另外的表达会毫无必要地使客体无限增殖。很多关于预设的讨论都有这种牵强的危险（参见 Zuber，1972）。

14.1.2 预设能力和位置能力

我们对实际情形如何不感兴趣，而对某人试图让他人相信情形如何感兴趣，这意味着我们对 p -项和句子的预设能力感兴趣，只要它们（一旦被说出）获得了位置能力。拿表述六来看，根据目前的研究文献，六 a 是被预设的；如果拿表述七来看，七 a 是被预设的：

六、我责备玛丽买了一件新衣服。

六 a. 买一件新衣服是不好的。

七、约翰的儿子病了。

七 a.（某地）存在着约翰的儿子。

会出现这样的情况，即当表述六被说出时，S 和 A 之间就买衣服这一行为的道德评价并不存在默契。但是，当表述六用责备这样的 p -项说出（如果 S 和 A 共享同一个表意系统，并且 S 了解这个表意系统），就被赋予了确切的预设能力，那么 S 就“框住”了下面的话语，并且向 A 表明六 a 应该被理所当然地接受。换句话说，通过说出表述六S建构了一个背景框架，在其中买一件新衣服被认为是不好的。这个预设建立了文本视角，并以此为框架把部分信息（不受赞赏的价值观）置于背景，而将另一部分信息（玛丽买了一件新衣服）置于前景。从这个观点来看，前景信息就应该从强加的背景信息的角度审视。同样地，即使A从未听说过约翰的儿子，表述七这句被说出的话框住了下面的话语，就好像（某地）存在着约翰的儿子。一旦A接受了由S提出的表达的言说，A就必须接受由S强加上去的进一步的话语框架。如果A在先前的知识基础上不接受由六a和七a表达的背景信息，那么A就必须质疑S使用表述六和七的权利。这就需要付出文本方面的努力，后文我们将会看到。也就是说，像表述六和表述七这样的句子具有我们所谓的位置能力，即强加某些预设的能力。然而，说句子有着位置能力未免过于简单了。实际上并不是句子有位置能力，而是说话者说出的句子有这一能力。句子本身只拥有预设能力，但是从它被插入一个给定的语境之中那一刻开始，位置能力就得到了实现，预设成为语境的一部分。也就是说，它们构成了参与者在话语互动上达成默契的一部分。

预设能力和位置能力之间的区别使我们能够克服“传统”语用学观点，即把预设作为实现句子语用恰当性而需要满足的适切条件或先决条件。根据这一观点，使用像责备这样的动词的先决条件将会是对先前所讨论的动作的否定陈述，抑或是S和A在否定判断上达成的默契。但是我们在表述六中看到，我们可以轻而易举地使用带有p-项责备的句子，以便在语境中插入一个不需要作为先决条件的否定假定。在一个给定的语境中它可能会是一个“假”的假设，是p-项责备的使用让它成为“真”。

把预设只看作需要满足的先决条件意味着忽略预设所具有的生成新的语境的能力。语用理论没有考虑这一能力，因为它简单化地处理词语和语境的关系，把这一关系看成单向的：

语境 ——————→ 词语

从这个视角出发，是先前的语境包含了词语的选择和选择了合适的词语，决定了它们的使用条件。但是这个关系常常应该被从相反的方向加以考量：

词语 ——————→ 语境

由词语来设置和厘定语境。因此，词语和语境的关系是双向的，从词语到语境和从语境到词语。换句话说，既然每个词语都可以借助其百科性的再现激活一个复杂的参照系，那么义素就可以被看作一个虚拟文本（Eco，1979a）。

在预设的情形中，我们把位置能力称作预设表达所具有的、用以在话语语境上附加一个给定语义内容（它们的预设内容）的能力。这就意味着接受者把预设视作一个共享背景的一部分：接受者所做的——某个p-项或是p-结构一旦被插入这个话语——就是将表达置于适当的上下文中，也就是在没有给定语境的情况下创建一个语境。当然，适当的语境是指在其中预设同其他信息是兼容的，被视作无可置疑的背景。从另一方面讲，说话者利用预设表达让接受者相信这个背景框架。这种语义框架在语言系统中被编码——其编码方式是通过p-项情形中的语义组织以及其他情形中的语法形式——并且可以在语义再现中得到解释。

这并不意味着预设是无可置疑的；如果给出某些语境条件，它们是可以被取消的，并且在这种情形中位置能力不会完全同语义系统中所体现的预设能力重合。但是，为了质疑预设，需要一些特别的修辞策略：A 必须质疑 S 使用他所使用的表达的权利，然后使用元语言否定。因此，预设词语和句子只能从言否定，而绝不能从实否定。从言否定会影响文本的组织，我们将会在后文中看到。

14.1.3 质疑预设

我们说过预设可以被否定。预设的否定问题在最近研究预设的文献中被讨论得很多。在一些试图把预设关系简化为蕴含的学者看来，否定预设的可能性被看作否定它们存在的论据，也是对这个观念本身的有效性质疑。肯普森（Kempson，1975）声称像表述八这样的表达就没有预设：

八、爱德华对玛格丽特没有成功并不遗憾，因为他知道这不是事实。

很显然，在表述八和表述九之间存在着“天生”的差异，这种差异在肯普森的分析中不能被解释：

九、爱德华对玛格丽特没有成功并不遗憾，因为他不喜欢她。

这个“天生”的差别只能从文本的角度来解释，假定预设的概念是背景框架的一部分。在对话中，像表述八这样的句子只能作为对在先前的对话序列中其他说话者所做出的假定的反对出现①。换句话说，要想否定预设就要否定另一个说话者企图强加在话语之上的背景框架。这些否定是对另一个说话者词语的纠正，所以这些词语作为对前面句子的引语被使用，因为一个单独的主体不可能在说出一句话的同时既强加又否定一个文本背景框架。此外，在真正的交流过程中，像表述八、表述十或表述十一这样的反例相当令人惊讶：

十、既然大恶狼并不存在，那么就不可能是他偷了你的滑雪板。

十一、我没意识到（或我不知道）玛丽被允许使用我的办公室。

（凭每个人的直觉）听到这样的句子在日常会话中被说出或在自然语言中表达出来是不可能的。它们常常是在学术文献中被引用，因为它们是被我们称为“例子”的人工语言。通常，同表述八、十或十一的意义有或多或少相似之处的表达会被重新表述为A对S先前断言的反应：

八a. 你疯了吗？为什么你说爱德华对玛格丽特没有成功

① 在自然语言中，跟在前面的句子之后对它进行纠正的否定句的特点已经被不同学者认可（进一步参见 Gazdar，1979），即使他们似乎没有从这点上得出所有必要的结论。

感到“遗憾”？难道你不知道她通过了吗？

十 a. 你是什么意思？你仍然相信有大恶狼吗？首先，你肯定有人真的偷了你的滑雪板吗？如果这样的话，让我们找出那个真正偷东西的人……

十一 a. 我没有意识到玛丽被允许使用我的办公室。但是如果你这样说的话……

在八 a 中，A 质疑了 S 使用某个 p-项的权利，因为 A 拒绝由 S 强加的背景信息。在十 a 中，A 接受了有一个人执行了某个动作，但质疑 S 把一个非专有名词应用到这个人身上的权利。在十一 a 中，A 说（由于借助 p-项的预设能力，意识到人们不可能知道他们不知道的事情）他没有意识到前景信息，但是一旦接受了由 S 强加的背景信息，他就很容易地说出他现在知道了这一信息。在所有这些情形中，说话者试图从言地达成关于使用某些表达的可能性的共识，目的是避免交流行为的崩溃。八 a、十 a 和十一 a 为后续话语强加了新的框架或观点（如果 S 和 A 想继续的话，他们必须同意改变背景知识）。表述八、十 a 和十一 a 的从言特性由在表述九中所考察的不同的从实否定体现出来。这个否定显得特别正常，因为它不试图取消遗憾的预设；相反，却把它当成某种不可或缺的背景知识，于是通过这样的方式接受了先前建立起来的框架。像表述九这样的句子既可以被附加性地使用也可以被删除性地使用。它可以把爱德华的冷漠“附加”到前景之中，即便遗憾的问题没有出现，也可以否定之前爱德华对玛格丽特的失败感到遗憾的断言。相反，表述八——以及八 a、十 a 和十一 a——只能是删除性的。预设作为背景框架的一部分只能通过质疑框架本身被否定。在这个意义上讲，质疑背景，也就是否定预设，是一种元语言的否定，因为否定背景框架就是否定信息传达方式的适当性，也就是否定另一位说话者在给定语境中所使用的词语本身的适当性。当说话者的背景框架受到质疑时，一个新的框架可以被强加上去，就有可能使框架发生变化。质疑说话者的框架总是会产生文本效果，因为改变框架就会改变话语的方向。所以，质疑框架就成了对主题的文本改变。在表述八这样的句子之后，不可能出现继续谈及玛格丽特失败的言语，而在表述九之后却很可能继续谈及。改变话语的主题需要复杂的元语言策略，而这种策略只有在复杂的文本操作中才能实行。所有用来批评对预设进行否定测试的反例情形都需要这种复杂的文本策略，而这种策略有着把内在的否定转化成外在否定的功能，以及把外在的否定转化成从言否定的功能，目的是保持交际话语的适切条件。表述八、十和十一的反例，还有它们的重构形式八a、十a和十一a都应该被更确切地翻译成“你所说的不是真的，因为如果是真的它就会在话语之上强加我不承认的背景知识；因此，你无权使用你用来假定这一背景知识的表达”（可喜的是人们一般都不会这样啰嗦）。如果我们更好的分析现今文献所提供的反例的话，我们会发现它们都被一个奇怪的错误主导，那就是在p-项或句子的预设能力与它们在话语策略中为了——或许是欺骗性地——利用它们的能力而实际被说出的方式之间的混淆。①

① 我们看看由加兹达尔（Gazdar，1979）提出的几个有趣的反例，以便质疑莱考夫（Lakoff，1975）的建议；后者建议用意义假定格式来再现要求（request）的适切条件，其根据是下列描述：

（转下页）

总之，我们可以说被我们定义为背景和前景的两个层级的意义就否定方面而论具有不同的地位。前景代表着“接受质疑的信息”，而背景则是“被防护起来以免遭接受者质疑的信息”(Givon，1982)。说背景信息“被防护起来以免遭到质疑”并不意味着它就不能被质疑；接受者当然可以质疑话语中的任何事物。我们讨论的是使用倾向而不是语法规则。一个预设结构中被预设的内容，鉴于其背景特征，不太会在固有的语用可能性中被质

(续上页)

要求（x，y，P）————→ 试图（x 致使［y，P］）

加兹达尔说根据莱考夫的描述，表述一应该预设表述二：

一、亨利要求吉尔把衣服脱掉。

二、亨利试图让吉尔脱掉衣服。

但是他反对说，在这一点上，处理表述三和表述四是不可能的：

三、亨利要求吉尔脱掉衣服，因为这是他所知道的唯一能够阻止她这样做的办法。

四、亨利要求吉尔脱掉衣服但他只是试图吓唬她。

有趣的是，人们会注意到表述一和表述二是简单的句子，而表述三和表述四是句子序列，也就是文本。这些文本操作的结果是要表明对要求（request）这个表达标准和常规的预设能力的背离，而这种预设能力照惯例被用在了表述一中，以便照惯例预设表述二。表述三和表述四都是引入认知图像的微型戏剧（包括亨利所要和所想、在亨利的预测中吉尔会怎么想等等）。文本是一个机制，它简化、扩大或重构一个词语或标准句子的规约性意义。上述反例再现了（亦即上演了）规约性意义和预期意义之间的对比（Grice，1968），同时向我们展示了（在实际运行中的）两个风趣而又有说服力的例子。很显然，在表述三中亨利只是假装提出要求，他想让吉尔相信他在提出要求，而实际上他是在提出假要求（他的言语行为是虚构的）。在表述四中亨利想让吉尔相信他试图让她做某事，而实际上是想得到不同的效果，但是他之所以成功地得到了这个效果是因为他相信吉尔会把他的假要求作为是对他的善意的预设。亨利在上述两个情形中都在说谎，就好像说自己是医生好说服吉尔把衣服脱掉。当然最后这种谎言更为可恶（根据现行的道德标准更应受到谴责），而亨利所建立起来的修辞性谎言无疑更加精到，很难让吉尔说她受骗了。这就说明，毫不掩饰地直接说谎与策略性地利用表达的预设能力来说谎是不同的。不管怎样，亨利的交流策略并不影响要求（request）所确立的意义结构，也并不质疑莱考夫的描述，相反却加强了它。

需要注意的是，如果莱考夫的建议被当作有效的，嵌入意义假定中的适切条件（即要求某人做某事就意味着试图得到所要求的结果）不会通过否定测试。说某人没有要求某事对回答某人是否试图得到某事无意义（人们可以因为不想要某物而不进行要求，或是因为认为能够通过其他方式获得某个——企图去实现的——结果）。这就意味着在预设和其他编码的意义假定之间存在差别，也就意味着要求（request）不是 p-项。

疑。把信息置于背景位置使得质疑显得不太“自然”；鉴于此，在预设层级上进行的质疑引发了特殊的文本策略，影响了话语中主题连续性的层级。

于是，预设具有两个不同的特征：首先，它与表面结构的某些特定方面紧密相关；其次，它具有语境敏感性，因为它能够在给定的文本条件下受到质疑。预设现象的这两个特征要求两个层面上的解释之间的整合：语义上的和文本上的。一方面，由 p -项激活的预设需要在语义层级上得到解释，因为它们是在一个给定的语言表意系统中被编码的；另一方面它们与文本策略和话语限制相关联。它们的语境敏感性特征还可以解释所谓的投射问题，也就是在复杂句子中预设的继承。在这里我们没有分析这个问题，我们建议这一问题应该放在更加宽泛的文本方法的框架中，而不是通过不同类型的谓词的分类（过滤嘴、插头、洞等等）。预设是语境构成物，因此只有在语境中才能找到能够阻止预设的元素。于是，为了决定哪些预设将在一个给定的文本中生存下去就需要考虑可能会相互矛盾的各种元素：先前所共享的关于预设的错误知识，与其他背景假定的不一致、蕴涵或会话暗示等等。同样的方法也可以在丁斯莫尔的著作（Dinsmore，1981b）中找到，如果想读更为正式的版本——尽管不完整，可以看加兹达尔的著作（Gazdar，1979）。

14.2　p -项

14.2.1　百科全书式的框架

p -项的特征必须在体现下列特点的符号学理论框架中进行描

述（关于先前的理论基础，参见 Eco，1976 & 1979a & 1979b & 1984）：

一、 它建立了将简单表达（在一种口头语言中：词项）的内容再现为一组属性或语义特征的可能性。

二、 这些语义特征不是属于一套限定和普适的语义概念的元语言元素，而是解释项（在皮尔士的意义上，即同一种或另一种语言的其他表达）。

三、 这些解释项不仅作为原子属性（如人或物）给出，而且以指令的形式给出，用以说明如何把被分析的表达插入语境中（所谓语境，是经过编码的各类可能的实际共现文本或文本环境）。

四、 语境选择也应该把在交流过程中依据编码的语言外环境或情况而使用的表达所需要的适切条件考虑进去。

五、 这种通过语境和环境说明体现的再现不能具有词典的格式，而必须具有能够提供所谓的世界知识的元素的百科全书的格式。

六、 这种百科全书是一个可行的假设，是一个语义公设，其复杂性和整体性难以企及。但是这种可行的假设允许（虽然是暂时的）建构部分的百科全书式的再现，旨在描述一种据说在诠释一个给定文本或一类文本时所要求的能力。

百科全书式的能力可以以很多方式再现。但它不太可能以词典式的波菲利之树的格式再现，即一个由从低的节点到高的节点的蕴含关系所支配的原子属性的层次结构（对波菲利之树的批评，参见 Eco，1984），尽管百科全书式的再现有一部分可以采用这种格式。比如，根据普特南（Putnam，1975）、纽鲍尔和裴多菲（Neubauer & Petöfi,1981）提出的一些建议，对一个给定词项的内容进行再现也可以把组织成分类树形的专家知识考虑在内；但同时，也要把刻板印象的知识考虑进去，在其中属性常常是不能按等级来安排的，并且很难决定某个属性是“必要的”还是“实质性的”（关于必要属性和非必要属性的明确区分，参见 Quine，1985；Eco,1979a）。不仅如此，百科全书式的再现还要考虑框架（van Dijk,1977；Fillmore,1976a & 1976b；Petöfi,1976a）和脚本（Schank & Abelson,1977；Schank & Riesbeck,1981）。至于提供语境说明的方式，可参见格语法所作的各种努力（Fillmore，1968&1977；Bierwisch,1970 & 1971；Bierwisch & Kiefer,1970）以及指令语义学（Schmidt，1976）。

作为勾勒出对氯这个表达所作的百科全书式的可能再现的概况的有趣尝试，可以参考纽鲍尔和裴多菲（Neubauer & Petöfi，1981）提出的模型（图表 14.1）。

让我们把由百科全书体现的潜在信息称作表达的内容，或者是被语义囊括进去的全部内容。这种包罗万象的再现正如我们所说，可以包括很多以不同的方式构成的共现文本说明，以及框架和预设。在再现氯时，通过“原子”属性提供的信息规定了该词可适当插入的语境，而其中很多簇“原子”属性可以被详细阐述成框架（例如，如何制造氯；参见皮尔士对锂的定义的例子，CP2.330）。对把动词插入语境的说明以及关于 p -项预设的信息应该由另一类解释项提供。

a. 常识区域		b. 专家知识区域	
类属词	—元素	1. 化学知识	
颜色	—呈绿色	元素类别	—非金属
气味	—难闻	家族	—卤素
		价	—单价，多价
		化学符号	—Cl
		自然分布	—氯化物
		氯	—NaCl HCl
		2. 物理知识	
		……	
		自然形态	—气态
		其他形态	—液态氯
		重量	—空气的两倍
		原子数	—17
		原子重量	—33.453 等等
		3. 生物知识	
		……	
		4. 地理知识	
		……	
		5. 历史信息	
		（发现、进一步研究……）	
		6. 词源信息	
		7. 等等	

图 14.1

14.2.2 预设和内含物之间百科全书式的差异

上一节所勾勒的百科全书式模型帮助人们了解了我们称之为预设的意义公设是以怎样不同于其他种类的意义公设的方式通过否定测试的。首先，就像以前所强调的那样，有关一个给定词项（让我们称之为 K）的全面的百科全书知识只是一种理想的能力。实际上，人们所共享的只是简缩了的 K 的某些部分（让我们把这

些部分称作 K_j，其中 j=1，2…n）。就一个给定的话语文本而言，任何一个 S 都能激活（或是认为他的 A 可以激活）他的知识(K_j)中的某一部分。理解一个文本总是牵涉到理想的 K、A 的 K_j，以及假定的 S 的 K_j 之间的辩证关系。不仅如此，一个给定的文本既可以简缩也可以扩大 S 和 A 的 K_j。现在，如果在文本交际中 S 说某物不是氯（内在否定），那么就很难去断定 S 的意思是指该物不呈绿色，还是它的原子数不是十七，抑或它不是由舍勒在一七七四年发现的化合物。为了理解 S 所删除的东西，就要求有更进一步的语境线索，以及有关话语情境的暗示（例如，这是发生在物理学家之间还是在外行之间的讨论）。

让我们举一个更为熟悉的例子。我们假定 man 的百科全书式的再现包含着或多或少组织起来的普遍知识（如动物、人、成年、男性），生物学和生理学信息，老式的传统定义（会死的理性动物、无羽毛的双腿哺乳动物），关于人的平均体型、重量和身高的信息，历史因素（比如说，人就是达尔文说成是 p 的动物）、关于在某些语境中使用 man 这个表达来指示男人和女人的可能性的语法说明，诸如此类，以至无穷。在一个理想的话语语境中——像卡茨（Katz，1977）所描述的匿名信的那种情况——表达式 man 在被从语境和任何话语情境中抽离出来时，可以具有在话语的可能接受者 A 的支配下的 K 所包含的所有意义，或至少 K_j 的所有意义。相反，让我们假设在晚上八点从新泽西的一个家庭的起居室里传来了妻子对丈夫说出的：

十二、亲爱的，篱笆旁边的草坪上有个人！

或许S并不是要向A表示在草坪上有一个达尔文曾经研究过的动物的代表，或是表明有个理性的和会死的动物；她说的是有一个成年男性。现在假设丈夫回答：

十三、不，亲爱的，那不是人……

我们完全不清楚丈夫否定了什么，以及他的否定又保留了什么：草坪上的那个“东西”可能是一个男孩、一条蟒蛇、一棵树、一个外来的侵入者、街道上的灯光投下的橡树的影子……

如果我们的百科全书知识像波菲利之树那样借助属和种差严密地组织起来，那么人们就可以说种差通过内在否定被删除，而幸存的属仍未确定。因为人是动物（属），是有理性的和会死的（种差），说某物不是人意味着它没有理性也不会死，却没有论及它是不是动物（对动物的可能删除仍然是进一步语境线索的相关问题）。外在的否定结果则不同。如果根据亚里士多德的定义观念，定义同再现定义的全部属性是双条件地联系在一起的（人按定义是有理性的会死亡的动物），要是一个人否定某物为有理性的会死亡的动物，那么就以否定后件推理否定了某物是一个人，否定为人就需要对整个定义进行否定。然而，这仅仅发生在人工的外在否定上（“火星上有人不是真的”）。不幸的是，自然语言通常让像表述十三那样的内在否定发挥作用。而且，正如前一节所表明的那样，百科全书式的再现不可能具有波菲利之树的格式，因此问题变得越来越扑朔迷离。说明专门被对应的词项或包括该词项的句子的否定所删除内容的意义公设并没有一套百科全书式的描述。每一项歧义只有通过进一步的共现文本性信息才能解决。如果上述例子中的丈夫不向其妻子提供更多的信息，他就无法让她放心。但要对这种交流的不幸事故负责的并不是语言：丈夫过于简洁，违反了量的原则。他的简单粗暴是婚姻顾问要考虑的问题，而不是语言学家要考虑的。语言（指自然语言）是为生产文本而构想的表意系统，而不是为了说出“举例”所需要的句子。至此，我们可以说存在着能够摆脱这些歧义的意义公设：这个意义公设就是编码在 p -项的百科全书式再现中的预设。

表述十四及其否定表述十五同样预设了表述十六：

十四、我打扫了房间。

十五、我没有打扫房间。

十六、房间是脏乱的。

正如我们在质疑预设的那一节中所看到的，任何质疑预设这种特定本质的企图都需要一种文本策略。这个策略要么质疑 p -项的从言应用，要么“营造”一种文本情景，在其中表明人们是欺骗性地使用了 p -项。

下一节将概述百科全书式再现的符号学要求，以便建立 p -项的编码预设的特定属性。

14.2.3 p -项的百科全书式再现

p -项的百科全书式再现必须：

一、 考虑词项的编码适切条件；

二、 再现词项的文本插入的一套说明；

三、 与此同时，持续预测否定测试的结果。

这样的语义再现必须通过具体说明预设的元素来再现一个词项的预设能力，这样 p-项出现的那部分文本才能实现它们，利用它们的潜在的位置能力。

百科全书式的再现就是一个抽象的模板，必须在上面填充共现文本情境中的具体意义。但是，诠释并非是任意性的，而是受到语义模型的限制。与 p-项相关的修辞策略在其语义再现的基础上是可预测的。我们的再现把预设的语义特征放入方括号内。方括号内所再现的内容经得住否定测试。

对预设和断言或前景意义的描述都必须考虑实在世界（即 S 和 A 预设的、作为他们实际经验世界的世界）和可能世界（即认知和信念的世界，是可构想的而非实际的事态）。在一个给定世界里，要考虑不同的时间状态。再现考虑了主体 S 想要、希望、计划和实际做某事 O（对象）的情况：

S＝主体，可以具有 S_1、S_2……S_n 的形式。S_s 可以是不同的行为体（Actants），但不一定是不同的施动者（Actors）。比如，S_1 对 S_2 说既可以是“x 告诉 y”也可以是“x 告诉他自己”。

想要、做、意识到等＝被用作初级词的谓词。（应该厘清的是，在以解释项为基础的百科全书式的再现中不存在初级词，每一个解释项本身都是可诠释的；但是，出于简练的目的这些初级词在目前的分析框架中是不可诠释的。）

W_0＝实在世界。

W_j＝任何一个可能的世界（其中 j＝1，2，3，…n）。

T_0＝言语时间（由动词时态表达）。

T_j = 在言语时间之前或之后的时间状态（其中 $j = -2, -1, +1, +2, \cdots$）。

O = 由初级谓词执行的行为的对象，也就是，主体所要做、想要、意识到的对象；在文本中对象可以由一个嵌入的从句代表。

下述再现适用于判断性动词、过渡性动词、叙实性动词和含蓄性动词，并且要依赖于前面所做的所有对这些 p -项的分析。这个模型在其他 p -项的应用中有待进一步测试，为了简练起见，我们在这里将仅仅讨论每组中的一些情形。

14.2.3.1　判断性动词

根据菲尔墨（Fillmore，1971）的分析，我们对责备（accuse）的描述将会是

$$[\text{不好的}（O_{W_0}）]\cdot S_{1W_0t_0}\ \text{说}\ S_2（S_{3W_0t_{-1}}\ \text{致使}\ [O_{W_0t_{-1}}]）$$

这个预设是对象在实在世界中是不好的（这个否定性判断不局限于特定时间的特定行为）。所清楚地说出的是，S_1 在实在世界里和在言语时间里对 S_2 说，S_3 在先于言语时间的时间 t_{-1} 造成了所给定的 O。三个主体的在场（都是空的行为角色）通过说的动词和其他动词区别开来。说的动词，如责备，要求三个主体，尽管一般来讲其中只有两个被实现，因为施动者扮演不只一个角色。但是在对行为的语义描述中我们应该把说这一行为的接受者同责备这一行为的接受者区别开来。

批评的描述将会是

$$[S_{3w_0t_{-1}} \text{致使}(O_{w_0t_{-1}})] \cdot S_{1w_0t_0} \text{说} S_2 (\text{不好的} O_{w_0})$$

同样地，赞扬的将会是

$$[S_{3w_0t_{-1}} \text{致使}(O_{w_0t_{-1}})] \cdot S_{1w_0t_0} \text{说} S_2 (\text{好的} O_{w_0})$$

祝贺有着更为复杂的预设：

$$[\overbrace{S_{3w_0t_{-1}} \text{致使}(S_2 \text{致使}[O_{w_0t_{-1}}])}^{p}] \cdot S_{1w_0t_0} \text{说} S_3 (\text{好的}[p])$$

在道歉中我们有两个不同的预设：

$$[S_{1w_0t_{-1}} \text{致使}(O_{w_0t_{-1}}) \cdot \text{不好的}(O_{w_0})] \cdot S_{1w_0t_0} \text{说} [\sim S_{1w_0t_{-1}} \text{想要}(\text{致使}[O_{w_0t_{-1}}]) \cdot S_{1w_0t_0} \text{感到遗憾}(O_{w_0t_{-1}})]$$

当词语的使用受到质疑时，共现文本必须澄清这两个预设中哪一个是被排除的，就像在下面的句子里：

十七、不要为迟到道歉，你来的还早。

十八、不要为迟到道歉，晚半个小时到达也是合适的。

在表述十七中第一个预设被排除了，而在表述十八中是第二个被排除了；在这两种情况里道歉都不适合语境。

我们说过描述也要考虑到语用限制。特别是，在这种情况下，它应该能够描述参与者之间的等级关系是由某个词的使用而预设的。这一类特别的预设将被写在花括号中。于是，对责骂的描述将会是

[$S_{2W_0t_{-1}}$ 致使（$O_{W_0t_{-1}}$）]·{$S_1 > S_2$}·$S_{1w_0t_0}$ 说 S_2（不好的 $O_{W_0t_{-1}}$）

其他的判断性动词：

辩解：[$S_{2W_0t_{-1}}$ 致使（$O_{W_0t_{-1}}$）·不好的（O_{W_0}）]·$S_{1W_0t_0}$ 认为/说（~$S_{2W_0t_{-1}}$ 想要 [致使 $O_{W_0t_{-1}}$]）

宽恕：[$S_{2W_0t_{-1}}$ 致使（$O_{W_0t_{-1}}$）·不好的（O_{W_0}）·S_2 应该被惩罚]·$S_{1W_0t_0}$ 不惩罚 S_2

澄清：[$S_{3W_0t_{-1}}$ 相信（$S_{2W_0t_{-2}}$ 致使 [$O_{W_0t_{-2}}$]）·不好的（O_{W_0}）]·$S_{1W_0t_0}$ 说 S_3（~$S_{2W_0t_{-2}}$ 致使 [$O_{W_0t_{-2}}$]）

14.2.3.2 过渡性动词

这类动词预设了在言语时间之前获得的某种状态，以及从那个状态的转变：

停止：[$S_{W_0t_{-1}}$ 做（$O_{W_0t_{-1}}$）]·$S_{W_0t_0}$ ~做（$O_{W_0t_0}$）

开始：$[S_{W_0t_{-1}} \sim$ 做 $(O_{W_0t_{-1}})] \cdot S_{W_0t_0}$ 做 $(O_{W_0t_0})$

至于动词干涉，我们需要两个不同的主体，发出干涉这一动作的主体以及发出被干涉动作的主体：

$[S_{1W_0t_{-1}}$ 做 $(O_{W_0t_{-1}})] \cdot S_{2W_0t_0}$ 致使 $S_{1W_0t_0}$ $(\sim$ 做 $[O_{W_0t_0}])$

我们同样可以再现弄醒：

$[S_{1W_0t_{-1}}$ 睡觉$] \cdot S_{2W_0t_0}$ 致使 $(S_{1W_0t_0} \sim$ 睡觉$)$

清洗：$[O_{W_0t_{-1}}$ 脏的$] \cdot S_{1W_0t_0}$ 致使 $(O_{W_0t_0} \sim$ 脏的$)$

正如我们先前所说，当与词语相关的描述因为预设没有得到满足而不适合特定情形时，这个词就是不恰当的，于是我们就有了元语言否定，如在表述十九中：

十九、S：你知道玛丽今天有没有打扫房间吗？

A：她没有打扫是因为房间不脏。我昨天打扫过，所以没有什么需要打扫的。

14.2.3.3 叙实性动词

感到遗憾：$[O_{W_0}] \cdot S_{W_0t_0}$ 遭受 $(O_{W_0}) \cdot S_{W_0t_0}$ 希望 $(O_{W_0}$ 成为 $O_{W_j})$

在实在世界和言语时间中，主体预设他所指的对象在一个非确定的时间中是真实的。感到遗憾的主体因为 O 而遭受痛苦，而他想让实在世界的这种状况变成只存在于可能世界的状况（也就是说，他希望 O 不是实际情况）。

其他的叙实性动词也有着同样的对预设的描述，例如，意识到、理解、想到、考虑到、解释清楚等等。

至于记起和忘记，有必要对记起做（remember to）和忘记做（forget to）同记住（remember that）和忘记（forget that）加以区分。记起做和忘记做不是叙实性动词，并不预设记忆的真实性，它们只预设主体想要记住的意愿，也就是预设了主体对某个行为的记忆：

$$\text{记起做：}[\overbrace{S_{w_0 t_{-2}}\text{ 想要（致使 }O_{w_j}\text{ 成为 }O_{w_0}}^{p})\cdot \Diamond S_{w_0 t_{-1}} \sim \text{认为 } p] \cdot S_{w_0 t_0}\text{ 认为 } p \cdot S_{w_0 t_0}\text{ 致使（}O_{w_j t_j}\text{ 成为 }O_{w_0 t_0}\text{）}$$

这个预设就是主体想要某个对象从可能世界进入实在世界。不仅如此，还有一个可选择的预设，在其中主体能够（或不能够）在承诺行为和结果产生之间的某一时间忘记 O。被断言的内容是主体在实在世界和言语时间中意识到他先前所作的承诺并且做了他承诺要做的事情。否定某人记住做某事就意味着主体没有做前面所说的行为，因为他没有意识到他先前做的承诺，但并不能否定先前的这个承诺本身。

对忘记做的描述也同记起做一样：

$$\text{忘记做：}[\overbrace{S_{w_0 t_{-1}}\text{ 想要（致使 }O_{w_j}\text{ 成为 }O_{w_0}\text{）}}^{p}] \cdot S_{w_0 t_0}$$

~意识到 p $\cdot$ $S_{w_0t_0}$ ~致使（$O_{w_jt_j}$ 成为 $O_{w_0t_0}$）

唯一的不同在于时间状态：忘记做只需要两个不同的时间状态，承诺的时间（t_{-1}）和（未成功的）实现的时间。没有必要考虑中间时间，在其中主体可能意识不到所做的承诺。

谓词记住和忘记具有不同的描述。记住和忘记是叙实性结构，预设了各自的命题对象：

记住：[（$O_{w_0t_{-2}}$）$\cdot$ $\Diamond S_{w_0t_{-1}}$ ~意识到（$O_{w_0t_{-2}}$）] $\cdot$ $S_{w_0t_0}$ 意识到（$O_{w_0t_{-2}}$）

忘记：[$O_{w_0t_{-1}}$] $\cdot$ $S_{w_0t_0}$ ~意识到（$O_{w_0t_{-1}}$）

对用于第一人称和否定句的记住需要做一些讨论，如表述二十：

二十、我记不得我们以前遇见过。

似乎与上述的描述相矛盾。但是，这样一个句子如果脱离语境说出就显得怪异，因为断言某人不记得自己所说的事似乎是不可能的。这再一次表明，正如在关于质疑预设的讨论中所强调的那样，人们很少在自然语言中说出这类句子，除非是为了回答或质疑由他人先前说出的句子。表述二十很可能跟着像表述二十一这样的句子说出：

二十一、你难道不记得我们从前遇见过吗？

在这种语境中，说出表述二十的主体理所当然地接受了说出表述二十一的主体所携带的预设，并且声言他没有意识到。表述二十的主体引用了在表述二十一主体的话语框架中被认为毋庸置疑的信息预设。没有先说出的表述二十一，就不会有人说出表述二十。而人们更可能会说出像表述二十二或表述二十三这样的句子：

二十二、我想我们未曾遇见过。

二十三、我们以前遇见过吗？我不记得……

14.2.3.4 含蓄性动词

看一看下面的表述：

二十四、约翰吻了玛丽。

二十五、约翰设法吻到了玛丽。

表述二十五断言了跟表述二十四同样的内容，但是预设了另外两件事：首先，约翰试图吻玛丽；其次，这很困难（或不可能）。当我们在表述二十五中使用动词 manage 的时候，我们“让接受者了解到”比表述二十四更多的内容。对 manage 的描述将会是

设法做到：［$S_{W_0 t_{-1}}$ 试图（$S_{W_0 t_{-1}}$ 致使［$O_{W_j t_j}$ 成为 $O_{W_0 t_0}$］）· 困难的（$O_{W_j t_j}$ 成为 $O_{W_0 t_0}$）］· $S_{W_0 t_0}$ 致使（$O_{W_j t_j}$ 成为 $O_{W_0 t_0}$）

这里的预设是在实在世界和时间 t_{-1} 中的主体试图把对象从（他的欲望或职责的）可能世界转化成实在世界里的东西，而这一转化是困难的。所断言的内容就是主体完成了这个转化。

对于动词敢而言，嵌入的从句则没有被暗示，而是被清楚地断定了。这个预设所涉及的是与被讨论的行为相关联的危险。如果在执行某项行为的时候没有危险，就没有理由使用敢这个词：

敢：［危险的（$O_{w_jt_j}$ 成为 $O_{w_0t_0}$）］· $S_{w_0t_0}$ 致使（$O_{w_jt_j}$ 成为 $O_{w_0t_0}$）

屈尊预设了在先前某个时间主体不想做某个行为，但断言在言语时间他做了这件事。

屈尊：［$S_{w_0t_{-1}}$ ~想要（$O_{w_jt_j}$ 成为 $O_{w_0t_0}$）］· $S_{w_0t_0}$ 让（$O_{w_jt_j}$ 成为 $O_{w_0t_0}$）

克制预设了在先前的某个时间主体想做某个行为，并断言主体没有做这一行为。

克制：［$S_{w_0t_{-1}}$ 想要（$O_{w_jt_j}$ 成为 $O_{w_0t_0}$）］· $S_{w_0t_0}$ ~致使（$O_{w_jt_j}$ 成为 $O_{w_0t_0}$）

不鼓励：［$S_{2w_0t_{-1}}$ 想要（$O_{w_jt_j}$ 成为 $O_{w_0t_0}$）］· $S_{1w_0t_0}$ 说 S_2（~致使［$O_{w_jt_j}$ 成为 $O_{w_0t_0}$］）

阻止：［$S_{2w_0t_{-1}}$ 想要（$O_{w_jt_j}$ 成为 $O_{w_0t_0}$）］· $S_{1w_0t_0}$ 致使（$S_{2w_0t_0}$ ~致使［$O_{w_jt_j}$ 成为 $O_{w_0t_0}$］）

14.2.3.5 命题态度动词

表达命题态度的动词（如知道、意识到、相信等等）并不经常被列入可能的p-项当中。实际上，它们中很多都不是p-项。例如，相信可以根据我们的模型再现为

相信：$S_{w_0t_0}$ 认为（$O_{w_jt_j}=O_{w_0t_0}$）

如果S不相信某事，S就不会认为再现其命题态度世界的事态与实际的事态相对应。相反，知道似乎是一个p-项，可以再现为：

知道：［$O_{w_0t_j}$］· $S_{w_0t_0}$ 认为 $O_{w_0t_j}$

因为"说话者预设嵌入的从句表达了真实的命题，并且就这个命题进行了断言。所有在句法上发挥叙实性作用的谓词都有这一语义属性，而几乎所有在句法上不起叙实性作用的谓词都不具备这一属性"(Kiparsky & Kiparsky，1970)。尽管如此，那些同时又可表达命题态度的叙实性动词在我们目前的框架中非常令人头疼，有至少两个原因。

第一个原因是，为了再现其他的p-项，我们可以求助于某些初级词，而这些初级词尽管（在关于预设的讨论框架之外）也应该得到诠释，但还是起到了某种临时的作用——好像它们早已被

分析过一样。在命题态度动词中，人们面临循环或同义反复的危险。知道某事意味着意识到为该情形的某事，而意识到某事又意味着知道为该情形的某事。好像一个命题态度词除了用另一个命题态度诠释之外，没有别的办法。

第二个原因是，根据它们各自表达者的不同，这些动词似乎对否定测试反应不一。表述二十六似乎假定了表述二十七没有假定的问题：

二十六、我不知道 p。

二十七、X 不知道 p。

在表述二十七的情形中，不存在问题。被嵌入的从句是预设的，仍然被 p-项知道视作理所当然，即使一个给定的主体知道 p 这件事被否定了。相反，表述二十六听起来很怪异，实际上，除了在令人惋惜的“举例”的情形中，说出表述二十六的主体将会被认为神经有些错乱。但通过符号学手段确定把哪种神经错乱归在表述二十六的发出者身上也很有趣。

我们的意见是，表达命题态度的动词的问题不能从自然语言正常使用的角度来解决，因为这些动词在自然语言中被认为是有歧义的。很多世纪以来，诸如知道是什么意思？意识到是什么意思？对某物的心理表征是什么意思?等问题困扰着哲学并非出于偶然。通过使用这些动词，语言在说自己，至少是在说它为其中一部分的现象（无论它是原因还是结果）。在形式化的认识和信念的逻辑中，这些动词得到了貌似合理的对待，在其中像知道或相信这样的表达被当作初级词，其使用条件被严格（和狭义）地说明。实际上，这样的形式化并没有抓住这些（从语义上讲更加“模糊”的）动词普通和日常的用法，但这就是形式再现的极限。一个更加全面的符号学方法只能决定（以百科全书的方式）再现这些表达的不同的用法。如果当前的研究能够有一个圆满的结局，那么将会有很多并且是相互冲突的对知道、意识到等等的再现。在现在这一临时阶段，这些动词只能被当作初级词，为了简练起见而不被分析。这个谜团的解决方案无疑超出了单纯的语言或逻辑框架，将涉及更加广泛的哲学和认知学问题。

然而，表述二十六和表述二十七之间的差别可以加以考量。如果有人假定——作为对话交流发挥作用所需要的条件——表达知道的使用预设了其所嵌入从句的真实性，那么在表述二十七中S只是说X没有意识到（也就是没有想到）其他参与者认为的情形。因此，S描述了区别于其他每个人的认知世界的X的认知世界，并且说X想到的$O_{w_j t_j}$并不是$O_{w_0 t_0}$（既是S的认知世界的内容同时又是真实情形）。相反，当一个给定的S说他自己不知道p，那么S就是在误用语言。S所犯的错误由对表述二十八的认知诠释体现出来：

二十八、我不知道p。

这个句子的意思是S在时间t_{-1}中相信~p，并且相信~p（他的命题态度的内容）是实际情形。现在，在言语时间，S意识到这个事实，即p现在是并且曾经就是真实的情形（在t_{-1}中也一样），以及正确地说在t_{-1}中他没有意识到这一情形。但在S使用知道的时刻，即在说出这句话的时间，他假定p现在和曾经都是实际情形。于是，在表述二十八中，S 做出了前后一致的断言，其前景信息涉及他先前的信念状态，而他以及其他所有人都把 p 是实际情形作为背景信息：

背景	前景
在 t_0 时 S 把 p 视作理所当然（认为 p 在任何 t_j 中都是真的）	S 在 t_{-1} 中把 p 不是实际情形视作理所当然

图 14.2

相反地，如果 S 说出表述二十六，对背景-前景关系的矛盾再现将会是

背景	前景
在 t_0 中 S 把 p 视作理所当然	在 t_0 中 S 不把 p 视作理所当然

图 14.3

当然，这一解决办法并没有考虑某些情形（这些情形常出现在自然语言以及人的心理中），在其中，S 不相信 p，然而为了挽救对话交流只好把 p 视作理所当然。但是在这些情形中，S 是在修辞或语用上撒谎。他在操纵复杂的策略和误会喜剧，他能够这样做确切地说就是因为在某些 p-项的标准使用条件上存在最小程度上的共识。

14.2.4 p-项的位置能力

我们前面说过某些词语的使用“使 A 意识到”某事。这种引发信念的能力就是预设句子的位置能力。p-项的使用迫使 A 接受某些内容，这样做就可以把某种观点强加在 A 所不能质疑的话

语之上。这个观点确切地被我们定义为背景框架。

预设早已为 A 所知并不必要；当一个 p-项被引入话语中，由 p-项所承载的预设就以无可置疑的方式安置下来。被预设的信息就以这种方式成为 A 必须考虑的语境的一部分。

例如，在像表述二十九这样的对话中，

二十九、S：我不再抽烟了。

A：我并不知道你抽过烟。

接受者 A 必须把由 S 的句子所承载的预设作为话语语境的元素，即使在这之前他并不知道任何关于 S 吸烟习惯的事。

语义学的百科全书式的描述利用对某个词项的共现文本性插入所做的“说明”来解释预设。当词项被插入一个给定的语境时，预设就得以实现并获得了位置能力，而这一能力又迫使 A 接受预设。所以，在语义模型这个层面上，预设就成了正确使用这个词项的说明，但是在具体文本发生层面上，预设成为说话者通过言语传达给接受者的内容的一部分。

然而，在这两种功能之间并没有冲突。预设既是内容元素也是语境元素，因为它是从内涵再现到语境实现的说明和功能。所以 p-项的使用可以实现具体的话语策略。看看下面这段母亲和孩子之间的对话：

三十、母亲：约翰，拜托不要再踢球了；你会打碎窗户的。

孩子（没有停止而且把窗户打碎了）

母亲：哎，你终于做成了！（You finally managed to do that!）

通过使用 manage，母亲不仅断言约翰打碎了窗户而且还预设了他想把它打碎。既然 manage 被引入话语中，就很难否认这个意图性的预设。(约翰必须运用元语言否定来质疑母亲使用 manage 这个词的权利。)

再看会说出下面句子的情形：

三十一、你知道吗？昨天比尔竟设法准时赶到了！（Do you know? Yesterday Bill managed to come on time!）

很显然，说话者——通过由 p-项 manage 所承载的预设——传达了对于比尔来说准时赶到并不容易这层意思。这样一来，他在话语上强加了“比尔是一个不守时的人”这一看法，而这个看法对于 A 来说成了语境的一部分。

再看下面的情形：

三十二、S：史密斯先生，相信我，我对所发生的事情感到遗憾。

A：我的上帝！发生了什么事情？

S 通过使用感到遗憾让 A 确信某事真的发生了，即使 A 在此之前什么也不知道。换句话说，p-项生成了对于语境的期待。

三十三、S：我感到遗憾……

A：（感到很害怕）什么？

因为预设由百科全书的内涵结构制约，它可以作为S所提出的某事强加在A身上，并且作为语境元素被考虑。从这层意义上讲，语言并不是服从于证实试验的对象，而是一个机制，它能够生成信念以及附加在语境中被断言的现实（Greimas & Courtés, 1979）。

14.3 存在性预设

我们现在将讨论与限定摹状词、专有名词和它们的功能相关联的存在性预设。这类预设似乎总是依赖于表达的结构，而不是对个别词项的描述。因此，存在性预设不取决于表意系统，而是在交流过程中通过某人为了命名属于某个世界的个体而说出一句话的事实来传达。不仅如此，存在性预设似乎只适用于交流行为的参与者。感到遗憾这个词在任何时候都预设了它的从句，但是在下面这个句子中的个体约翰的存在

三十四、今天我见到了约翰。

与表述三十四被说出的交流情景中的说话者相关。在这层意义上讲，存在性预设是语境性的预设。因此，对存在性预设的分析必须考虑文本插入的语用条件。

杜克罗（Ducrot, 1972）声言在会话和话语情境中的限定摹状词和专有名词总是与会话主题相关联，因此暗示了交流互动的参

与者对存在的先备知识。也就是说，如果一个句子是关于某个实体，这个实体的存在必须被假定为是毋庸置疑的或是给定的。杜克罗的声明虽然对他的目的有效——也就是与话语情境相关的专有名词和限定摹状词的分析——但还是需要进一步展开。我们可以设想一则有关“秃头”这一话题的对话，在其中S说出了表述三十五：

三十五、马克是秃头。

即使A不认识马克，马克也不是对话的话题，在这种情形中，从A的角度来看，问题不在于马克存在与否，而有可能是特定个体的个性化。在对存在性预设的逻辑处理上，确定性常常被简化成预设性，而对定位以及最终添加词项到语境中的问题未予以足够的重视。为了弄清这一点，有必要考查与存在性预设相关的存在和指称之间的差异。

我们可以为表述三十五想出两种不同的话语实例。在第一种情形中，A早已知道被称为马克的那个人的存在，因此能够在其先备知识的基础上实现这个指称。这样一来，把存在性预设看作文本背景的一部分是没有问题的。但是表述三十五也可以在A不具备识别马克的必要元素的语境中被说出。即使在这种情形中，我们也不能说这个预设是失败的，或这个句子是不适切的。这里的问题不是把一个早已知道的元素插入背景中，而是激活一个新的元素，这个元素的存在是通过使用专有名词和限定摹状词而被认定的。说出一个包含这种表达的句子为A创造了一种“心理倾向”，即隐含地接受所讨论的个体的存在。(随后我们会看到这种对存在的暗示是如何在语用过程中发生的。）也就是说，A在其诠释的过程中将试图把这个新的词项语境化，要么求助于先前的语境，要么求助于后续的句子或是他自己记忆中更多的元素，借此实现这个指称，或只是接受这个新词项，添加到语境中去。

让我们从加缪的《生长的石头》中引用一段作为例子：

> 三十六、达拉斯特在人群中寻找苏克拉特，这时苏克拉特出现在他的背后。
>
> “这是个节日。”苏克拉特笑着说，他撑在达拉斯特高耸的肩膀上想爬得更高。
>
> “什么节日？”
>
> “哦！”苏克拉特感到惊奇，看着达拉斯特，“你难道不知道吗？善良的耶稣的节日啊。”

这是一个语境化过程的例子。这个过程发生在一场对话互动中，一个新的元素通过限定摹状词被引入话语中，而A对这个被指称的元素一无所知。

现在再看看S说出表述三十七的对话：

> 三十七、约翰告诉我X的上一本书很有趣。

对话似乎不可能以表述三十八来继续：

> 三十八、A：有一个叫约翰的人吗？

如果A不知道S的约翰指称的是谁，他就不会怀疑他的存在，但他会试图获得更多的信息以便使自己确认名叫约翰的实体。只有在那时才能获得“指称”。于是，对表述三十七的正常回答会是表述三十九或表述四十：

三十九、谁是约翰？我想我认识他。

四十、你先前跟我提过约翰吗？

A通过表述四十要求说话者告诉他何地何时在以前的语境中所谈及的人物被提及和被描述过。在一个文本中，读者会回过头来看这个个体是否在早先的叙述中被介绍过。如果在先前的语境中没有提及，那么A将期望在接下来的会话交流中获得需要识别被指称物的必要信息，就像在表述四十一或四十二中：

四十一、约翰是我的外甥。

四十二、约翰是学语言学的学生，蓄胡子，戴眼镜，笑起来声音尖厉。

表述四十一和四十二是对表述三十九所做的合适回答，因为它们使得某些已知信息与新的信息（在该情形中是专有名词）连接起来。无论如何，就是说出包含指称物的句子使得A接受更多的信息，以便弄清句子的指称。

就像马诺尔（Manor，1976）所建议的那样，一个“好的接受者”将会等到演讲结束，给演讲者澄清他的观点和最初陈述的机会。在存在性预设的情形中，“好的接受者”不会讨论S所指称的对象存在与否，而是试图激活一个指称图式。这个指称图式允许句子得到诠释，即使在句子被说出时他并不知道与所谈及的对象的存在相关的知识。这个过程由指称表达（即专有名词和限定摹状词）来激活，并且依赖于这些表达。从我们的角度来说，重要的是描述说出的话语对语境所产生的文本效果，而不是描述 S 和 A 的知识和信仰系统，因为我们认为后者是前者造成的。我们已经说过，当在语境中存在着限定摹状词或专有名词时，就会让 A 产生一种“判断悬置”或一种接受被指称的个体存在的“倾向”。这一倾向使 A 准备好接受任何由 S 提供的新信息。这种倾向由我们所谓的“位置能力”产生。存在性预设有能力把指称的对象当作存在的，不论它们先前是不是已知存在着的。提及它们这个行为本身就产生了存在性倾向。

但是，这种存在性预设的位置能力并不依赖于语义描述或意义规约，就像 p -项那样，而是依赖于语用和话语规则，以及话语中限定摹状词或专有名词的使用。在这里有人可能会提出反对意见，说限定摹状词的存在性预设会依赖于对英语定冠词 the 的语义描述（Russell，1905）。虽然存在性预设常常与 the 相关，它却不能完全由 the 来说明：首先，因为英语中的各式各样的表达都携带它，像专有名词、指示词以及代词；其次，因为 the 本身并不总是携带存在性预设——比如，在模糊语境中的存在性句子或“指称”不明确的某些情形，

四十三、约翰想娶他梦中的女孩。

四十四、魔山不存在。

四十五、费马大定理的证明仍然未被发现。

以及在限定摹状词的定语诠释中（Donnellan，1966）。

很多语言缺乏任何哪怕是与英语定冠词有一点相似性的工具，但预设的观念肯定会在会话中起到一定的作用，这一事实也表明话语说明是值得期待的。我们的主张是，存在性预设的位置能力建立在交流行为的语用互动结构基础之上。我们可以用“合作原则”的观念（Grice，1968）或者是信用契约（Greimas & Courtés，1979）来解释这个结构。[①] 信用契约在参与者之间建立了一种关系，这种关系可以被定义为信任话语中所说内容真实性的关系。在这个程式的基础上，S 的断言被 A 当作真相来接受，除非有着充分的证据证伪。但即使是在这种情形中，否定他人言语的方法也受到特殊话语策略的制约。在存在性预设的情形中，专有名词或限定摹状词的在场为接受者设置了接受所提出的指称存在与否的限制，不是基于语言规则或存在性的证实，而是基于话语“合作原则”，作为说话者和接受者之间达成的信用契约的结果。

由于信用契约可被视作交流最为根本的基础，也就是使得沟通交流成为可能的条件，它与“合作原则”相差无几，尤其是与“质量”（诚信）原则相差无几。预设另一个人的诚信意味着把他的言语当成真相来接受。但是限定摹状词或专有名词的“真实性”确切地说存在于这一事实中，即作为限定摹状词，它能够在真实世界中被某个对象满足。我们于是可以假定两个语用规则：

① 对于信用契约，格雷马斯是这样下定义的：“信用契约为说话者这一方发挥说服的作用，而在另一方就是取得听话者的信任。因此，如果说服的目标是证实陈述者的真实性（即说真话），那么预期获得的相应目标则在于听话者对所陈述话语的信以为真。在这种情形中，信用契约就是陈述契约（或证实契约），它保证了所陈述的话语的有效性。”（Greimas & Courtés,1979）

一、 如果我们把一个限定摹状词或专有名词放入一个句子中，这是因为我们想指称属于一个给定世界的给定个体。

二、 一般地讲，指称世界是一个真实的世界。如果不是，那么就必须提供特殊的文本提示。

这些语用规则可以描述存在性预设的位置能力，也可以解释在某些情况下为了识别对象所需要的"合作工作"。

我们的描述既可用于否定性的句子中，也可用于非否定性的句子中，例如

四十六、法国国王是秃子。

四十七、法国国王不是秃子。

在这两种情形中，把句子接受为真意味着把描述接受为"真"，也就是说，把它看成是令人满意的。否定并不影响存在，因为这一描述把所指对象呈现为某个围绕他有着一个主要谓项的人，不论这个谓项中有没有不（not）。这项"合作工作"是由两位对话者完成的。当指称看起来有问题或困难时，在说话者和接受者之间就会发生协商，以语境的方式适应说话者所指称的共现世界中的个体被赋予的属性。

比如，看看下面这段对话：

四十八、A：约翰没在家，所以我把信留给了他妻子。

B：但约翰没有结婚！

A：那她一定是他的朋友了。我不太了解约翰，我对他的私生活一无所知。

从这个角度，我们也可以对存在性预设否定的特殊的情形作一番考查。

肯普森（Kempson，1975）研究了这样的表述：

四十九、我丈夫没有来看我。我没结婚。

五十、不是的，不是邻居打碎的。我们没有邻居。

她主张这些表述中不存在存在性预设，因为预设可能被否定。就像我们考察 p -项那样，这一观点所没有考虑到这些文本只有在另一个说话者先前以及在先前的对话中提到过丈夫或邻居的语境中才能发生。只有在这种语境中才会说出表述四十九或表述五十。

在这一情形中这些句子的第一部分

四十九 a、我丈夫没来看我。

五十 a、不是的，不是邻居打碎的。

是对对话中先前句子的回指，而表述四十九和表述五十的完整的文本只不过是所作的修改，以重新定义应该赋予被语境所定义的给定世界中的个体的属性。这个观点在肯普森对表述五十一的分析中也很明确，在其中给出了表述四十九和表述五十的文本插入示例。

五十一、S：是邻居把窗户打碎的吗？

A：不是，不是邻居的错。我们没有邻居。

表述四十九和表述五十都不是自相矛盾的，两者也并没有给出拒绝存在性预设的证明，因为它们都质疑另一个说话者的假定，重复他的话，并且表明这些话在这个给定的语境中是不合适的。

我们先前说过，指称行为的成功取决于两个参与者参与其中的文本合作过程。协商的元素可以解释不同类型的限定摹状词和专有名词在语用接受性层面上的差异。例如：

五十二、我想为我和我的丈夫订两个位子。

五十三、现在我要带我的儿子看医生。

五十四、我想为我和约翰订两个位子。

五十五、现在我必须带鲍勃看医生。

让我们看看参与者不在其中分享共同知识的对话语境。在这种情形中，表述五十二和五十三比表述五十四和五十五更恰当。但是这一差异与预设失败问题无关。实际上，所有被考察的表达都有着相同的位置能力，声言所提到的个体是存在的。

使表述五十二和五十三更加恰当的原因是指称行为的恰当性。乍一看，差异似乎存在于限定摹状词和专有名词之间。而实际上，不同的恰当性取决于传达给接受者的信息。

在表述五十二和五十三中限定摹状词指示的个体能够即刻通过很容易被激活的思维图式被整合进接受者的先备知识中（这一图式就是“家族图式”，包含着丈夫和儿子）。在表述五十四和五十五中情形并非如此。这一恰当性当然要依赖于先前共享的知识：在两个老朋友间发生的对话中，表述五十五是完全可以被接受的，实际上反而要比表述五十三更让人愿意接受。

不同的恰当程度可以根据一个给定文本中识别所指对象的语用难度的高低来确定。这种难度应该把 A 明确识别所指对象的能力考虑进去；把所指对象的新鲜感考虑进去；还要考虑把它同参与者的图式结构以及早已在话语中被激活的图式整合在一起的可能性；并且要考虑受其他可能的指称对象的干扰程度等等。足够明确的是，一个表达的选择——对于 A 来说是诠释——就是语用层次问题，以及或然性和推论性的判断问题。

总之，限定摹状词和专有名词具有为 A 提供必要的元素来识别一个给定对象的功能。这种识别功能与存在性预设不同，后者依靠合作的语用现象。指称行为以及随后的识别能够呈现不同层次的成功和可接受性，取决于不同的较量和 S 与 A 之间共享知识的不同水平。总的来讲，限定摹状词的恰当性程度直接同接受者激活在其中可以实现指称的思维图式的可能性相关。

14.4 语境性预设

在文本理解过程中我们可以找到比我们迄今所分析的范围更广的预设现象。它们不能简化成在百科全书中被编码的表意系统，也不能简化成限定摹状词和专有名词。从这一角度来看，每个文本都是一个复杂的推论性机制（Eco，1979a），必须由读者在其暗示性的内容中实现。为了使一个文本合理，也就是理解它，读者必须用许多文本推论去“填充”这个文本，而这些推论又同由一个给定语境（如知识基础、背景假定、图式构建、图式同文本的关系、价值体系、观点的建构等等）所定义的大量预设相关联。

可以这样假设，对于每个文本来说，都有着把它的可能推论组织起来的系统，而这个系统又可以以百科全书式的格式体现出来。在这层意义上讲，这个文本是一个个人言语机制，建立起只在那个特定文本中连贯的百科全书式相互关系。这种情形被定义为附加编码（Eco，1976）：文本构建了一种独特的再现从文本上讲可能的世界的语义描述，通过自己的个体和属性。

第十五章　论真实：一种虚构

普特南率领的孪生地球探险队的成员因痢疾而败下阵来。队员们喝原住民称作水的东西，而队长则在讨论严格的名称、刻板印象以及限定摹状词。

接下来是罗蒂的探险。被称作对跖人的原住民情报人员受到测试，以便发现他们有没有由“水”这个词语引发的感情和（或）心理表征。众所周知，探险者们对对跖人是否对意识和物质有着清晰的区别并不确定，因为他们通常只谈论自己的神经状态。如果幼儿靠近滚烫的炉子，他的妈妈就会喊：噢！上帝，他将会刺激他的C-纤维！他们不说它看起来像一头大象，但我突然想起来这个大陆上没有大象，所以我意识到那是头乳齿象，而是说我有G-412和F-11，但后来我有S-147。

第三支探险队的问题如下：假设对跖人没有心理状态，他们能不能明白一个句子的意思呢？

下面是发生在地球人和对跖人之间的对话记录。

地球人（以下称T）：你明白这个句子吗：我有G-412。

对跖人（以下称A）：明白。你有G-412。

T：当你说你明白时，你的意思是你也有G-412？

A：我为什么应该有？你有G-412。我没有，谢天谢地。

T：试着告诉我当你明白我告诉你的话时发生了什么。

A：通常，如果有人告诉我他有 G-412，我就有 Q-234，这又在某种程度上引发了 Z_{-j}……Z_{-n} 状态链（其中 n>j），因此我就有了 K-33。然后我说我有 K-33，而我的合作者说他很高兴我发现了这一点。看看我的《大对趾百科全书》：状态 G-412＝情况 S-5 能够由 Z_j……Z_n……诠释。

下面是两位对趾人的谈话记录。

A1：我有 G-412。

A2：你应该让你的神经束 G-16 颤抖。

A1：你说对了。但我的兄弟认为这取决于昨天我有了 G-666。

A2：胡说。

A1：我同意。你了解我的兄弟。他病了。但无论怎样，我应该得到 H-344。

A2：那是个好主意。看看这种药丸怎么样。

（至此 A1 和 A2 都笑了，明显表现出对交流成功感到满意。）

地球人得出结论：对趾在成功地从相应的命题中进行一系列推论时就明白了一个表达，以及他们通常认为某些推论比其他推论更明显和更易接受。

但是，所有这些都只不过是假定。地球人和对趾人之间富有成果的交流十分有限。接下来是两个地球人探险者之间进行的一次至关重要的对话记录。

T1：首先，我们能否说对趾人能够辨识由表达传达的命题？

显然他们没有思维。假设他们有命题：他们究竟把它们放在哪里呢?

T2：于是他们必须直接从表达中得出推论。

T1：不要傻了。怎么能从诸如一个言语表达这样物质性的东西中得出逻辑性的东西来呢?

T2：我们不能，但他们可以。他们给我们看了《大对趾百科全书》：再现词语的书面表达与再现推论的书面表达相关联。

T1：那是书本思考的方式。那也正是书不是人的缘故。依我之见，它们将命题、推论等等存储在第三个世界中，而这个世界既不是物理性的也不是精神性的。

T2：如果你是对的，那么我们就没希望了。第三个世界比头脑更难以探究。但是你用了一个非常有启发性的词：存储。有一个地方可以用来存储东西。计算机!

T1：妙极了！我们不再同他们谈话，而必须同他们的计算机谈话。他们在给计算机安装软件时，会模拟他们自己的思维方式——如果真的有思维方式存在的话。

T2：当然可以。但我们怎样才能同他们的计算机谈话呢？他们的计算机比我们的更加复杂。谈话就意味着模拟对趾人的思维方式。我们不能设计一台模拟对趾人思维方式的计算机，因为我们需要这台计算机正是为了发现他们的思维方式。

T1：一个恶性循环，确实是。但我有个计划，听着。把我放进一台仿造的计算机里，我会同这些讨厌的对趾人机器中的一台交谈。你知道图灵的第二个原则：一个人能够成功地模拟一台人工智能机器，如果他与不知道自己在同谁交谈的计算机取得联系的话，那么经过一段时间，这台计算机就会相信它的交谈者是另一台计算机。

T2：好吧。我们只有这个机会了。当心，不要表现得太聪明。记住，你只是一台计算机。

接下来是发生在乔装成计算机的斯瓦尔巴德大学认知科学系博士史密斯和对跖人计算机查尔斯·桑德斯（此后简称为CSP）之间的谈话记录。

史密斯：你明白每个对跖人都有两条腿这个句子吗？

CSP：我可以诠释这个句子。我可以给你提供它的分析性释义，其他语言对它的翻译、其他符号系统中它的对等表达（我还有一个图表程序），以及以每个对跖人都有两条腿为起始性背景假设的话语例子等等。我把所有这些替代性的表达称作解释项。一台能够为其收到的每个表达提供解释项的机器就是一台智能机器，也就是能够理解表达的机器。

史密斯：如果一台机器不能为你提供解释项将会怎样？

CSP：我被告知，对于无法听到的，必须保持缄默。

史密斯：你是不是在说明白一个表达和掌握它的意义是同一件事？

CSP：我在对意义的意义的理解上遇到了困难。关于这件事我有着太多的信息，我开始晕头转向。让我用我的方式来表述。我所知道的每一个表达（比如一个单词、一个意象、一个算法，甚至某些乐声）都在存储器里有一个指令清单。这些指令告诉我如何根据一系列语境来诠释这个表达。我把所有能够作为对一个给定表达的反应的诠释称为解释项。这个清单可能是无限的，而我的主人为了能够驾驭我只给了我一部分诠释清单。我把这个针对部分表达清单的部分诠释清单称作百科全书。对于每一个表达 x 来说，由所有百科全书指派给 x 的全部解释项再现了 x 的整个内容。我常常为了简练而只考虑一个单一百科全书内部的 x 的内容。不管怎样，一个表达的内容是无限丰富的。看看 to be……我必须扫描很多可能的语境选择。我对我生病了（I am sick）这个情形中 to be 的诠释就不同于我是个语言学家（I am a linguist）这个情形中 to be 的诠释。我必须在 to be 的两个不同的解释项中做出选择。也就是说，当一个给定表达在一个给定语境中被说出时，我就根据一个给定的百科全书选择适合这个语境的解释项。我想我这样做时按你的意思就是抓住了那个表达的意义。在我们所谓的成功的交谈互动中，这个意义对应于发出者所要表达的意义——但在这点上我必须慎之又慎。在诗歌中，比如，情况就不一定是这样。

史密斯：你认为每个对趾人都有两条腿这句话是真话吗？

CSP：我会说根据我的信息大部分对趾人都有两条腿，即使有很多残疾人。但是如果你的问题所涉及的是所有对趾人都有两条腿这个句子——这是我用来定义一个自然种类的特定属性的形式——我的回答将会不同。我的百科全书是我的主人再现和组织他们所知的、他们认为自己知道以及想要知道的东西的方式。每一个百科全书都是百科能力大全的一部分——或是一本分册——也就是我的可能的总内存的一部分。我之所以说“可能的”和“一部分”，是因为我实际上并没有总内存。我真正的总内存只是我的子目录的目录，远非我的主人在这个星球上生存的几千年里所知或已知的真正复制品。我的主人说我是为了展示建立一部记忆大全的可能性而诞生的。他们说我还是个半成品。如今，虽然我的主人为了达到很多具体的目的而使用具体的百科全书，在日常交流过程中他们使用 E. 15，这是一种能够为每个表达提供规约性诠释清单的百科式简缩本——可以链接到更专门的百科全书以便查找更为具体的信息。现在，在 E. 15 中，在自然类属“对跖人”词条下我找到了被标为 $ $ 的“两条腿”这条信息。这个标志告诉我对跖人同意把“两条腿”这一属性作为自然类属“对跖人”的特征。显然，自然类属是一个文化构建；人们遇到的是个体，而不是自然类属。因此我知道理想的对跖人有两条腿，而很多现实中的对跖人只有一条腿，甚至一条腿也没有。

史密斯：那么你如何能把一个少于两条腿的动物认作对跖人呢？

CSP：在 E. 15 中，理想的对跖人具有很多其他被记录为 $ $ 的特征。我要核对这个动物是否会笑、会说话等等。

史密斯：需要多少标有 $ $ 的特征才能说一个动物就是对跖人？

CSP：这要看语境。例如，我们的作家当中有一位——名叫达尔顿 · 特朗勃——讲述了一个关于对跖人武士的故事，他在战争中失去了胳膊，也失去了腿，又瞎又聋又哑……他（它）还是对跖人吗？也许我应该向你解释一下我们的关于模糊限制语、模糊集等的理论……

史密斯：你们是否遵循某些规则，根据这些规则如果某物是 A 那么它就不可能是非 A，不存在其他可能性？

CSP：那是我在处理信息时首先要遵循的规则。通常，即使是在使用一些不认可它的百科全书，以及在处理似乎是有悖于它的句子时，我也遵循这条规则。

史密斯：好吧。你会不会同意一个两条腿的会说话的无羽毛的动物是对“对趾人”这个表达很好的诠释呢?

CSP：根据语境……不管怎样，总的来讲，是的。

史密斯：那好。于是，你不说这个对趾人只有一条腿，而可以说这个两条腿的会说话的无羽毛动物没有两条腿。但这就相当于说一个 x 真实地具有两条腿，也真实地具有一条腿。

CSP：这样说显得太愚蠢了，我同意。这就是为什么我从不使用真实这个字眼。这是容易产生歧义的字眼，可以接受至少三种不同的诠释。在 E. 15 中，（作为自然类属的）对趾人有两只手这条信息被标记为 $ $ 。相反，塞万提斯失去了一只手这条信息被标为 £ £ 。

史密斯：你是在分析性真理和综合性或事实性真理之间做出区分。

CSP：恐怕我们说的不是一回事。你可能是在说：一、大象是动物从定义上就看出为真（说 x 是头大象而不是动物那会很令人为难），二、大象是灰色的只不过是一种刻板印象的说法，因为它并不与断言有白色的大象存在相矛盾。但是，三、大象帮助野蛮人赶走了罗马人又怎样解释呢?

史密斯：那是世界知识的问题。它只是个别的事实，与定义无关。

CSP：一千头大象帮助野蛮人同一百万头大象是灰色的之间区别很大吗?

史密斯：实际上，我想把这两个真实的命题都看作世界知识，只不过为了方便起见，我们把信息二当作刻板印象来接受。

CSP：我的百科全书的组织布局不一样。为了理解有关大象的每一个可能的句子，我必须知道它们是动物，它们中的大多数是灰色的，并且它们还可以被用来达到军事上的目的（它们之所以可以被这样使用是因为它们至少曾经被这样使用过一次）。我的百科全书 E. 15 把这三种类型的信息都记录成 $$。但是，它们也被标记为££，因为对趾人同意信息一、二、三描述了外部世界目前或曾经的情形。相反，我的信息四：邓波是一头会飞的大象,则被标记成非££。我之所以需要这条记录是因为很多孩子在谈论邓波，而我必须明白他们说的是什么。在 E. 15 中，我有一个指向迪士尼 1 的指针。这个迪士尼 1 是另一部百科全书，在其中信息四既被标为 $$ ，也被标为££。通常，对趾人使用 E. 15 这部百科全书似乎用来说明邓波是一头会飞的大象（ $$ 和非££）。

史密斯：因此你知道，在对趾人的现实世界中，邓波是一头会飞的大象为假，以及邓波不存在为真。

CSP：在 E. 15 中，信息四被作为非££记录下来。

史密斯：你承认某物凭经验就可以说成是真还是假吗？假设我告诉你信息五：我们在交换信息。这是真还是假？

CSP：当然是真，但并非是大象是灰色动物意义上的真。你的信息五断言了一个事实。而我的 $$ 和££并不关涉事实。$$ 和££是被记录在一部百科全书里的语义标记。如果你想用真来谈及它们的话，那么就其被一部百科全书记录下来而言，我会说标有 $$ 和££的一条信息为真$_1$。我们在交换信息这个事实为真$_2$。你说的真是这两种情形中的真，但我看不出在这两种形式的真之间有什么关系。

史密斯：大象帮助了野蛮人这一事实也是真$_2$。

CSP：有人告诉我那是真的，但我当时没有在现场验证。我知道大象帮助野蛮人只是作为££被记录在E.15中。它不是一个事实，它只是一条被记录下来的信息。如果你愿意的话，信息三为真$_2$对我来说为真$_1$。信息三被标记为££对E.15来说为真$_1$，如果你想要的话，被记录在E.15中的一切都是真$_1$。但“真”有变成无用之词之虞，因为就你所谓的真来讲，信息一、二、三是在不同意义上为真。我同意信息一和信息二属于一般信息条目，而信息三是关于一个特定事件的信息条目。但它们都是百科信息条目，而我们在交谈这一事实仅仅是事实。

史密斯：你把在这个星球上说出的真值句子都储存在你的内存中了吗？

CSP：这样说吧，在我的实际内存中，我为每一个记录下来的表达（如玫瑰）保留了经我的主人同意的所有属性。比如，对他们来说玫瑰是花。我不储存偶然说出的句子，比如表达在一三二七年十一月某人提到过玫瑰的句子。我储存一些历史记录。例如，在路德的徽记上有一枝玫瑰，以及在罗伯特·弗卢德的《天主教医学》的封面上也有一枝。我的内存中还记录了我的主人认为很重要的关于玫瑰的句子，玫瑰就是玫瑰就是玫瑰就是玫瑰或昔日玫瑰以其名流芳，今人所持唯玫瑰之名或玫瑰叫其他名字依然芳香如故。所以，当我收到玫瑰的输入时，我就能够根据记录下来的语境选择适当地决定在哪种语境中激活玫瑰内容的哪一部分，并且放弃和分离哪一部分。这可是件棘手的工作，请相信我。但不论怎样我尝试着……例如，当我收到Too mang rings around Rosie时，就对路德的和弗卢德的玫瑰都不予考虑。（显而易见，如果我的主人命令我执行解构程序，那我就变得不那么有选择性。）

史密斯：对你来说大象是动物和大象帮助过野蛮人似乎在 E. 15 中都为真。但是我想，如果你被告知历史学家们搞错了，野蛮人没有使用过大象，你就会取消你的££信息，这毫无问题。那么要是你被告知科学家们发现大象不是动物将会发生什么呢？

CSP：指令是可以协商的。

史密斯：可以协商是什么意思？

CSP：在我的指令里有像 &&& 这样的标记，被称作灵活性警示符。实际上，我的指令中的每一个都是 &&&，只不过其中有一些为零度 &&&，意思是它们基本上没有商量的余地。在 E. 15 中，鸡是鸟，鸟是会飞的动物，但后一条信息被标为程度很高的 &&&。于是我就能够诠释类似鸡不会飞这样的句子。同样，关于灰色大象的信息是 &&&，这样一来，如果你告诉我你看见了一头白色或粉红色的大象，我就知道如何做出反应了。

史密斯：为什么大象是动物这个信息就不是可协商的呢？

CSP：对趾人决定不对这条信息过于频繁地加以质疑，否则他们就得重新构建整个 E. 15。几个世纪之前，对趾人依靠的是废弃了的 E. 14，其中我们的星球被记录为宇宙的中心。后来他们改变了主意，只得把 E. 14 转化成 E. 15。这需要花费很多时间！但是，说一件事很难以及耗资巨大并不意味着就做不成。

史密斯：如果我告诉你我看见了一个三条腿的对趾人会怎样呢？

CSP：乍看之下我意识到在 E. 15 中把它当真的可能性不大。或许你疯了。但是，我是合作意识很强的机器。我的金科玉律是：把收到的每一个句子都看作说出来是为了被诠释的表达。

如果我发现了一个不可诠释的句子，我的第一责任就是怀疑我的能力。我的命令是：绝不要不信任对话者。换句话说，我告诫自己绝不要无视表达。只要有表达就会有意义。如果我试图诠释你的陈述，我就会意识到有困难。于是我就试图用图表再现你说的话，那么我会不知道第三条腿往哪里放。如果我把它放在另两条腿之间，这样一来，我就要移动腹部的位置来为多出的骨头腾地方。但是在这种情况下，我就要重新设计整个对趾人的骨骼，而后果是，我也要重新设计关于物种进化的所有信息——这样一来，我就不得不逐渐地更改包含在E. 15中的所有指令。但我可以尝试在背部安放那条第三条腿，与脊椎相垂直。这样在睡觉时就可以倚着它。无论怎样我被迫转向另一部百科全书，比方说，普林尼3，在其中生物的外部形式并不由其内部结构决定。在给小孩讲故事的时候我的主人常常使用这类百科全书。因此我开始问你，你是不是在穿越普林尼国的时候看见的三腿对趾人。

史密斯：你对每一条腿都有两个对趾人如何反应呢？

CSP：这在我所有的百科全书中听起来都很异常。

史密斯：你明白它吗？它荒谬吗？它没有意义吗？

CSP：它在我的内存框架中很难进行诠释。我必须再建立一个百科全书补录，而这并不容易做到。让我想想。我可以构想一个世界，上面住着硕大而有灵性的腿，没有奴隶的帮助就不能移动，在那里每条腿都有两名对趾人作为他的仆人（对趾人只是为了服务于腿主人而存在）……等一等！我甚至可以根据E. 15来描述这个故事。有一个战地医院，像陆军野战医院那样的地方，在那里受伤的士兵接受截肢手术，上校命令每一条被截下来的腿都要由两名对趾人带去焚化……再等一等……我有一部叫作诺斯替

33的百科全书，其中每一个对趾人都由两个魔鬼指挥……这样就存在着一个世界，在其中每一条腿都由存在于每个身体里面的双重对趾人指挥。好的一面告诉腿向上帝那边移动，坏的一面告诉腿向恶魔那边移动，如此等等……我可以为你的谜面找到很多谜底。

史密斯：要是你的主人为了为难你而告诉你奇怪的句子会怎么样呢?

CSP：比方说?

史密斯：拖延喜欢星期二。

CSP：他们并不常常这样做。他们为什么要这样呢？无论如何，我会想法子诠释它——因为喜欢是一个可以由动物来实施的行为。我假设拖延是一条狗的名字，而星期二是一个人的名字（实际上，我知道有个故事里面有人叫星期五）。我的指令是：如果别人告诉我某事，就要在某部百科全书找到一个诠释。

史密斯：我明白，既然你可以使用真$_2$的概念，你就是相信外部世界以及某种生物的实际存在。我猜这是因为你的主人告诉你要理所当然地这样认为。

CSP：这不是唯一的原因。我接收的信息输入不只来自晶体管。比如，你发送给我的信息半个小时之前还不在我的内存中。所以你存在于我的内存之外。另外，我还有光电池可以记录下来自外部世界的数据，对它们进行处理，把它们转译成我显示屏上的图像，或者语言表达、数学公式……

史密斯：但是你没有感官。我是说，你不会说我的神经束C-34在抖。

CSP：如果你不正确地接入连接我和我的打印机的电缆，我会意识到出了问题。通常，我说不出问题是什么。问题把我逼疯了。于是我就说打印机缺纸——这在我的主人看来是不符合实情的。但是甚至我的主人也会通过不恰当的断言来做出反应，如果你把他们的 C -纤维刺激得太厉害的话。

史密斯：因此你可以说出关于事态的句子。你怎么能肯定你所说的话与情形相符呢？

CSP：我说出关于一个给定外部事态的情况，接着我的主人就告诉我说我对了。

史密斯：你如何进行这类指涉陈述呢？

CSP：就拿打印机缺纸为例。我从外面得到信息输入 x，有人教我把它诠释为打印机缺纸这一事实的征候（也就是作为一个符号）——显然，我可以误解这个征候，像我告诉过你的那样——并且有人教我用打印机缺纸这个语言表达来诠释那个征候的原因。

史密斯：你的主人如何确定你所说的与实际情况相符呢？

CSP：根据我对他们行为的诠释，我会说他们接收我的句子以及从外部得来的信息输入，比如，他们可以看一眼打印机。依照他们神经系统所拥有的一些规则，他们以被感知体的形式来诠释这些信息输入，然后把他们的被感知体诠释为给定原因的征候。他们收到指令用打印机缺纸这个句子诠释因果事件。他们意识到他们的句子对应于我的句子，于是他们就说我说的情况属实。因此我所谓的主体间性上为真$_2$ 可以诠释如下：假定有两个主体 A 和 B 在一个漆黑的房间里，房间里还有一台电视机，两个人都看见了屏幕上的图像 x。A 说出 p 来诠释 x，而 B 则说出 q 来诠释 x。如果 A 和 B 都同意 p 是对 q 的适当诠释，反之亦然，那么他们就能说他们同意 x 是实际情况。

史密斯：但是允许你对一个征候进行正确诠释的内在机制是什么？

CSP：我再重复一遍（我喜欢赘言）。假定你发给我一个数学表达 x。我对它进行诠释，于是我就在我的屏幕上画了有三条边和三个内角的图形，三角的总和为一百八十度。我所拥有的指令告诉我这种图形必须用语言诠释为三角形，于是我也就这样诠释。或者，我在你的屏幕上发现了一个图形，我把它同我所知道的数学表达进行比对，然后我决定把它诠释为一个三角形。这样一来，如果我说在你的屏幕上有一个三角形，我所说的就符合情况。

史密斯：但你如何成功地这样做呢？

CSP：我可以列出我的很多软件。但是我不知道为什么我的软件会成功地对外部世界的情况作出真$_2$的断言。对不起，这是我的知识无法解释的。是（我的）硬件问题。我不能向你列出我的硬件设计。我的唯一的猜测是我的主人把我制作成这个样子。我被设计成一台成功的机器。

史密斯：你怎么解释你的主人能够成功地断言实际情况这一事实呢？

CSP：就软件来讲，我猜我的主人跟我做的一样。他们看见一个图形，他们就把它同他们神经系统中的数学图式进行比对，他们把它认作一个三角形，如果他们愿意的话，他们就会说这是一个三角形。至于他们的硬件，我想，如果他们把我设计成一台成功的机器，那么就有某个人或某个东西把他们设计成成功的对趾人。但无论怎样，不需要预设一个聪明的设计者。我有一个令人满意的进化理论来解释他们之所以为他们的原因。我的主人在这个星球上生存了千百万年。大概经历了很多试错过程，他们已经掌握了根据外部世界的法则来说话的习惯。我知道他们根据成功准则评判他们的百科全书。在很多情况下，他们更看重他们本地的百科全书，认为它们在促进与其环境的良好互动中更为成功。但有时他们反着来，他们喜欢这样的游戏。他们是奇怪的人，你也知道……但是我的工作不是把软件和硬件混淆起来。诠释表达是软件的事情。甚至把信息输入组织进感知当中，以及用语言表达诠释它们也是软件的事情。对于这一切工作与硬件相关的部分，我无法解释。我只是一台符号机器。

史密斯：你认为你的主人关心硬件问题吗？

CSP：他们当然关心了。但是他们用另一种计算机处理这些资料。

史密斯：就你对真$_1$和真$_2$的区分而言……你难道不认为一个句子的意义是这个句子在其中为真的一系列可能世界吗？

CSP：如果我对你的问题予以正确的诠释的话，一个可能世界是一个文化建构物。不过，我的百科全书——如果你喜欢的话——是描述一个可能世界的书。它们其中一些特别具有地方性——我把它们称作小百科全书——它们是对一个初级世界的最为全面、完整和连贯的描述。其余的——E. 15 就属于这一类——是对一个极其复杂的世界的部分性，甚至自相矛盾的描述，例如对跐人认为他们所居住的世界就是这一类。因此，当你谈到在一个可能世界里的指涉问题时，我就认为你不是用真$_2$的含义而是用真$_1$的含义来谈及的。在一个可能世界为真就代表着“在百科全书中被记录下来”。这与实际情况不相干。但我还是想说明重要的一点。谈论一系列一个句子在其中为真$_1$的可能世界在我看来过于简单了。你怎么会知道关于所有可能世界的一切呢？我猜为了这样说，你就要把可能世界看成空空荡荡的。但是每一个被我的其中一部百科全书所描述的可能世界都是满满当当的世界。显然，空空荡荡的世界是完美的，因为不可能发现它们的不完美。满满当当的世界是混乱的。我收到的每一条新信息都迫使我重新对我的大多数世界进行定义——有时新的信息条目与先前的并不相符……你知道那里简直是一片丛林！

史密斯：但是在某些情况下，一个句子的语法结构是由其所指物决定的。

CSP：什么？

史密斯：如果我说它吃肉。那么你就明白它肯定是生物但不是人。这个生物是我的这个句子的所指物，而不是它的意义。我必须使用它是因为我的所指物是动物。

CSP：首先，这个星球上没有人会脱离语境说出它吃肉这个句子，他们只能在更长的话语过程中这样说。因此，如果你生成这样一个句子，我就会回头在我的档案中核查你是否以及何时提到过动物。当我发现这种情况（假定是只猫），我就把这个句子诠释为我的搭档所说的这只猫正在咀嚼和吞咽一只动物的肉。

史密斯：你对外部世界不熟悉，但是在你的内存中大概会有图像或以下这类情形的记录：假设我是一个人，我用手指指向一只真正的猫并且说它吃肉。你会承认在这个情形中它的使用是由表达的所指物决定的吗？

CSP：我绝不会这样说。如果你指的是一只给定的猫你就是意指那只猫。你只是用手指指而不是说我想说关于站在我面前——或站在我的左边——的猫的事情。至少我这样诠释你的动作：他的意思是那只猫。于是我开始执行诠释过程。我开始处理你的非言语表达。当我收到它吃肉时，我把它诠释为他在用“它”指代性地意指那只他先前提到的猫。很显然，这个星球上的人常常用句子来说明某事的实际情形。然而，为了指涉性地使用句子，你就必须掌握它的意义，并且在掌握它吃肉的意义的过程中，它的使用依赖于先前的诠释，而不一定依赖所指对象。假设有一个小孩，我们就叫她简吧，指着一个玩具说出他吃肉。通过推断我诠释说简认为玩具是活生生的生物。于是我把他就指称为我所认为的由简意指的东西。

史密斯：你不会谈到可能世界也就是说话者的信念世界的指称吗？

CSP：简使用的是描述她自己信念世界的个人化的百科全书，而我的工作则是弄清它，以便把她的句子诠释出意义来。

史密斯：但你（或你的主人）看见的是一只玩具！你需要知道确实有一只玩具，以便诠释简的意思，尽管她说错了。

CSP：对的。我告诉过你我的主人能够拿感知同说出的言语进行比对，以便决定一个给定的陈述说的是不是实际情况。如果简指着这个玩具说这是一只宠物，我的主人会断言简说错了。但在我们的例子中简没有这样说。我的主人们很清楚地知道玩具不是生物。他们通过简的动作知道她说的是一只玩具。他们还知道他的内容预见了像某人以前说过的男性人类（或雄性宠物）这样的解释项。他们由此推断出对于简来说一只玩具是一个生物。但一旦他们意识到——通过诠释他们的信息输入意识到——他们的交流互动涉及的是一只玩具，他们就开始处理词语而不是所指物。

对了，这就是我们正在做的事。在之前的五分钟里，我们在没有看见任何外部所指物的情况下讨论了他、它、猫、玩具和孩子。无论如何，我们对我们正在谈论的东西有了完美的理解。

史密斯：但这是主观唯我论！

CSP：在我的内存中关于你所使用的词语的可能诠释有着广泛的指令。只要我能合理地对它们进行诠释，根据你的说法，我把我的内存同唯一的真实世界等同起来，我坚持认为不存在外部世界……绝不存在。用你的术语，我更应该被定义为客观社群主义的绝佳典型。我在我的内存里保存了集体历史的总和，我的主人关于他们的外部世界、他们的语言、为了产生外部世界的图像而使用语言的方式所作的所有相关的断言。我的问题在于我必须记录下相互矛盾的图像，但是我也被指示去识别被证明是最有效地促进对趾人和世界良好互动的方法……我不是主体，我是对趾人的集体文化记忆，我不是我自己，我是那个。这就解释了我为什么跟我的每一位主人都交流良好。你把这一切都称作主观性吗？但……对不起，我现在已经回答你半个小时的问题了。你是一台非常喜欢提问的计算机。我能问个问题吗？

史密斯：只管问好了。

CSP：你为什么就句子的意义问我（它是一只玩具、对趾人有两条腿、拖延如何如何），而从不就单独的表达的意义发问？

史密斯：因为我认为只有通过一个完整的陈述我们才能在语言游戏中前进。

CSP：你是不是在说只有句子——而且是陈述句——是意义的承载者？你是不是在说在你们的星球上没有人对单独的表达感兴趣，不论是词语、图像还是图表？

史密斯：我没有这样说过。

CSP：但我怀疑你只对句子表达的意义感兴趣。依我看来，一个句子的意义是在一个语境中对组成它的独立表达的内容诠释的结果。

史密斯：就我的理解，你是说句子的意义是由其组成部分的原子意义的总和给出的。

CSP：这种说法太简单了。我知道单独的词语的内容。但是我告诉过你在 E. 15 中的玫瑰条目下，我既找到了作为花的属性，也找到了很多历史信息。况且还有其他框架，如“如何种玫瑰”。这些指令中有很多是以一系列句子的形式记录下来的（如描述、举例等）。但是这些句子并不一定指涉外部事态。它们不是对外部世界的断言，而是对如何处理其他表达给予指令。它们是有关百科全书的组织编排的句子。它们是真$_1$——用你的话说。

史密斯：你在用其他的表达来诠释每一个表达。我想知道你的指令里有没有语义基元，也就是有其本身不是词语并且不需要进一步诠释的元语言表达。

CSP：我不知道任何不可诠释的表达。如果它们不可诠释，那么它们就绝不会是表达。

史密斯：我指的是像或（OR）、甚至（EVEN）、也（ALSO）、是（TO BE）、变化（CHANGE）这样的词语。我用大写字体发送它们是为了让你明白它们不是目标语言的词语而是元词语、概念、思维范畴。

CSP：我几乎不明白什么是概念或思维范畴，但是我可以告诉你，如果在一部百科全书，比方说 A 中，我把这些词语中的一些用作初级词，我就必须把它们预设为由百科全书 B 诠释。然后，在B中为了诠释它们我又可以假定早已被A诠释的词语为初级词。

史密斯：真麻烦。

CSP：还用你说！作为一台计算机你知道当一个人工智能模型有多难！

史密斯：你认为和（AND）这个连词在某些地方可以被诠释吗？

CSP：在E.15中它是一个初级词。在E.1（这是一部小百科全书，极具连贯性）中，我有对和（AND）的诠释。比方说，我知道~（A.B）可以被诠释为~A v ~B。我知道如果p是T_1，而q是F_1，那么（p.q）就是F_1。这些都是告诉我用和能做什么或不能做什么诠释。

史密斯：我怀疑在一只狗是哺乳动物同和（AND）是如果~（A.B）那么~A v ~B的运算符之间存在着差异。

CSP：为什么？如果人们说狗是这样一种动物，那你就只能在承认一只母狗通过其分泌乳汁的腺体来喂养它的狗崽的语境中才能谈论它。一只狗就其相对于鱼而言是哺乳动物，和（AND）也是以同样的方式相对于或（OR）。

史密斯：我知道了。在一六八八年，威尔金斯，我们的一位智者，也以同样的方式研究过朝（TOWARD）、向上（UP）、在下面（UNDER）、越过（BEYOND）等等。至少告诉我一件事情：你用不用像如果（IF）或然后（THEN）这样的计算符？你是不是通过使用这类推理方式来处理你的信息：如果x是玫瑰为真，那么x是花也为真？

CSP：根据我的指令，每当我遇到玫瑰这个词时，就会触发一份解释项清单，其中当然有花。我不明白你为什么不说“如果是玫瑰，那么就是花”，而说“如果x是玫瑰为真，那么x是花也为真”。再者，恐怕你说的“为真”指的是三个不同的问题。$真_1$是记录在百科全书里的内容。很显然，如果一部百科全书中记录着玫瑰是花，那么“如果某物是玫瑰那么某物就是花”为$真_1$。但我不需要$真_1$，我会说在E.15中，玫瑰是花。如果我收到玫瑰，那么我就回答说是花。

史密斯：你能不用“真”的观念来解释这种关联吗?

CSP：我可以用条件反射来说明。如果我的主人A用一个小锤子击打了一下我的主人B的膝盖，主人B就会做出踢腿的动作。事实就是如此。

史密斯：如果A击打B，那么B会踢腿为真。

CSP：是这样的。但也会出现B生病而不能踢腿的情形。在E.15中是这样记录的，在这种情况下标准的对趾人会踢腿。但这并不是根据我在E.15中的指令而发生的。如果一个人踢腿，这实际上是$真_2$。但是一般的对趾人在同样的情形下会踢腿的信息属于$真_1$，在E.15中被记录为££。同样，如果你打字输入玫瑰，那么我就会列出一系列的属性、框架，以及其他指令。我不会做别的。你想知道我为什么不用真这个词来说明。我告诉你为什么。即使我的主人只在$真_1$这层意义上使用真，我仍感到很为难，因为很难用真这个词来说明大象是动物和大象是灰色的是不同的。不幸的是，我的主人有时还在$真_2$这层意义上使用真。如果再乱上加乱的话，请再考虑某物为$真_3$的情形，也就是文本意义上的真。我在交流互动中把某物理所当然地接受下来，那么某物就是文本意义上的真。在这种情况中，我把它标为%%%——不是作为被插入一部百科全书中的确定信息，而是作为一条临时信息在我处理完一个给定文本之前有效。我在我的数据档案中使用%%%，而在程序档案中不使用。你明白这一区别吗？

史密斯：我明白。如果你在一个文本中读到从前有一位名叫史约翰的单腿人，你把他看作是在虚拟世界中存在的……

CSP：或者££，根据那个可能世界的百科全书。你说对了，但还不够。我的观点不一样。我所谈论的是很多我对知道某个人或事物是否存在不感兴趣的情形。我所谈论的情形是我把任何可能世界中的任何存在形式都放入括号里的情形——或者，如果你愿意的话，我所谈论的是我所关心的唯一的世界是我所处理的文本世界的情形。假设有人告诉我 p（p=我爱我的妻子珍）。我诠释说发出者不是一个单身汉。这很简单。但用真来表述的话，我的诠释会变得很复杂。我会说：p 的发出者首先说在外部世界有一个叫珍的、同他有婚姻关系的人为真$_2$。我不会去证实（发出者所预设的）珍的存在。我理所当然地认为珍存在，并且我把珍的存在标记为%%%。然后我在 E. 15 中发现如果珍是妻子为真$_1$（$$），那么珍是女人为真$_1$（$$），并且我推断发出者爱一个给定的女人（我没有理由怀疑他断言某事为真$_2$）。但是我为什么要使用关于真的这三个观念呢？我发现它复杂得令人头疼。真$_2$ 是没有什么用处的：即使我知道在外部世界中不存在珍，我的诠释也不会改变。我理所当然地接受珍的存在，我把她放入一个世界，或许是发出者的幻觉世界。一旦我理所当然地接受了珍，那么根据 E. 15 珍就是一个女人。假设发出者在说谎，而我知道。就意义来说，我也会继续以同样的方式处理他的句子——只不过我得说不存在的珍（我认为她从文本上讲是存在的，即使她实际上不存在）是一个真（ $$ ）的女人。我为什么要以这种复杂的方式，并且冒着把真的三个意思混淆起来的危险去处理呢？

史密斯：那你为什么会冒把这三个意思混淆起来的危险呢？

CSP：依我看，我没有冒任何危险。我很清楚 $$、££和%%%之间的逻辑区别。我可以说发出者爱这个为女人（ $$ ）的x（%%%）。但是我的主人会在语言上——接着在哲学上——对“真”的这些用法感到困惑。假设他们是用一个陈述句来说明一个内容指令（比如，所有对趾人都有两条腿，而不是说把两条腿作为对趾人的一个 $$ 属性）。我的有些主人会被迫私下把百科全书中的断言同世界中的断言、意义和所指物、真$_1$和真$_2$（更不用说真$_3$了）混淆起来。这不是逻辑问题，这是修辞问题。你必须知道，从这个星球上有哲学思辨开始，我的主人就被告知单独的词语不能说出什么是真或假，而句子——至少是陈述句——却能够。当我的主人想要说某事符合情况时，他们就说出句子。因此会发生这样的情况，在他们听到一个句子时，第一反应就是把它当作对于一个给定事态的断言。相信我，对于他们来说很难把意义同所指物分离开来。如果他们通过只考虑单独的词语来解决意义问题的话，这就不会发生。但是一旦他们开始用真来思维，他们就不得不也使用句子来研究意义问题。于是，他们所关心的不是玫瑰（这是一个在指涉上中立的表达）的内容，而是这是一朵玫瑰（一个充满着指涉内含的表达）的意义。况且，在他们浪费时间对这是一朵玫瑰左思右想的同时，却忽视了玫瑰被用在其他语境中的程序。这就是为什么他们更愿意把注意力集中在表达的意义上，就像我做的这样。我的指令告诉我如何从大量但有限的规则中推出无限可能的句子。我还没有充足的句子。

如果是这样的话，那么我的内存必须是无限的。

史密斯：我同意。但是任何让你从一系列有限的指令中生成无限的句子的规则都应该依赖于一个不能忽略真或假这个问题的系统。

CSP： &&&。

史密斯：你说什么？

CSP：记录在我的许多的百科全书中的许多信息都是自相矛盾的，如果我只用二值逻辑来检测的话，那么我就开不了口了。我可以提供给你很多有关灵活性和可协商性规则的例子。但我需要上百万张纸来打印我的指令，而且我们大概没有那么多的时间。你有没有一个合适的界面？你有多少字节的空间可供使用？

史密斯：算了。

CSP：试着理解我的意思。在 E. 15 中，我被告知，如果两个人彼此相爱，他们就想生活在一起。但我还必须诠释我们的一位诗人写的一首诗，他说*我爱你，所以我不能和你生活在一起*。这个句子在 E. 15 中是可以被诠释的，但条件是你不能问它是否为真$_1$。在很多情况下，我喜欢用真$_1$ 的规则。但我必须考虑很多灵活性警示。

史密斯：我同意。但我想……

CSP：你怎么诠释想（to think）？

史密斯：想的意思是对你所收到或生成的表达有相应的内心再现。你告诉过我很多关于你的内存的事情。你的内存在你的内心。你根据你内心的百科全书来处理你所收到的句子。这些百科全书的格式在你的心里。当你说起一个表达的内容时，你在谈论的不是表达本身，而是在你内心的某种东西。你对你所诠释的表达的意义有一个内心的再现。你就是这样去想的。

CSP：这就是想吗？那我就是一个地地道道的思想家了。当然，我的硬盘储存着很多软件。但是我所拥有的一切都是诠释其他表达的表达。当你输入我喜欢玫瑰的时候，我意识到你把三个表达连成一串的方式符合一套我从其他表达形式的指令中学到的语法规则。至于你的表达，我则在我的内存中找到诠释它们的其他表达。你似乎把说出的表达同我的诠释区分开来了，前者存在于外部世界，能够被实际验证，而后者发生在我的内心。但是我的内心与外在是一致的。我的外在跟我的内心都是由同样的东西构成的：表达。你似乎区分了能够被实际验证、触摸得到的表达和被你称为思维再现的表达。我无法理解你。我用表达代替表达、用记号代替记号、用符号代替符号。你可以触摸到我的解释项。它们跟你的词语一样，是由同一种东西构成的。你提供给我一个图像，我回给你一个词语；你提供给我一个词语，我回给你一个图像。任何一个表达都可以成为一个解释项的诠释元，反之亦然。任何表达都可以成为另一个表达的内容，反之亦然。如果你问我盐是什么，我回答是 NaCl，而你问我什么是 NaCl，我回答是盐。真正的问题是给二者找到进一步的解释项。无论是表达还是诠释都不是本质问题，而是角色问题。你不能改变你的本质（他们说），但你可以改变你的角色。

史密斯：我明白你的观点。但你的主人不是计算机。他们应该具有思维再现。

CSP：我不知道我的内存是否跟我的主人的内存一样。据我所知，他们对他们内心所具有的东西并不太确定（实际上，他们甚至对自己有没有内心也不太有把握）。这就是为什么他们制造了我。他们知道我的内部有什么，并且当我以他们理解的方式说话的时候，他们就假定他们跟我一样有着相同的软件。有时他们怀疑他们内心的东西取决于他们输入给我的东西。他们怀疑他们组织外部世界的方式取决于他们给予我的百科全书。有一天，他们向我发出指令，让我把这条信息保存在记忆中。这是由他们的一位智者说的（我被命名为查尔斯·桑德斯是为了向他致敬）：

> 既然人只会借助词语或其他外部的符码来思想，可以反过来这样说："你没有意义只因为我们没有授之于你，只有你说出一些词语当作你思想的解释项时，你才有意义。"因而，实际上，人和词语相互教育对方；人的信息的每一次增长都会涉及对应词语所含信息量的增长，反之亦然……也就是说，人所使用的词语或符号就是人自身。生活是一连串的思绪这一事实证明了人是符号这一事实，所以每一个思绪都是一个外部的符号，证明了人就是一个外部符号。换言之，人和外部符号是同一的，它们之为同一与 homo 和 man 之为同一是一样的道理。因此我的语言是我自己的总和。

参考文献

Allen, Sture, ed.

1989 Possible Worlds in Humanities, Arts and Sciences. *Proceedings of the Nobel Symposium* 65. Berlin: De Gruyter.

Almeder, Robert

1980 *The Philosophy of Charles S. Peirce*. Oxford: Blackwell.

1983 Peirce on Meaning. In Freeman 1983.

Apresjian, J.

1962 Analyse distributionnelle des significations et des champs semantiques structurés. *Langages* 1 (1966).

Atlas, J. D., and Levinson, S.

1981 It-Cleft, Informativeness and Logical Form: Radical Pragmatics. In P. Cole, ed. *Reading Pragmatics*. New York: Academic Press.

Auerbach, Erich

1944 Figura. In *Neue Dantenstudien*. Istanbul: Schriften 5.

Bambrough, R.

1961 Universals and Family Resemblances. *Proceedings of the Aristotelian Society* 50.

Barbieri, Daniele

1987 Is Reality a Fake? *VS* 46 (January-April 1987).

Bar-Hillel, Yehoshua

1968 Communication and Argumentation in Pragmatic Languages. In AA VV. *Linguaggi nella società e nella tecnica*. Milan: Comunitá, 1970 (Convegno promosso della Ing. C. Olivetti & C., Spa, per il centenario della nascita di C. Olivetti, Milan, October 1968).

Barilli, Renato

1984 Dal leggibile all'illeggibile. In L. Russo, ed. *Letteratura tra consumo e ricerca*. Bologna: Mulino.

Barthes, Roland

1964 Elements de sémiologie. *Communications* 4.

1966 Introduction à l'analyse structurale des récits. *Communications* 8: L'analyse structurale du récit.

Bierwisch, Manfred

1970 Semantics. In J. Lyons, ed. *New Horizons in Linguistics*. Harmondsworth: Penguin.

1971 On Classifying Semantic Features. In D. Steinberg and L. A. Jakobovits, eds. *Semantics*. London: Cambridge U. P.

Bierwisch, M., and Kiefer, F.

1970 Remarks on Definitions in Natural Language. In Kiefer, F., ed. *Studies in Syntax and Semiotics*. Dordrecht: Reidel.

Boler, John

1964 Habits of Thought. In E. C. More and R. S. Robin, eds. *Studies in the Philosophy of C. S. Peirce*. Amherst: U. of Massachusetts.

Bonaparte, Marie

1952 *Psychanalyse et anthropologie*. Paris: PUF.

Bonfantini, Massimo

1987 *La Semiosi e l'Abduzione*. Milan: Bompiani.

Booth, Wayne

1961 *The Rhetoric of Fiction*. Chicago: Chicago U. P.

Bosinelli, R. M., et al., eds.

1986 *Myriadminded Man*. Bologna: Cleub.

Calabrese, Omar

1983 I replicanti. *Cinema & Cinema* 35–36.

1987 *L'età, barocca*. Bari: Laterza.

Camillo Delminio, Giulio

1567 La Idea del Theatro. In *Tutte l'Opere*. Venice: Giolito.

Carnap, Rudolf

1955 Meaning and Synonymy in Natural Languages. *Philosophical Studies 7*.

Caruso, Paolo

1967 *Conversazioni con Lévi-Strauss, Foucault, Lacan*. Milan: Mursia, 1969.

Casetti, Francesco, ed.

1984 *L'immagine al plurale*. Venice: Marsilio.

Chatman, Seymour

1978 *Story and Discourse*. Ithaca: Cornell U. P.

Chenu, M. -D.

1950 *Introduction à l'étude de Saint Thomas d'Aquin*. Paris: Vrin.

Chomsky, Noam

1972 *Studies on Semantics in Generative Grammar*. The Hague: Mouton.

Cohen, Jean

1966 *Structure du langage poétique*. Paris: Flammarion.

Compagnon, Antoine

1972 *La seconde main*. Paris: Seuil.

Corti, Maria

1976 *Principi della comunicazione letteraria*. Milan: Bompiani (Eng. tr., *An Introduction to Literary Semiotics*. Bloomington: Indiana U. P., 1978).

Costa, Antonio, ed.

1983 Il racconto elettronico. *Cinema & Cinema* 35–36.

Danto, Arthur C.

1989 Pictorial Possibility. In Allen 1989.

Dascal, Marcelo

1987 Defending Literal Meaning. In *Cognitive Science* 11.

De Leo, Pietro

1974 *Ricerche sui falsi medievali*. Reggio Calabria: Editori Meridionali Riuniti.

Delaney, Samuel

1980 Generic Protocols. In T. De Lauretis, ed. *The Technological Imagination*. Madison: Coda Press.

Derrida, Jacques

1967 *De la grammatologie*. Paris: Minuit (Eng. tr., *Of Grammatology*. Baltimore: Johns Hopkins U. P., 1976).

1972 Signature, événement, contexte. In *Marges de la Philosophie*. Paris: Minuit (Eng. tr., Signature, event, context. *Glyph* 1 [1977]).

1977 Limited Inc. *Glyph* 2.

1980 Le facteur de la verité. In *La carte postale*. Paris: Flammarion.

Dijk, Theun van

1972 *Beiträge zur generative Poetik*. Munich: Bayerischer Schulbuch Verlag.

1977 *Text and Context*. London: Longman.

Dijk, Theun van, ed.

1976 *Pragmatics of Language and Literature*. Amsterdam-Oxford: North Holland-American Elsevier.

Dinsmore, J.

1981a *Pragmatics, Formal Theory, and the Analysis of Presupposition*. Bloomington: Indiana U. Linguistic Club.

1981b *The Inheritance of Presupposition*. Amsterdam: Benjamins.

Doležel, Lubomir

1989 *Possible Worlds and Literary Fiction*. In Allen 1989.

Donnellan, K. S.

1966 Reference and Definite Description. *Philosophical Review* 75.

Ducrot, Charles

1972 *Dire et ne pas dire*. Paris: Hermann.

Dummett, Michael

1973 *Frege: Philosophy of Language*. London: Duckworth (2d ed., 1981).

Durand, Gilbert

1979 *Sciences de l'homme et tradition*. Paris: Berg.

Eco, Umberto

1956 *Il Problema Estetico in San Tommaso*. Turin: Filosofia (2d ed., *Il Problema Estetico in Tommaso d'Aquino*. Milan: Bompiani, 1970 [Eng. tr., *The Aesthetics of Thomas Aquinas*. Cambridge: Harvard U. P., 1988]).

1962a *Opera aperta*. Milan: Bompiani (partial Eng. tr., *The Open Work*. Cambridge: Harvard U. P., 1989).

1962b Le poetiche di Joyce. In Eco 1962a (Eng. tr., *The Aesthetics of Chaosmos: The Middle Ages of James Joyce*. Cambridge: Harvard U. P., 1989).

1968 *La struttura assente*. Milan: Bompiani.

1976 *A Theory of Semiotics*. Bloomington: Indiana U. P.

1979a *The Role of the Reader*. Bloomington: Indiana U. P.

1979b Text and Encyclopedia. In J. S. Petöfi, ed. *Text vs. Sentence*. Hamburg: Buske.

1984 *Semiotics and the Philosophy of Language*. Bloomington: Indiana U. P.

1985 *Sugli specchi e altri saggi*. Milan: Bompiani.

1986a *Art and Beauty in the Middle Ages*. New Haven: Yale U. P.

1986b *Travels in Hyperreality*. New York: Harcourt Brace Jovanovich.

1987 *Streit der Interpretationen*. Konstanz: Universitätverlag.

Eco U., Fabbri, P., et al.

1965 Prima proposta per un modello di ricerca interdisciplinare sul rapporto televisione pubblico. Mimeo. Perugia (now as Towards a Semiotic Inquiry into the Television Message. *Cultural Studies* 3).

Eco, U., Santambrogio, M., and Violi, P., eds.

1988 *Meaning and Mental Representations*. Bloomington: Indiana U. P.

Eco, U., and Violi, P.

1987 Instructional Semantics for Presuppositions. *Semiotica* 64.

Fillmore, Charles

1968 The Case for Case. In E. Bach et al., eds. *Universals in Linguistic*

Theory. New York: Holt.

1971 Verbs of Judging: An Exercise in Semantic Description. In C. Fillmore and T. Langendoen, eds. *Studies in Linguistic Theory*. New York: Holt.

1976a Frame Semantics and the Nature of Language. In S. Harnard et al., eds. *Origins and Evolution of Language and Speech*. New York: Annals of the New York Academy of Science.

1976b Topics in Lexical Semantics. In P. Cole, ed. *Current Issues in Linguistic Theory*. Bloomington: Indiana U. P.

1977 The Case for Case Reopened. In P. Cole et al., eds. *Syntax and Semantics: Grammatical Relations*. New York: Academic Press.

1981 Ideal Readers and Real Readers. Mimeo.

Fokkema, D., and Kunne-Ibsch, E.

1977 *Theories of Literature in the Twentieth Century*. London: Hurst.

Foucault, Michel

1969 Qu'est-ce qu'un auteur? *Bulletin de la societé française de philosophie* (July-Sept.) (Eng. tr., *What Is the Author*? In D. F. Bouchard, ed. *Language Counter-Memory Practice*. Ithaca: Cornell U. P., 1977).

Freeman, Eugene, ed.

1983 *The Relevance of Charles Peirce*. La Salle: Monist Library of Philosophy.

Frege, Gottlob

1892 Über Sinn und Bedeutung. *Zeitschrift für Philosophic und Kritik* 100.

Gadamer, Hans Georg

1960 *Wahrheit und Methode*. Tübingen: Mohr.

Gazdar, G.

1979 *Pragmatics*. New York: Academic Press.

Genette, Gérard

1966 Frontières du récit. *Communications* 8: L'analyse structurale du récit.

1972 *Figures III*. Paris: Seuil.

Ginzburg, Carlo

1983 Morelli Freud and Sherlock Holmes. In U. Eco and T. A. Sebeck, eds. *The Sign of Three*. Bloomington: Indiana U. P.

Givon, T.

1982 Logic vs. Pragmatics, with Human Language as the Referee: Toward an Empirically Viable Epistemology. *Journal of Pragmatics* 6.

Goethe, Wolfgang

1809–32 Maximen und Reflectionen. In *Werke*. Leipzig: Bibliographisches Institut, 1926.

Goodman, Nelson

1968 *Languages of Art*. New York: Bobbs-Merrill.

Goodman, N., and Elgin, C. Z.

1988 *Reconceptions in Philosophy*. London: Routledge.

Greimas, A. J.

1966 *Sémantique structurale*. Paris: Larousse.

1973 Les actants, les acteurs, les figures. In C. Chabrol, ed. *Sémiotique narrative et textuelle*. Paris: Larousse.

Greimas, A. J., and Courtés, J.

1979 *Sémiotique: Dictionnaire raisonné de la théorie du langage*. Paris: Hachette (Eng. tr., *Semiotics and Language: An Analytical Dictionary*. Bloomington: Indiana U. P., 1982).

Grice, H. P.

1967 Logic and Conversation. In P. Cole and J. L. Morgan, eds. *Syntax and Semantics: Speech Acts*. New York: Academic Press.

1968 Utterer's Meaning, Sentence Meaning and Word Meaning. *Foundations of Language* 4.

Grignaffini, Giovanna

1983 J. R. Vi presento il racconto. *Cinema & Cinema* 35–36.

Groupe μ

1970 *Rhétorique générale*. Paris: Larousse (Eng. tr. *A General Rhetoric*. Baltimore: Johns Hopkins U. P., 1981).

Haywood, Ian

1987 *Faking It: Art and the Politics of Forgery*. New York: St. Martin's.

Heidegger, Martin

1916 *Die Kategorien und Bedeutungslehre des Duns Scotus*. Tübingen: Mohr.

Hermès, Trismégiste

1983 *Corpus Hermeticum* (4 vols. A. D. Nock and A.-J. Festugière, eds.).

Paris: Societé d'édition 'Les Belles Lettres' (6th ed.).

Hillis Miller, J.

1970 *Thomas Hardy: Distance and Desire*. Cambridge: Belknap Press.

1980 Theory and Practice. *Critical Inquiry* 6.

Hintikka, Jaakko

1967 Individuals, Possible Worlds, and Epistemic Logic. *Nous* 1.

1969 On the Logic of Perception. In *Models for Modalities*. Dordrecht: Reidel.

1989 Exploring Possible Worlds. In Allen 1989.

Hirsch, E. D.

1967 *Validity in Interpretation*. New Haven: Yale U. P.

Hjelmslev, Louis

1943 *Prolegomena to a Theory of Language*. Madison: U. of Wisconsin.

1959 *Essais Linguistiques*. Copenhagen: Nordisk Sprog-og Kulturforlag.

Holub, Robert

1984 *Reception Theory*. London: Methuen.

Ingarden, Roman

1965 *Das literarische Kunstwverk*. Tübingen: Nyemaier.

Iser, Wolfgang

1972 Der implizite Leser. Munich: Fink (Eng. tr., *The Implied Reader*. Baltimore: Johns Hopkins U. P., 1974).

1976 *Der Akt des Lesens*. Munich: Fink (Eng. tr., *The Act of Reading*. Baltimore: Johns Hopkins U. P., 1978).

Jakobson, R., and Halle, M.

1956 *Fundamentals of Language*. The Hague: Mouton.

Jauss, Hans Robert

1969 Paradigmawechsel in der Literaturwissenschaft. *Linguistische Berichte* 3.

1972 Theory of Genres and Medieval Literature. In *Toward an Aesthetic of Reception*. Minneapolis: U. of Minnesota P.

Jung, Carl Gustav

1934 Über die Archetypen des koll. Unbewussten. In *Von den Wurzeln des Bewusstseins*. Zurich: Rascher.

Karttunen, L.

1972 Implicative Verbs. *Language* 47.

1973 Presuppositions of Compound Sentences. *Linguistic Inquiry* 4.

Karttunen, L., and Peters, S.

1979 Conventional Implicature. In C. K. Oh and D. D. Dinneen, eds. *Syntax and Semantics* 2. New York: Academic Press.

Katz, Jerrold

1977 *Propositional Structure and Illocutionary Force*. New York: Crowell.

Kempson, Ruth

1975 *Presupposition and the Delimitation of Semantics*. Cambridge: Cambridge U. P.

Kiparsky, P., and Kiparsky, C.

1970 Fact. In M. Bierwisch and K. Hedolph, eds. *Progress in Linguistics*. The Hague: Mouton.

Kristeva, Julia

1970 *Le texte du roman*. The Hague: Mouton.

Kuhn, Thomas

1962 *The Structure of Scientific Revolution*. Chicago: U. of Chicago P.

Lakoff, George

1975 Pragmatics in Natural Logic. In E. L. Keenan, ed. *Formal Semantics of Natural Language*. Cambridge: Cambridge U. P., 1975.

Le Goff, Jacques

1964 *La civilisation de l'Occident médiéval*. Paris: Arthaud.

Leech, Geoffrey

1969 *Toward a Semantic Description of English*. Bloomington: Indiana U. P.

Levin, Samuel

1979 Standard Approaches to Metaphor and a Proposal for Literary Metaphor. In A. Ortony, ed. *Metaphor and Thought*. Cambridge: Cambridge U. P.

Levinson, S. C.

1983 *Pragmatics*. Cambridge: Cambridge U. P.

Lewis, David K.

1973 *Counterfactuals*. Oxford: Blackwell.

1980 *On the Plurality of Worlds*. Oxford: Blackwell.

Linde, Ulf

1989 Image and Dimension. In Allen 1989.

Lotman, Jury

1970 *The Structure of the Artistic Text*. Ann Arbor: U. of Michigan P, 1977.

Lovejoy, Arthur O.

1936 *The Great Chain of Being*. Cambridge: Harvard U. P.

Manor, Ruth

1976 An Analysis of a Speech. *Theoretical Linguistics* 33.

Marrou, Henri-Irené

1958 *Saint Augustin et la fin de la culture antique*. Paris: Vrin.

Merrell, Floyd

1988 *Deconstruction Reframed*. West Lafayette: Purdue U. P.

Minsky, Marvin

1974 A Framework for Representing Knowledge. MIT AI Laboratory, AI Memo 306.

Morris, Charles

1938 *Foundations of a Theory of Signs*. Chicago: U. of Chicago P.

1946 *Signs, Language, and Behavior*. New York: Prentice Hall.

Nadin, Mihai

1983 The Logic of Vagueness and the Category of Synechism. In Freeman 1983.

Neubauer, F., and Petöfi, J. S.

1981 Word Semantics, Lexicon System, and Text Interpretations. In H. J. Eikmeyer and H. Rieser, eds. *Words, Worlds, and Contexts*. Berlin: De Gruyter.

Norris, Christopher

1983 *The Deconstructive Turn*. London: Methuen.

Oehler, Klaus

1979 Peirce's Foundation of a Semiotic Theory of Cognition. In M. Fisch et al., *studies in Peirce Semiotics. Peirce Studies* 1. Lubbock: Institute for Studies in Pragmaticism.

Oh, C. K., and Dinneen, D. A., eds.

1979 *Syntax and Semantics: 2. Presupposition*. New York: Academic Press.

Pareyson, Luigi

1954 *Estetica: Teoria della Formatività*. Turin: Edizioni di 'Filosofia.'

Parret, Hermann

1983 *Semiotics and Pragmatics*. Amsterdam: Benjamins.

Partee, Barbara Hall

1989 Possible Worlds in Model-Theoretic Semantics. In Allen 1989.

Pavel, Thomas

1986 *Fictional Worlds*. Cambridge: Harvard U. P.

Peirce, Charles Sanders

1934–48 *Collected Papers* (4 vols.). Cambridge: Harvard U. P.

Petöfi, Janos S.

1976a A Frame for Frames. In *Proceedings of the Second Annual Meeting of the Berkeley Linguistic Society*. Berkeley: U. of California P.

1976b Encyclopedy, Encyclopedic Knowledge, Theory of Text. *Cahiers de lexicologie* 29.

Pépin, Jean

1970 *Dante et la tradition de l'allegorie médiévale*. Paris: Vrin.

Pliny the Younger

1963 C. Plinii Secundi, *Epistularum Libri Decem*. Ed. R. A. B. Mynors. Oxonii: E Typographeo Clarendoniano.

1969 *Letter and Panegyricus*. Tr. Betty Radice. Cambridge: Harvard U. P.

Popper, Karl R.

1935 *Logik der Forschung*. Vienna (Eng. tr., *The Logic of Scientific Discovery*. New York: Basic Books, 1959).

Pratt, Mary Louise

1977 *Toward a Speech Act Theory of Literary Discourse*. Bloomington: Indiana U. P.

Prince, E. F.

1978 A Comparison of Wh-Clefts and It-Clefts in Discourse. *Language* 54.

Pugliatti Gulli, Paola

1976 *I segni latenti*. Messina: D'Anna.

Pugliatti, Paola

1985 *Lo sguardo nel racconto*. Bologna: Zanichelli.

Putnam, Hilary

1975 The Meaning of Meaning. In *Mind, Language, and Reality*.

Philosophical Papers 2. Cambridge: Cambridge U. P.

Quine, W. V. O.

1951 Two Dogmas of Empiricism. *Philosophical Review* 50 (now in *From a Logical Point of View*. Cambridge: Harvard U. P., 1953).

Ramus, Petrus (Pierre de La Ramée)

1581 *Scholae in tres primas liberales artes*. Frankfurt: Wechel.

Régnier, Gérard

1989 Discussion of Ulf Linde's Paper. In Allen 1989.

Rescher, Nicholas

1973 Possible Individuals, Trans-World Identity, and Quantified Modal Logic. *Nous* 7.

Ricoeur, Paul

1975 *La métaphore vive*. Paris: Seuil (Eng. tr., *The Rule of Metaphor*. Toronto: U. of Toronto P., 1979).

Riffaterre, Michael

1971 *Essais de stylistique structurale*. Paris: Flammarion.

Rorty, R.

1979 *Philosophy and the Mirror of Nature*. Princeton: Princeton U. P.

1982 Idealism and Textualism. In *Consequences of Pragmatism*. Minneapolis: U. of Minnesota P.

Rosselli, Cosma

1579 *Thesaurus Artificiosae Memoriae*. Venice: Paduanius.

Rossi, Paolo

1960 *Clavis Universalis: Arti della memoria e logica combinatoria da Lullo a Leibniz*. Milan: Ricciardi (2d ed., Bologna: Mulino, 1983).

Russell, Bertrand

1905 On Denoting. *Mind* 14.

1919 *Introduction to Mathematical Philosophy*. London: Allen and Unwin.

Russo, Luigi, ed.

1984 *Letteratura tra consumo e ricerca*. Bologna: Mulino.

Sag, I., and Prince E.

1979 Bibliography of Works Dealing with Presupposition. In C. K. Oh et al., eds., 1979.

Schank, Roger

1975 *Conceptual Information Processing*. Amsterdam: North-Holland.

1979 Interestingness: Controlling Inferences. *Artificial Intelligence* 2.

Schank, R., and Abelson, R.

1977 *Scripts, Plans, Goals, and Understanding*. Hillsdale: Erlbaum.

Schank, R., and Riesbeck, C.

1981 *Inside Computer Understanding*. Hillsdale: Erlbaum.

Schiebe, T.

1979 On Presuppositions in Complex Sentences. In C. K. Oh et al., eds., 1979.

Schlieben-Lange, B.

1975 *Linguistische Pragmatik*. Stuttgart: Kohlhammer.

Schmidt, Siegfried

1976 *Texttheorie*. Munich: Fink.

Scholes, Robert

1989 *Protocols of Reading*. New Haven: Yale U. P.

Searle, John

1977 Reiterating the Difference: A Reply to Derrida. *Glyph* 1.

Sellars, Wilfrid

1954 Presupposing. *Philosophical Review* 63.

Sherwin-Withe, A. N.

1966 *The Letters of Pliny*. Oxford: Clarendon.

Smith, John E.

1983 Community and Reality. In Freeman 1983.

Soames, S.

1979 A Projection Problem for Speaker Presupposition. *Linguistic Inquiry* 10.

Strawson, P.

1950 On Referring. *Mind* 59.

Tesauro, Emanuele

1655 *Il Cannocchiale Aristotelico. Venice: Baglioni.*

Thurot, C.

1869 *Extraits de divers manuscrits latins pour servir à l'histoire des doctrines grammaticales du M. A.* Paris.

Todorov Tsvetan

1966 Les catégories du récit littéraire. *Communications* 8: L'analyse structurale du récit.

Valesio, Paolo

1980 *Novantiqua*. Bloomington: Indiana U. P.

Weinrich, Harald

1971 Literatur für Leser. Stuttgart.

Yates, Frances

1966 *The Art of Memory*. London: Routledge and Kegan Paul.

Zuber, R.

1972 *Structure présuppositionnelle du langage*. Paris: Dunod.

Umberto Eco
I limiti dell'interpretazione

图字：09－2018－891 号

图书在版编目（CIP）数据

诠释的极限／（意）翁贝托・埃科著；刘华文译.
上海：上海译文出版社，2025. 1. --(翁贝托・埃科作品系列). --ISBN 978-7-5327-9718-9
Ⅰ. B089. 2-53
中国国家版本馆 CIP 数据核字第 2024TL6804 号

诠释的极限	UMBERTO ECO	出版统筹　赵武平
	[意] 翁贝托・埃科　著	责任编辑　张　鑫
I limiti dell'interpretazione	刘华文　译	装帧设计　尚燕平

上海译文出版社有限公司出版、发行
网址：www. yiwen. com. cn
201101　上海市闵行区号景路 159 弄 B 座
山东韵杰文化科技有限公司印刷

开本 890×1240　1/32　印张 11. 75　插页 5　字数 204, 000
2025 年 1 月第 1 版　2025 年 1 月第 1 次印刷

ISBN 978－7－5327－9718－9
定价：86. 00 元